Wanderführer
Erzgebirge

Die schönsten Wanderungen
- **Rundwanderungen**
- **Streckenwanderungen**

In Zusammenarbeit mit dem
Deutschen Jugendherbergswerk

Kompass Wanderführer

Wanderführer Erzgebirge

Ausgewählt, begangen,
beschrieben und fotografiert
von Hans-Gerd Türke

Deutscher Wanderverlag
Dr. Mair & Schnabel & Co. · Stuttgart

wandern + radwandern

Die große Wanderbuch-Reihe für grenzenloses Wandern

Gesamte Kartographie:
Susanne Fickler
Übersichtskarten:
Adele Greschner

Umschlagbild:
Blick vom Pilz am Url zur Augustusburg
(*Foto:* Hans-Gerd Türke)
und Bild auf Seite 2:
Die Greifensteine
(*Foto:* Hans-Gerd Türke)

2. Auflage 1993

ISBN 3-8134-0230-4

© 1992. **Deutscher Wanderverlag Dr. Mair & Schnabel & Co.,**
Zeppelinstraße 44/1, D-7302 Ostfildern 4
Alle Rechte, auch die der photomechanischen Wiedergabe
und der Übersetzung, vorbehalten.
Satz: Gerda Kaul, D-7317 Wendlingen
Druck: Druckerei Siegfried Roth, D-7311 Owen/Teck
Printed in Germany

INHALT

Bilderverzeichnis 9
Übersichtskarte 10/11
Orts- und Sachverzeichnis 12
Vorwort 17
Anschriftenverzeichnis 236
Weitere Kompass-Wanderführer 237

Rundwanderungen
Mittleres Erzgebirge

Nr.   Seite

3   *Zur Dittersdorfer Höhe:* Chemnitz-Altchemnitz – Einsiedel – Dittersdorfer Höhe – Altenhain – Einsiedel – Chemnitz-Erfenschlag – Chemnitz-Altchemnitz (23,5 km) 30

6   *Zwischen Zschopau und Scharfenstein:* Zschopau – Wilischthal – Grießbach – Scharfenstein – Ziegenrücken – Zschopau (18 km) 42

8   *Links und rechts der Preßnitz:* Bahnhof Wolkenstein – Strekkewalde – Mauersberg – Schindelbach – Großrückerswalde – Wolkenstein (25 km) 50

9   *Auf dem Erzgebirgsnordrand:* Flöha – Grünberg – Augustusburg – Hohenfichte – Hetzdorfer Schweiz – Hetzdorf – Foldung – Schweddey – Flöha (24 km) 55

11   *An Flöha und Pockau:* Lengefeld – Rauenstein – Pockau – Niederlauterstein – Lauterbach – Lengefeld (22 km) 63

14   *Hoch über der Natzschung:* Olbernhau-Grünthal – Stößerfelsen – Steinbachtal – Olbernhau-Grünthal (16 km) 77

15   *Zwischen Reitzenhain und Jöhstadt:* Reitzenhain – Steinbach – Schmalzgrube – Jöhstadt – Schmalzgrube – Satzung – Reitzenhain (34 km) 79

16   *Im Zwönitztal und Abtwald:* Burkhardtsdorf – Neu-Eibenberg – Kamerun – Kemtau – Kemtauer Felsen – Abtwald – Burkhardtsdorf (17,5 km) 85

18   *Im Greifensteingebiet:* Ehrenfriedersdorf – Greifensteine – Röhrgraben – Ehrenfriedersdorf (8,5 km) 92

19   *Im Geyerschen Wald:* Greifenbach-Stauweiher – Zwönitz – Wilder Mann – Geyer – Greifenbach-Stauweiher (23 km)   94

20   *Spiegelwald und Oswaldtal:* Grünhain – Waschleithe – Grünhain (13,5 km) 97

22   *Rund um den Pöhlberg:* Annaberg-Buchholz – Pöhlberg – Geyersdorf – Königswalde – Annaberg-Buchholz (17 km)   103

24   *Auf den Scheibenberg:* Scheibenberg (Stadt) – Scheibenberg – Scheibenberg (Stadt) (6,5 km) 112

26   *An der Grenze zu Böhmen:* Rittersgrün – Tellerhäuser – Ehrenzipfel – Rittersgrün (16,5 km) 119

27   *In der Heimat Anton Günthers:* Kurort Oberwiesenthal – Boži Dar (Gottesgab) – Jáchymov (St. Joachimsthal) – Klinovec (Keilberg) – Kurort Oberwiesenthal (28,5 km) ... 121

Westerzgebirge

28 *In die Hartensteiner Gegend:* Stein – Prinzenhöhle – Raum – Hartenstein – Stein (13 km) 127

29 *Rund um Schneeberg:* Schneeberg – Filzteich – Lindenau – Griesbach – Keilberg – Oberschlema – Gleesberg – Schneeberg (21 km) 130

32 *Der Auersberg und die beiden Bockautäler:* Blauenthal – Sosa – Auersberg – Wildenthal – Blauenthal (20,5 km) .. 141

33 *Durchs Schwarzwasser- und Steinbachtal zum Kleinen Kranichsee:* Johanngeorgenstadt – Erlabrunn – Steinbach – Hochmoor Kleiner Kranichsee – Oberjugel – Unterjugel – Johanngeorgenstadt (21 km) 144

34 *Rund um die Talsperre Eibenstock:* Eibenstock – Wolfsgrün – Neidhardtsthal – Hundshübel – Unterstützengrün – Kuhberg – Schönheide – Eibenstock (29,5 km) 147

36 *Ins vogtländische Erzgebirge:* Rautenkranz – Morgenröthe – Mühlleithen – Schneckenstein – Muldenberg – Hammerbrücke – Jägersgrün – Rautenkranz (31 km) 156

Osterzgebirge

37 *Im Oederaner Wald:* Falkenau – Hetzdorf – Oederan – Karolinenhöhe – Falkenau (15,5 km) 164

40 *Rund um die Rauschenbach-Talsperre:* Neuhausen – Rauschenbach-Talsperre – Cämmerswalde – Neuhausen (15 km) 178

42 *Im Tharandter Wald:* Tharandt – Seerenteich – Grillenburg – Kurort Hartha – Tharandt (21,5 km) 183

45 *Zur Hartmannsdorfer Schweiz:* Frauenstein – Talsperre Lehnmühle – Hartmannsdorfer Schweiz – Hartmannsdorf – Kleinbobritzsch – Frauenstein (16,5 km) 195

47 *Rund um Kipsdorf:* Kurort Kipsdorf – Oberbärenburg – Waldbärenburg – Kurort Bärenfels – Kurort Kipsdorf (13,5 km) 203

48 *Wo der Wald gestorben ist:* Altenberg – Zinnwald-Georgenfeld – Kahleberg – Altenberg (13,5 km) 206

49 *Zum Mückentürmchen:* Zinnwald – Komáří hůrka (Mückenberg) – Bohosudov (Mariaschein) – Krupka (Graupen) – Zinnwald (29,5 km) 209

53 *Rund um Schloß Kuckuckstein:* Liebstadt – Herbergen – Göppersdorf – Liebstadt (7,5 km) 226

54 *Zwischen Berggießhübel und Bad Gottleuba:* Kurort Berggießhübel – Panoramahöhe – Bad Gottleuba – Augustusberg – Eibischsteine – Kurort Berggießhübel (13 km) 228

55 *Vom Mordgrund zum Gottleubatal:* Bad Gottleuba – Bienhof – Oelsen – Talsperre Gottleuba – Bad Gottleuba (20,5 km) 232

Streckenwanderungen
Mittleres Erzgebirge

1. *Von Chemnitz zur »Krone des Erzgebirges«:* Chemnitz – Euba – Erdmannsdorf – Augustusburg (16,5 km) 20
2. *Vom Adelsberg zum Kunnerstein:* Chemnitz-Adelsberg – Adelsbergturm – Sternmühlental – Kunnerstein – Augustusburg (12 km) 26
4. *Auf dem Eisenweg:* Chemnitz-Markersdorf (Wohngebiet »Fritz Heckert«) – Neukirchen – Klaffenbach – Eisenweg – Stollberg (19 km) 34
5. *Im mittleren Zschopautal:* Erdmannsdorf – Hennersdorf – Witzschdorf – Zschopenthal – Zschopau (14 km) 39
7. *Zur Wolkensteiner Schweiz:* Scharfenstein – Hopfgarten – Warmbad – Wolkensteiner Schweiz – Wolkenstein (11,5 km) 47
10. *Im unteren Flöhatal:* Hohenfichte – Schellenberg – Bahnhof Grünhainichen-Borstendorf – Bahnhof Lengefeld-Rauenstein (16 km) 60

Zu Tour 9 **Blick von der Bastei zum Hetzdorfer Eisenbahnviadukt**

12	*Zu den Neunzehnhainer Talsperren:* Zschopau – Pilzhübel – Obere Neunzehnhainer Talsperre – Untere Neunzehnhainer Talsperre – Bahnhof Reifland-Wünschendorf (18 km) . . .	68
13	*Romantik im Tal der Schwarzen Pockau:* Bahnhof Zöblitz-Pobershau – Zöblitz – Tal der Schwarzen Pockau – Gelobtland – Marienberg (21,5 km)	71
17	*Zu den Drebacher Krokuswiesen:* Scharfenstein – Drebach – Herold – Thum (11 km)	89
21	*Von der Binge zum Frohnauer Hammer:* Geyer – Tannenberg – Frohnau – Annaberg-Buchholz (10,5 km)	100
23	*Entlang des Firstenweges:* Unterer Bahnhof Annaberg-Buchholz (Frohnau) – Siebensäure – Fichtelberg – Kurort Oberwiesenthal (25,5 km)	106
25	*Vom Bärenstein zum Fichtelberg:* Bahnhof Bärenstein – Bärenstein (Berg) – Kretscham-Rothensehma – Rotes Vorwerk – Fichtelberg (16 km)	114

Westerzgebirge

30	*Am Schneeberger Floßgraben:* Aue – Bockau (12 km) . . .	134
31	*Zur Morgenleithe:* Schwarzenberg – Conradswiese – Morgenleithe – Jägerhaus – Antonsthal (19,5 km)	137
35	*Auf dem Kamm im Westerzgebirge:* Carlsfeld – Hochmoor Großer Kranichsee – Aschberg – Klingenthal (19,5 km) .	152

Osterzgebirge

38	*Die Grabentour:* Freiberg – Halsbrücke – Krummenhennersdorf – Reinsberg – Zollhaus Bieberstein – Nossen (26 km)	167
39	*Zum Spielzeugdorf:* Olbernhau – Olbernhau-Grünthal – Olbernhau-Hirschberg – Schwartenberg – Neuhausen (20,5 km)	173
41	*Auf der Alten Poststraße:* Sayda – Kreuztanne – Clausnitz – Rechenberg-Bienenmühle (11 km)	181
43	*In das Tal der Wilden Weißeritz:* Bahnhof Klingenberg-Collmnitz – Talsperre Klingenberg – Klingenberg – Dorfhain – Edle Krone (15 km)	187
44	*Im Gimmlitztal:* Holzhau – Gimmlitztal – Talsperre Lichtenberg – Mulda (23,5 km)	190
46	*Durch drei Talgründe der Roten Weißeritz:* Freital-Hainsberg – Rabenauer Mühle – Malter-Talsperre – Dippoldiswalde (17 km)	198
50	*Vom Rotwasser zur Roten Weißeritz:* Geising (Stadt) – Geisingberg – Hirschsprung – Oberbärenburg – Kipsdorf (15 km)	214
51	*Von der Roten Weißeritz zur Müglitz:* Bahnhof Malter – Dippoldiswalder Heide – Hermsdorf – Wilisch – Maxen – Weesenstein (24 km)	217
52	*Einsamkeit im Trebnitzgrund:* Oberschlottwitz – Liebenau – Lauenstein (14 km)	222

Bilderverzeichnis

Greifensteine 2
Hetzdorfer Eisenbahnviadukt 7
Einsiedlerstein in der Dippoldiswalder Heide 9
Teufelssteine im Steinbachtal 18
Schloß Augustusburg 25
Gaststätte »Sternmühle« 29
Talsperre Einsiedel 33
Schloß Scharfenstein 43
Wehrgangkirche Großrückerswalde 53
Holzbrücke in Hohenfichte 55
Burg Rauenstein 64
Schloß Wildeck in Zschopau 67
Auf dem Katzenstein 75
Raststätte »Am Wildbach« bei Steinbach 81
Am »Palmwedel« auf dem Hirtstein 85
Herrenhaus mit der Gaststätte am Frohnauer Hammer 101
Blick vom Pöhlberg-Rundgang auf den Erzgebirgskamm 104
Firstenweg zum Gipfel des Fichtelberges 111
»Orgelpfeifen« des Scheibenberges 113
Auf dem Bärenstein 118
Am Rachelweg nach Tellerhäuser 122
Burg Stein 129
Rechenhaus von Bockau 136
Hochmoor Kleiner Kranichsee 144
Grenzweg vom Aschberg nach Klingenthal 152
Schneckenstein 157
Halsbrücker Esse 168
Auf dem Schwartenberg 174
Rauschenbach-Talsperre mit Straßenbrücke bei Neuwernsdorf 178
Weicheltmühle im Gimmlitztal 191
Kuttelbachgrund; Blick zur Burgruine Frauenstein 197
Wallfahrtskirche von Bohosudov 205
Schloß Kuckuckstein 226
Poetengang 228
Bienhof im Mordgrund 231

Zu Tour 51 **Der Einsiedlerstein in der Dippoldiswalder Heide**

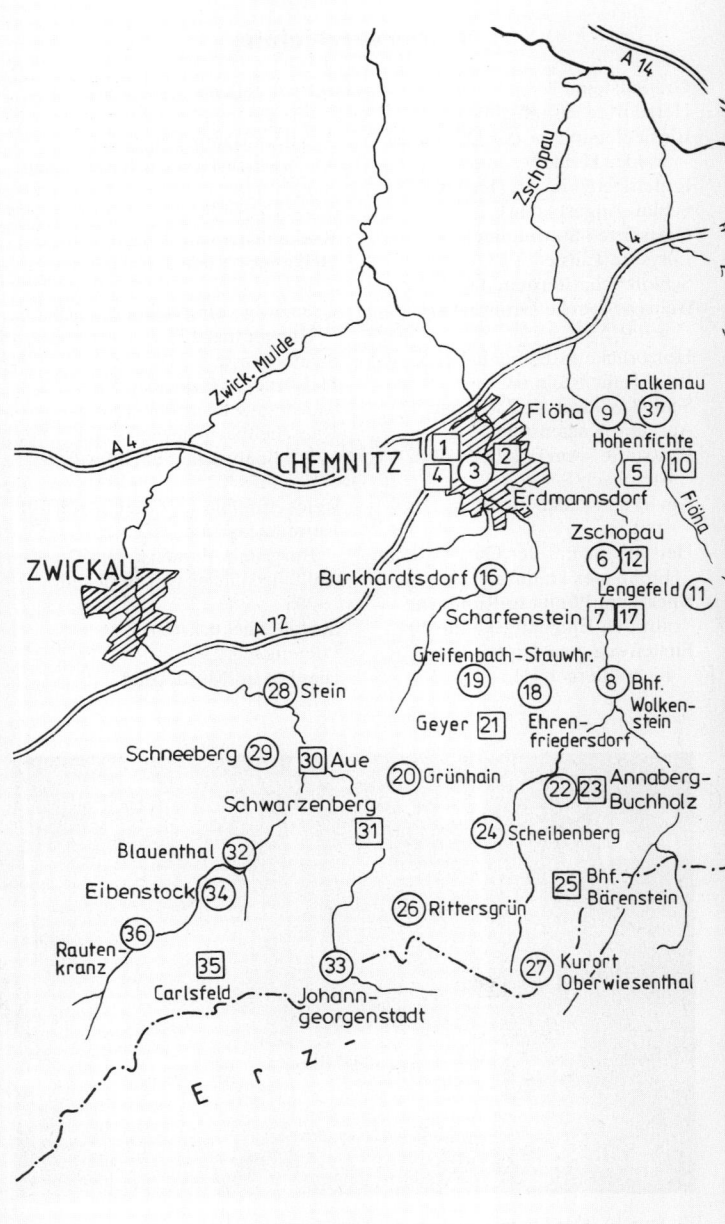

Ausgangspunkte der
◯ Rundwanderungen
☐ Streckenwanderungen

Orts- und Sachverzeichnis

mit Nummernangaben der betreffenden Wanderungen.
*Schräg*gedruckte Zahlen weisen auf Kurzbeschreibung im Text hin.

Abertham (Abertham) 27
Adelsberg *2*
Adelsbergturm 2
Adorfer Steinberg 4
Alexanderstein 28
Altchemnitz *3*
Alte Schanze 45
Alte Silberschmelzhütte 29
Altenberg *48*
Altenhain 3
Altgeorgenfeld *48*
Andreas-Gegentrum-Stollen *15*
Annaberg-Buchholz 21, *22*, 23
Anton-Günther-Höhe 7
Anton-Günther-Stein 1
Antonshöhe *31*
Antonsthal 31
Aschberg 35
Aue *30*
Auenmühle *16*
Auersberg 32
Augustusberg *54*
Augustusburg *1*, 2, 9
Aussichtspunkt Morgensonne 24

Bad Gottleuba *54*, 55
Bärenstein *25*
Beiermühle 38
Bergbaulehrpfad *43*
Berggießhübel *54*
Beutenberg *1*
Bienhof 55
Bismarckturm *54*
Blaubornteich 1
Blauenthal *32*
Blauenthaler Wasserfall 32
Bockau *30*
Bohosudov (Mariaschein) *49*
Börnichen *37*
Bornwald 12
Borstendorf *10*
Boži Dar (Gottesgab) 27
Bremenberg 43
Bruchberg 14, 39
Brückenklippe 7
Buchberg 19
Buchholz 23
Bühl 34
Burg Frauenstein *45*
–, Lauterstein *11*
–, Rauenstein *11*
–, Stein *28*
–, Wolkenstein *7*
Burgberg 13, 42, 45

Bürgerwald *4*
Burgruine Kyšperk (Geiersburg) 49
–, Růžový hrad (Rosenberg) 49
Burgstein 16
Burkhardtsdorf 16
Buschmühlenteich 16

Cämmerswalde *40*
Carlsfeld 35
Chemnitz *1*
Chemnitz-Adelsberg 2
Chemnitz-Altchemnitz *3*
Chemnitz-Erfenschlag 3
Chemnitz-Markersdorf 4
Cinovec 49
Clausnitz 41
Collmnitz 43
Conradswiese *31*
Cottas Grab *42*

Dachsberg 16
Dachsenschlucht 49
Damm-Mühle 12
Deutscher Felsen *15*
Dippoldiswalde *46*
Dippoldiswalder Heide 51
Dittersdorfer Höhe *3*
Dörfel 39
Dorfhain 43
Drebach *17*
Dürrenberg 15

Ebenberg 20
Eckbauerhütte 23
Edle Krone *43*
Ehrenfriedersdorf *18*
Ehrenzipfel 26
Ehrlichtteich 53
Eibenstock *34*
Eibischsteine 54
Einöd 16
Einsiedel *3*
Einsiedler Talsperre *3*
Einsiedler Wald 3
Engelmannteich 1
Erdmannsdorf *1*, 5
Erlabrunn 33
Euba *1*

Falkenau 37
Falkenhain 50, 51
Felsenbachrösche 38
Fichtelberg *23*, *25*
Filzteich *29*

Finckenfanghöhe 51
Finsterau 8
Flöha 9
Flöhatal *10*
Floßgrabenbuche 30
Foldung 9
Folgengut 42
Förstersteig 2
Franzosenfriedhof *2*
Frauenstein 45
Freiberg *38*
Freital *46*
Freital-Hainsberg 46
Freudenstein 27
Friedebacher Höhe 41
Friedenseiche *3*
Frohnau 21
Frohnauer Hammer *21,* 23
Fundgrube Morgenstern 29
Fürstenbrunn *20*

Galgenberg *9*
Galgenteiche *48*
Ganshäuser 12
Geising *50*
Geisingberg *50*
Gelobtland 13
Georgenfelder Hochmoor *48*
Georgstein 17
Geyer 19, 21
Geyerscher Wald *19*
Geyerscher Teich *19*
Geyersdorf 22
Gifthüttenberg 23
Gimmlitztal 44
Gleesberg 29
Glückelsberg 43
Goldborn 1
Goldener Adler-Stollen 18
Goldener Hahn *3*
Goldkindstein 13
Goldstampfe 46
Göppersdorf 53
Greifenbach-Stauweiher *19*
Greifensteine *18*
Griesbach 29
Grießbach *6*
Grillenburg *42*
Große Fichtelbergschanze 23
Großer Galgenteich *48*
–, Kranichsee (Hochmoor) *35*
–, Rammelsberg 35
Großrückerswalde *8*
Grünberg *9*
Grund 39
Grünhainichen *10*
Grünhain *20*
Grünthal *14*

Halsbrücke *38*

Hammerberg *16*
Hammerbrücke 36
Hartenstein *28*
Hartha *42*
Hartmannsdorf *45*
Hartmannsdorfer Schweiz 45
Haßberg 15
Hauwald *4*
Heidehäuser 8
Heidelberg *39*
Heidemühlenteich 51
Heideteich 19
Heinrichseck 42
Heinzewald 11, *12*
Hennersdorf *5*
Herbergen 53
Herders Ruhe *38*
Hermsdorf am Wilisch 51
Herold 17
Herrenteich *3*
Hetzdorf 9, 37
Hetzdorfer Eisenbahnviadukt *9*
Hetzdorfer Schweiz 9
Himmelsleiter 7, 25
Hinterer Ziegenrücken 6
Hintergersdorf 42
Hirschsprung 50
Hirtstein 15
Hochmoor Siebensäure 23
Hofbusch 17
Hofeteiche 32
Hohenfichte *9,* 10
Höllengrund 37
Höllgrund *10*
Höllmühle 8
Holzhau *44*
Hopfgarten 7
Hosenmühle 43
Hundshübel 34
Hutstein 55
Hüttengrund 7
Hüttenmühle 7
Hüttstattmühle 13

Illingmühle 44

Jáchymov (St. Joachimsthal) 27
Jägerhaus 31
Jägerhorn *4*
Jägersgrün 36
Jeleni hora (Haßberg) 15
Johanngeorgenstadt *33*
Jöhstadt *15*
Jüdenstein 11
Justitiarstein 18

Kaffenberg 26
Kahleberg *48*
Kalkofen 51
Kalksteig *44*

Kalkwerk Lengefeld *11*
Kamerun *16*, 35
Kapellenstein *19*
Karolinenhöhe 37
Katzenberg 1
Katzenstein 13
Keilberg 29
Kellerlochfelsen 7
Kemtau 16
Kemtauer Felsen *16*
Kettenhammer 17
Kienberg *42*
Klaffenbach *4*
Kleinalbersdorf 2
Kleinbobritzsch *45*
Kleiner Galgenteich *48*
–, Kranichsee *33*
–, Rammelsberg 35
Kleinrückerswalde 22
Klinge 17
Klingenberg *43*
Klingenthal 35
Klinger 39
Klinovec (Keilberg) *27*
Klinovec-Fichtelberg-Sattel 27
Knoblauchfelsen 28
Knochen 21
Köhlerturm 29
Komáři hůrka (Mückenberg) *49*
Komáři vížka (Mückentürmchen) 49
Königsteig 13
Königswalde *22*
Körnerberg 35
Kretscham-Rothensehma 25
Kreuztanne *41*
Kriegwald 15
Krinitzberg 34
Kroatenschlucht 51
Krummenhennersdorfer Mühle 38
Krummenhennersdorf *38*
Krupka (Graupen) *49*
Kuhberg bei Scharfenstein 6, 17
Kuhberg bei Stützengrün 34
Kuhhübel 44
Kummermühle 44
Kunnersdorf 2
Kunnerstein *2*, 5
Künzelberg 7
Kurort Bärenburg *47*
–, Berggießhübel *54*
–, Bärenfels 47
–, Hartha *42*
–, Kipsdorf *47*, 50
–, Oberwiesenthal 27
–, Seiffen *39*

Langer Stein 12
Lauenstein *52*
Lauterbach *11*

Lauterbacher Knochen 11
Lauterer Grenzflügel 31
Lehnmühle 45
Lengefeld 11
Lengefeld-Rauenstein 10
Liebenau 52
Liebstadt *53*
Lindenau 29
Lohmühle 10
Lotterhof *1*
Lotterlinde *1*
Löwenkopffelsen *13*
Luisenturm 50

Magnetenberg 31
Malter 51
Malter-Paulsdorf 46
Malter-Talsperre *46*
Marienberg *13*
Marktsteig *1*, 4
Markus-Röhling-Fundgrube *21*
Marterbüschel 11
Mauersberg *8*
Maxen *51*
Metzdorf 9
Morgenleithe 31
Morgenröthe 36
Morgensternhöhe 13
Mühlberg 3
Mühlleithen *36*
Mulda *44*
Muldenberg 36
Muldenhammer 36
Müllermühle 44

Nadelöhr *46*
Napoleonschanze 53
Naturschutzgebiet Zechengrund *27*
–, Božidarské rašeliniště *27*
–, Tal der Großen Bockau *32*
Neidhardtsthal 34
Neu Eibenberg 16
Neuclausnitz 41
Neudörfel 30
Neugeorgenfeld *48*
Neuhausen 39, *40*
Neuheide 34
Neuklingenberg 43
Neulehn 34
Neunzehnhain 12
Neunzehnhainer Talsperren *12*
Neuwernsdorf 40
Niedereinsiedler Wald 3
Niederlauterstein *11*
Niederreinsberg 38
Niederschmiedeberg *8*
Niederzwönitz *19*
Nixentump 46
Nonnenfelsen 13
Nossen 38

Nové Město (Neustadt) 27

Oberbärenburg 47, 50
Obere Neunzehnhainer Talsperre 12
Obere Trebnitzmühle 52
Oberes Querenbachtal 4
Oberjugel 33
Oberneuschönberg *39*
Oberreinsberg 38
Obersachsenberg 35
Oberschlema 29
Oberschlottwitz 52
Oberwiesenthal 23, 25, 27
Oederan *37*
Oelsen 55
Oelsener Höhe 55
Olbernhau 14, *39*
Olbernhau-Grünthal 14, 39
Olbernhau-Hirschberg 39
Ölmühle bei Cämmerswalde 40
Ölmühle in Chemnitz-Erfenschlag 3
Ölmühle Pockau 11
Orgelpfeifen 24
Ottomar-Zahm-Steig 24

Pachthaus 33
Panoramahöhe *54*
Papiermühle Niederzwönitz 19
Paßklausenturm 21
Pfaffenstein *1*
Pfarrhübel *3*
Pferdetump 46
Pföbe 14
Philippsheide 15
Pilzhübel 12
Plaue 9
Pockau *11*
Poetengang bei Berggrießhübel *54*
Poetengang in Dorfhain 43
Pöhlberg 22
Pöhlberghaus 22
Pöhlbergsiedlung 22
Porzellanfelsenrösche 38
Preßnitztal *8*
Prienmühle 10
Prinzenhöhle *28*

Querenbachtalsperre 4

Rabenauer Grund *46*
Rabenauer Mühle *46*
Rätzensbrettmühle 13
Rätzteiche 13
Rauenstein 10, 11
Raum *28*
Rauschenbach 40
Rauschenbach-Talsperre *40*
Rautenkranz *36*
Rechenberg-Bienenmühle 41

Rechenhaus *30*
Reiche Zeche 38
Reifland-Wünschendorf 12
Reinsberg 38
Reinsberger Rösche 38
Reißigmühle 15
Reitsteig 23
Reitzenhain *15*
Rißfälle *36*
Ritterhöhle *18*
Rittersgrün *26*
Rockelmannpark 31
Röhrgraben *18*
Ronno-Stolln 38
Rotes Vorwerk 25
Rudolf-Mauersberger-Gedenkstätte 8

Sachsenhof 39
Saigerhütte 39
Sandberg 38
Satzung *15*
Sauberg 5
Sayda *41*
Schaaldenkmal 14
Scharfenstein 6, 7, 17
Scharfensteiner Kanzel 6
Schauanlage Heimatecke *20*
Schaubergwerk Herkules Frisch Glück *20*
Scheibenberg *24*
Scheibenberg (Stadt) *24*
Schellenberg 1, 10
Schimmelwiese 33
Schindelbach 8
Schindelbachmühle 8
Schlettauer Aussicht 24
Schlössel 15
Schloß Augustusburg *1*
–, Bieberstein 38
–, Kuckuckstein 53
–, Neukirchen *4*
–, Purschenstein *40*
–, Reinsberg *38*
–, Weesenstein *51*
–, Wildeck 5, 6
–, Wolkenstein 7, 8
Schloßberg 28
Schmalzgrube *15*
Schmiedebusch 17
Schmorsdorf 51
Schneckenstein *36*
Schneeberg *29*
Schneeberger Floßgraben *30*
Schönbrunn 7, 8
Schönheide 34
Schreckenberg 21
Schwartenberg 39
Schwarzenberg *31*
Schwarzer Teich 35

Schwarzes Kreuz 4
Schwarzwinkel 34
Schweddey 9
Schwedenlöcher *9*
Seerenteich 42
Seiffen *39*
Seminaristenkanzel 6
Siebensäure *23*
Siedlung Ruhebank 3
Somsdorfer Klamm 46
Sophienstein 14
Sosa *32*
Špičák (Gottesgaber Spitzberg) 27
Spiegelwaldhöhe 20
Steinbach im Preßnitztal *15*
Steinbach (Stadtteil von Johanngeorgenstadt) 33
Steinbachtal 14
Steinborn 46
Sternmühle 2
Sternmühlental 2
Stiftskanzel 13
Stollberg *4*
Stößerfelsen 14
Streckewalde *8*
Struth *1*
Stülpnerbrunnen 6
Stülpnermühle *18*
Stümpelfelsen 25
Stützengrün *34*
Supi hora (Geiersberg) 49

Tal der Roten Pockau 13
Talsperre Cranzahl *25*
–, Eibenstock *34*
–, Gottleuba 55
–, Klingenberg 43
–, Lehnmühle 45
–, Lichtenberg 44
–, Sosa 32
–, Weiterswiese 35
Tannenberg 21
Tatarengrab *46*
Technisches Schaudenkmal Silberwäsche *31*
Tellerhäuser *26*
Tellkoppe 47, 50
Teufelskanzel 23
Teufelsmauer 13
Teufelsmühle 51
Tharandt *42*
Tharandter Naturlehrpfad 42
Tharandter Wald 42
Thum *17*
Tischel 16
Totenstein 31
Trebnitzgrund 52
Truschbachtal 5

Ullmanngut 39
Unčin (Obermarschen) 49
Untere Neunzehnhainer Talsperre 12
Unterjugel 33
Unterstützengrün 34
Url 1

Vierteichweg *9*
Vogelmühle 10
Vogeltoffelfelsen 13
Vorderer Fichtelberg 23
Vorwerk Weida 17

Wachtelberg 1
Waldbärenburg 47
Waldesruh 29
Walzenmühle 3
Warmbad *7*
Waschleithe *20*
Weicheltmühle *44*
Wildberg 13
Wildenthal 32
Wilder Mann 19
Wilisch 51
Wilischthal *6*
Winselburg 36
Witzschdorf *5*
Wohngebiet Fritz Heckert *4*
Wolfsgrün *34*
Wolfssäule 46, 51
Wolfsschlucht 7, 8
Wolkenstein *7, 8*
Wolkensteiner Naturlehrpfad 8
Wolkensteiner Schweiz 7
Würschnitztal 4

Zänker 6
Zeche Svornost 27
Zechengrund *37*
Zeisigstein 8
Zeisigwald *1*
Zenkerweg 1
Zeughaus 36
Ziegelteich 29
Ziegenrücken 6
Zinnwald *48*, 49
Zinnwald-Georgenfeld 48
Zitzenfichte 38
Zöblitz *13*
Zöblitz-Pobershau 13
Zollhaus Bieberstein *38*
Zschimmerhöhe 6
Zschopau 5, *6*, 12
Zschopauhütte 23
Zschopautal-Wanderweg 5, 6
Zschopenthal *5*
Zwickauer Mulde 30, 34, *36*
Zwönitz *19*

16

Vorwort

Entlang der Grenze zur ČSFR und auf ihr Territorium beträchtlich hinüberreichend, liegt im Süden Sachsens das Hauptgebirge des Freistaates, das *Erzgebirge*. Mit einer Länge von 125 Kilometern und einer Breite von bis zu 60 Kilometern ist es zugleich eines der größten deutschen Mittelgebirge. Während nach Norden der Abfall zum Erzgebirgischen Becken bzw. zum Mittelsächsischen Hügelland allmählich erfolgt, präsentiert sich die Südseite in Böhmen als steile hohe Gebirgsmauer. Das damit typische Pultschollengebirge war einst als unwegsamer, fast menschenleerer Miriquidi (= Dunkelwald) in den Annalen verzeichnet, später wurde es Böhmisches Gebirge oder Böhmischer Wald genannt. Schließlich prägte die Fündigkeit an zahlreichen Erzen und der daraus resultierende Bergbau den heutigen Namen. Der Bergsegen zog schon im Mittelalter eine starke Besiedlung nach sich, damit im krassen Gegensatz zum Klima und zur Kargheit des Bodens stehend. Auch als er zunehmend zurückging, zuerst eine Hausindustrie und die vielfältigste Gewerbetätigkeit, dann im 19. Jahrhundert – wie überall in Europa – die Großindustrie Einzug hielt, blieb das Erzgebirge nicht zuletzt durch die Heimatliebe seiner Bewohner das bevölkerungsreichste Gebirge der Erde. Daran hat sich bis in unsere Zeit hinein nichts geändert, obwohl die Region gerade jetzt wieder einmal von einer tiefen wirtschaftlichen Krise geschüttelt wird. Das große historische, technische und kulturelle Erbe findet Ausdruck in einer Vielzahl von Denkmalen, Museen und Heimatstuben, die jährlich Tausende von Besuchern anziehen.

Dem hohen Erzschließungsgrad und der Lage im ohnehin industriereichen Herzen des Kontinents verdankt das Erzgebirge jedoch auch die traurige Berühmtheit, das am meisten umweltgeschädigte Gebirge Europas zu sein. Es wird sicherlich noch ungeheuerer Anstrengungen diesseits und jenseits der Grenze bedürfen, das vertraute Bild der tiefen Fichtenwälder wenigstens teilweise zu erhalten. Trotz der Misere hat es in der Gegenwart noch großartige landschaftliche Reize aufzuweisen. Neben dem langgestreckten Gebirgswall, den melancholischen Waldhöhen und den kahlen moordurchsetzten Kammhochflächen bestimmen hauptsächlich die tiefeingeschnittenen, mal ernsten, mal lieblichen Täler seinen Charakter. Deshalb ist es an der Zeit, daß auch diesem Gebirge in der bewährten Reihe der Kompass-Wanderführer die ihm gebührende Resonanz zukommt.

Der nunmehr vorliegende Band, untergliedert in die drei Naturräume Mittleres Erzgebirge, Westerzgebirge und Osterzgebirge, möchte den Wander- und Heimatfreund in die landschaftlich schönsten Gegenden des Erzgebirges führen und hat dabei versucht, die wichtigsten historischen Sehenswürdigkeiten sowie zahlreiche Städte und Dörfer miteinzubeziehen. Nicht vergessen wurde als Ausgangspunkt die Großstadt Chemnitz, die als »Tor zum silbernen Erzgebirge« gilt. Ebenfalls führen zwei der 55 Touren hinüber ins Böhmische, damit eine noch förderungswürdige Aufgabe des Gebirgszuges verkörpernd, Bindeglied eines wieder vereinigten Deutschlands zu unserem Nachbarvolk, den Tschechen, aber auch zu den übrigen Völkern Ost- und Südosteuropas zu sein.

Der Wanderführer entstand in einer Periode, die speziell im Osten des Vaterlandes von gewaltigen Veränderungen auf allen Gebieten begleitet ist. Aus diesem Grund können einige der Darlegungen schon morgen als überholt gelten. Deshalb sind Verfasser und Verlag für jede beweiskräftige Berichtigung und Ergänzung von Herzen dankbar. Möge dieser Kompass-Wanderführer für alle, die sich das Erzgebirge friedlich erobern wollen, ein nützlicher, zuverlässiger Begleiter sein.

Chemnitz, im Herbst 1991   Hans-Gerd Türke

Zu Tour 33 **Ein kleiner Wanderfreund an den Teufelssteinen im Steinbachtal**

Mittleres Erzgebirge

Das Mittlere Erzgebirge erstreckt sich zwischen den Tälern des Schwarzwassers sowie der sich fortsetzenden Zwickauer Mulde im Westen und dem Flöhatal im Osten. Im Norden fällt es deutlich bis zu dem 150 Meter tiefer liegenden Erzgebirgischen Bekken mit der Stadt Chemnitz ab. Nach Süden hin dehnen sich die ostwärts breiter werdenden Kammhochflächen weit auf das tschechische Staatsgebiet aus. Diese werden in ihrem Westteil vom Klinovec (Keilberg)-Fichtelberg-Massiv (bis 1244 m) um mehr als 200 Meter überragt.

Die wichtigsten Wesensmerkmale des formenreichsten Erzgebirgsabschnittes sind:
1. Schieferhülle, Glimmerschiefer und Gneise bestimmen es geologisch. Lokale Besonderheiten stellen die in der Formation Tertiär entstandenen Basalthärtlinge vulkanischen Ursprungs, Bärenstein, Pöhlberg, Scheibenberg, Jeleni hora (Haßberg) und Velke Špičák (Preßnitzer Spitzberg), dar.
2. Die Flüsse (u. a. Zschopau, Pockau und Zwönitz) weisen allgemein eine reichliche Wasserführung auf. Im Gegensatz dazu bestehen verhältnismäßig nur kleine Talsperren, was auf die Besiedlungsdichte, den hohen Industrialisierungsgrad und die damit verbundene Belastung der Fließgewässer zurückzuführen ist.
3. Das Klima ist gegenüber dem Westerzgebirge durch geringere Niederschlagsmengen gekennzeichnet. Neben den Einzelerhebungen sind die Hochflächen stark windexponiert und mit zunehmender Höhenlage durch Schneeverwehungen, Rauhreif und Nebel geprägt. Vor allem das Fichtelberggebiet und die Kammhochflächen um Reitzenhain gelten als besonders prädestiniert (»Sächsisches Sibirien«).
4. Der Waldanteil nimmt in den unteren Lagen 20–25% der Fläche ein, in den mittelhohen Lagen 30–45% und in den oberen Lagen 80–85%, wobei hier eine deutliche und zunehmende Schwefeldioxid-Schädigung der dominierenden Fichtenforste zu verzeichnen ist.
5. Die ab der Mitte des 12. Jahrhunderts einsetzende Kolonisation führte zur bäuerlichen Erschließung bis in Höhenlagen von 800 Metern und zur bergbaulichen Erschließung sogar bis in die bewaldeten Höhenlagen hinauf. Neben den Bergbauzentren wie Annaberg-Buchholz, Ehrenfriedersdorf oder Marienberg bestanden zahlreiche kleinere Bergbaustandorte.
6. Von allen Teilen des Gebirges wird die höchste Bevölkerungsdichte und Industrialisierung verzeichnet. Fast alle der

zahlreichen Dörfer und Kleinstädte haben eine lebhafte Industrie, die jedoch durch den gegenwärtigen wirtschaftlichen Umschwung von einer starken Krise betroffen ist. Weiterhin ist ein dichtes und auch leistungsfähiges Verkehrsnetz vorhanden.
7. Konzentration von erstrangigen Ausflugszielen mit der Augustusburg, Oberwiesenthal und dem Fichtelberg, dem Klinovec (Keilberg), den Greifensteinen, dem Greifenbach-Stauweiher (Geyerscher Teich), Annaberg-Buchholz und dem Frohnauer Hammer, Waschleithe im Oswaldtal und dem Tal der Schwarzen Pockau sowie mit der dem Erzgebirge unmittelbar vorgelagerten Stadt Chemnitz.

Die nachfolgenden aufgeführten 27 Wanderungen, darunter 15 Rundwanderungen, werden dem Natur- und Heimatfreund das Mittlere Erzgebirge im Detail erschließen helfen.

1 Chemnitz – Euba – Erdmannsdorf – Augustusburg

Verkehrsmöglichkeiten Vom Chemnitzer Stadtzentrum zum Ausgangspunkt der Wanderung, der Haltestelle »Palmstraße«, mit den Buslinien 21 oder 23 (hält am Bahnhof) der Chemnitzer Verkehrs-AG; Buslinien T-244 Eppendorf – Chemnitz; T-245 Olbernau – Chemnitz. Zwischen Erdmannsdorf und Augustusburg die Drahtseilbahn (Linie T-990).
Parkmöglichkeiten Für Ortsunkundige am besten in der Nähe der Zentralhaltestelle der Buslinien oder am Bahnhof.
Wegmarkierung Zwischen Zeisigwaldschänke und Abzweig »Beutenbergstraße« gelber Strich, von der Talstation der Drahtseilbahn in Erdmannsdorf bis Schloß Augustusburg blauer und roter Strich; in beiden markierten Abschnitten Wanderwegweiser, jedoch mit fehlerhafter Kilometerangabe.
Tourenlänge 16,5 Kilometer.
Wanderzeit 5 Stunden, ohne Rundgang und Besichtigung der Augustusburg.
Höhenunterschiede Etwa 480 Meter Anstiege und 325 Meter Abstiege; zwei steile Anstiege, von Euba zum Wachtelberg (etwa 70 m) und von Erdmannsdorf zur Augustusburg (etwa 230 m); steiler Abstieg vom »Pilz« ins Zschopautal von Erdmannsdorf (etwa 105 m).
Wanderkarte Teilweise 1:50000 Kompass-Wanderkarte Nr. 1060 Mittleres Erzgebirge. Stadtplan von Chemnitz.

Abkürzungen 1,3 Kilometer durch Benutzung der Drahtseilbahn. Die Wanderung kann auch schon in Erdmannsdorf beendet werden; von hier aus Rückfahrt mit der Bahnlinie 420 Bärenstein – Chemnitz.

Anmerkungen Abwechslungsreiche, durch schöne Aussichten gekennzeichnete Wanderung, mit Ausnahme der beiden steilen Anstiege leicht. Überwiegend gute Waldwege und Landwirtschaftsstraßen. – Einkehrmöglichkeiten nur in Erdmannsdorf (»Gasthof Kadow« am Wege) und Augustusburg.

Wissenswertes *Chemnitz:* Drittgrößte Stadt Sachsens, inmitten des Erzgebirgischen Beckens. Um 1165 als königlicher Fernhandelsmarkt und Reichsstadt gegründet, im 19. Jahrhundert begann der Aufstieg von Chemnitz zur Industriemetropole. Die Weltgeltung der Textilindustrie und des Maschinenbaus brachte der Stadt den Namen »Sächsisches Manchester« ein. Chemnitz wurde 1945 durch alliierte Bomber schwer zerstört, in den Nachkriegsjahren Neuaufbau des Stadtzentrums unter »sozialistischen« Bedingungen. Ausdruck dieser Epoche war die 1953 verordnete Umbenennung in Karl-Marx-Stadt, die 1990 rückgängig gemacht werden konnte.

Der *Zeisigwald* ist der größte Forst von Chemnitz. Der heutige, auf die Vogelstellerei bezogene Name ist seit 1493 belegt. – An der *Goldbornquelle* ließ 1794 der Ratsherr Treffurth einen Herd errichten, daran Kochgeschirre befestigen und steinerne Tische und Bänke aufstellen. Besucher konnten somit ihre Mahlzeiten hier selbst zubereiten. – Die 1899 erbaute *Zeisigwaldschänke* galt als ein populäres Ausflugsziel der Chemnitzer. Eine Rekonstruktion ist nunmehr in naher Zukunft vorgesehen. – *Beutenberg:* Einige der ehemaligen bedeutenden Porphyrtuffbrüche wurden mit Müll verfüllt und mit Bäumen rekultiviert.

Euba erstreckt sich im Tal des Eubaer Baches. Auf dessen Gebiet wurde im 16. Jahrhundert an drei Stellen Goldbergbau betrieben.

Auf der einst von Zschopau über Erdmannsdorf nach Niederwiesa verlaufenden *Bierstraße* wurde der Gerstensaft der Zschopauer Brauerei transportiert.

Der *Marktsteig* war Teil des uralten Fernhandelsweges von Franken nach Schlesien.

Die *Struth*, das heißt Sumpfwald, wird durch den Hahnebach in zwei Abschnitte untergliedert. Die Nordhälfte gehört zum Erzgebirgsbecken, die südliche Hälfte zum Erzgebirge.

Erdmannsdorf wurde 1206 als Ertmaresdorf urkundlich genannt. Schloß von 1830; bedeutender Standort der Textilindustrie; Drahtseilbahn nach Augustusburg. Fahrtdauer 8 Minuten.

Die Stadt *Augustusburg* wurde 1206 als Schellenberg urkundlich erwähnt, 1899 erfolgte die Umbenennung in Augustusburg. Luftkurort; spätklassizistische Pfarrkirche St. Petri; Aussichtspunkt *Pfaffenstein*. – *Lotterhof* und die unweit davon stehende, 1567 gepflanzte *Lotterlinde,* die trotz ihres desolaten Stammes immer noch grünt.

Schloß Augustusburg auf dem Schellenberg (516 m) überragt die Stadt. An seiner Stelle stand im Mittelalter die Ritterburg Schellenberg. Kurfürst August I. ließ 1568–72 durch den Baumeister Lotter dieses Jagdschloß errichten. Im Schloßhof: das Lindenhaus mit großartigem Ausblick auf weite Teile des Erzgebirges; das Sommerhaus mit der Schloßgaststätte, daneben die Jugendherberge. Auf der Südseite das prächtige Wappentor und das Küchenhaus mit dem Motorradmuseum und das Hasenhaus mit dem Museum für Jagdtierkunde. An der Ostflanke die Schloßkapelle mit kostbarem Holzaltar von 1571; großer Stallhof mit sehenswerter Kutschensammlung und Brunnenhaus (Brunnen 130,6 m tief).

Tourenbeschreibung Wir folgen der *Hainstraße* bis zur rechts abgehenden *Forststraße.* Nach 200 Metern in Höhe der Molkerei links abbiegen in den *Zeisigwald.* Über die Südseite des *Engelmannteiches* gelangen wir zum *Röhrweg,* der am *Holzbach* aufwärts verläuft. 250 Meter oberhalb des *Blauborntiches* befinden sich die Reste eines künstlich aufgetürmten Felsens, der *Goldborn.* An mehreren kleinen Teichen vorbei gelangen wir über die *Zeisigwaldstraße* zur *Zeisigwaldschänke.* Dann bringt uns der Flügel C nach 200 Metern zu einer Weggabelung. Wir nutzen halbrechts den *Steinbrecherweg* hinauf zum *Grenzweg.* Hier führt der verlängerte Flügel D aufwärts zum *Anton-Günther-Stein.* Er steht an der Südseite der flachen Kuppe des *Beutenberges* (422 m).

Nach 0,5 Kilometern erreichen wir den *Weißen Weg.* Ihn wandern wir 350 Meter abwärts und biegen links in die *Beutenbergstraße* ein. Rechts ist der Adelsberg (508 m) und der Galgenberg (471 m), im voraus der Katzenberg (466 m) und der Wachtelberg (403 m) sichtbar. Zur Linken: die Udohöhe (498 m), der Oederaner Wald, der Kirchenwald, das Frauenholz, darüber das Richterholz bei Obermühlbach, die Altenhainer Höhe (363 m), Niederwiesa, Frankenberg, dahinter der Rossauer Wald, Schloß Lichtenwalde, die Sachsenburg und der Treppenhauer (361 m), in der Ferne der TV-Sender auf dem Oschatzer Collm (316 m) und ganz links der Ottendorfer Wald bei Oberlichtenau.

Nach 2 Kilometern kommen wir zum *Dorf Euba.* Hier zunächst 250 Meter die *Hauptstraße* aufwärts, dann links auf Stu-

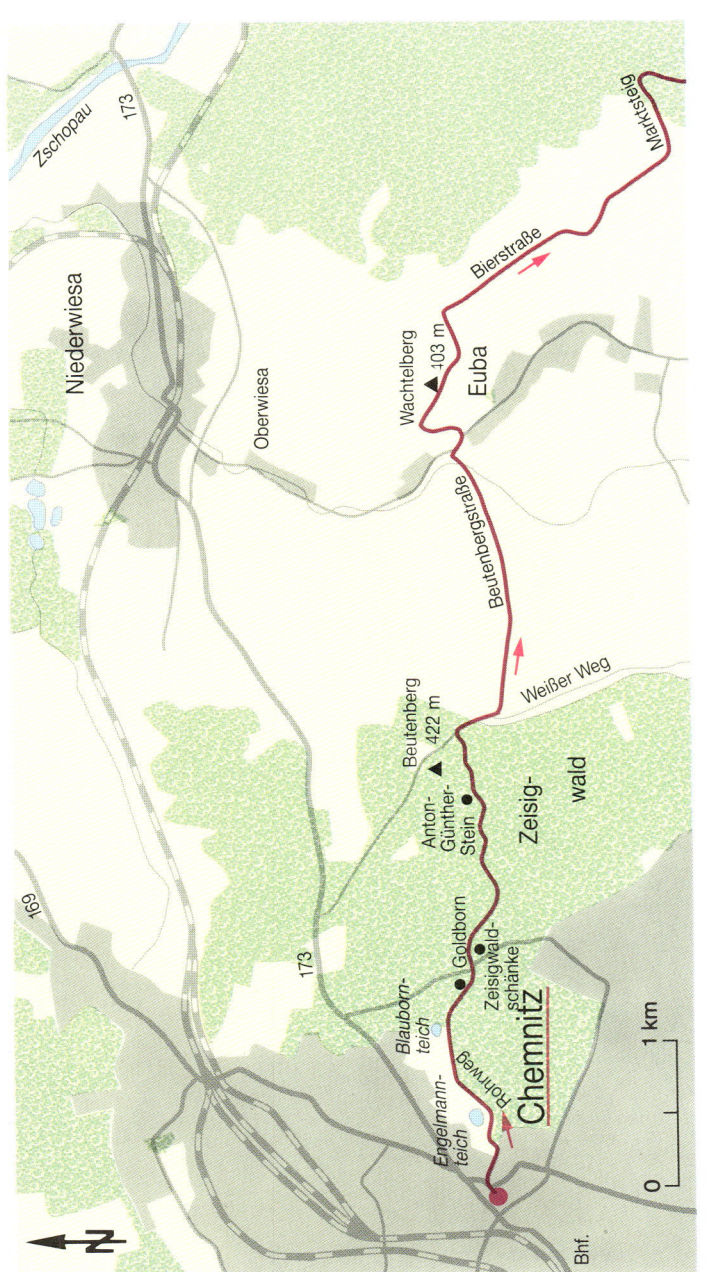

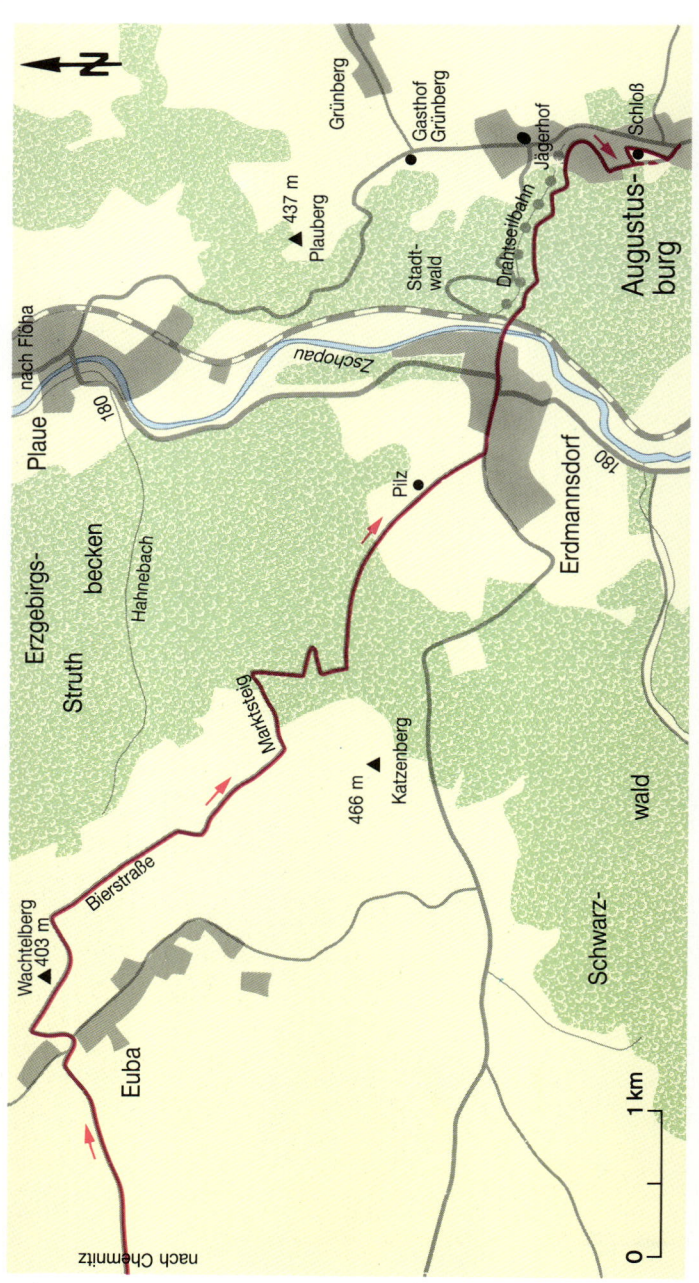

fen zur steilen *Bergstraße*. Sie knickt weiter oben rechts ab. Wir gelangen zum Feldrain nahe des *Wachtelberges* (403 m). Rechts am Rand des Wäldchens entlang bis zu einem Gehölz, das eine befestige Landwirtschaftsstraße, ein Teil der einstigen *Bierstraße,* tangiert. Sie verläuft hinauf zur Landstraße Euba – Plaue und setzt sich dann 150 Meter weiter rechts mit dem aussichtsreichen Aufstieg (Blick auf den Chemnitzer Talkessel) zum *Katzenberg* (466 m) fort. Unterhalb des Gipfels biegen wir links in einen vergrasten Feldweg, den *Marktsteig,* ein. Nach 400 Metern ist der Westrand der *Struth* erreicht. Nach weiteren 300 Metern, an der ersten Wegkreuzung, gehen wir rechts aufwärts zu einem Kahlschlag (Ausblick zur Augustusburg). Durch Hochwald gelangen wir in zwei Krümmen zu einem breiten Forstweg in der Quellmulde des *Kalten Baches.* Diesen überqueren und schräg gegenüber am rechten Talgehänge des Gewässers weiter. Mit Erreichen des Südrandes der *Struth* führt ein Pfad entlang eines Gehölzstreifens zwischen den Feldern in 450 Metern zum *Url* (390 m) an der *Alten Chemnitzer Straße* mit *Pilz* (überdachter Ruheplatz) und prachtvollem Panorama (Zschopautal mit Erdmannsdorf, Augustusburg). Steil abwärts kommen wir zur *Chemnitzer Straße* von *Erdmannsdorf,* die uns hinunter zur *Zschopau* bringt.

Jenseits des Flusses, zwischen der Eisenbahnunterführung und der Talstation der Drahtseilbahn, beginnt der am *Alaunbächel* aufwärts führende E-Weg. Nach 100 Metern wenden wir

Zu Tour 1 **Im Stallhof von Schloß Augustusburg**

uns mit den Markierungen halblinks ab und steigen durch das *Forstrevier Augustusburg* steil bergan bis zur Bergstation der Drahtseilbahn an der *Johannes-Walther-Straße* von *Augustusburg*. In unmittelbarer Nähe befindet sich die Gaststätte »Waldfrieden«. Hier gehen wir halblinks den *Zenkerweg* (auch als Schloßweg bezeichnet) zum Aussichtspunkt *Pfaffenstein*. Dann, im Anschluß an einen Rechtsbogen, schöner Anblick von Schloß Augustusburg. An der Pfarrkirche St. Petri vorüber zum *Kirchplatz* und zwischen alten Fachwerkhäusern zur stark ansteigenden *Schloßstraße*. Diese hinauf zur *Augustusburg*.

Für den Abstieg zur Bushaltestelle »Gasthof zum Schloßberg« an der Südostseite des *Schellenberges* empfehlen sich zwei Wege: vom *Schloßhof* durch das Wappentor und den Stallhof, dann den *Buchenweg* hinunter (0,7 km); oder vor dem Nordtor rechts Stufen hinab zur Westseite des Schlosses, dann im Zickzack den bewaldeten Berghang abwärts und dabei am *Albin-Müller-Platz* vorbei (0,8 km).

2 Chemnitz-Adelsberg – Adelsbergturm – Sternmühlental – Kunnerstein – Augustusburg

Verkehrsmöglichkeiten Vom Chemnitzer Stadtzentrum: Straßenbahnlinie 1 oder 6 bis zur Endstelle »Carl-von-Ossietzky-Straße«, von dort mit der Buslinie 35 bis zur Endstelle »Am Schösserholz«. Busverbindungen ab Augustusburg siehe Tour 1.
Parkmöglichkeiten Siehe Tour 1.
Wegmarkierung Vielzahl von Markierungen: Bis zum Adelsberg grüner Strich; zwischen »Sternmühle« und dem Kunnerstein grünes Andreaskreuz als Bestandteil des Wanderweges »Waldhaus Harthau – Kunnerstein«; vom Kunnerstein bis Augustusburg roter Strich; zum Teil Wanderwegweiser.
Tourenlänge 12 Kilometer.
Wanderzeit 3½ Stunden.
Höhenunterschiede Etwa 360 Meter Anstiege (davon etwa 95 m vom Sternmühlental zur Höhe 426,4) und etwa 340 Meter Abstiege (davon 168 m vom Adelsbergturm zur »Sternmühle« und etwa 135 Meter von der Höhe 426,4 nach Kunnersdorf).
Wanderkarte 1:50000 Kompass-Wanderkarte Nr. 1060 Mittleres Erzgebirge, Stadtplan von Chemnitz.
Anmerkungen Reizvolle Wanderung, Wechsel von Waldpartien mit aussichtsreichen Abschnitten; durch mehrmaliges Auf

und Ab anstrengend. Mit Ausnahme des Steilanstieges zur Höhe 426,4 gute Waldwege und Landwirtschaftsstraßen. Aussichtspunkt Kunnerstein mit Schutzhütte und Ruhebänken. Einkehrmöglichkeiten in den zu Kleinolbersdorf gehörenden Gaststätten »Adelsbergturm« und »Sternmühle«, im Erdmannsdorfer Ortsteil Kunnersdorf und in Augustusburg.

Wissenswertes Der *Stadtteil Adelsberg* wurde 1950 aus den Dörfern Ober- und Niederhermersdorf gebildet und nach Chemnitz eingemeindet. – Der *Spurweg* unterhalb des Adelsberges ist ein Abschnitt des »Alten Böhmischen Steiges«, der von Rochlitz über Zschopau nach Böhmen führte. – Der *Adelsberg* (508 m) gilt als höchster Punkt von Chemnitz. Sein Untergrund besteht aus Phyllit. »Waldgaststätte Adelsbergturm«; Aussichtsturm jedoch nicht zugänglich. – Die beliebte Gaststätte *Sternmühle* im Sternmühlental fand erstmals 1599 als »Bretmühle« Erwähnung. – Der *Kunnerstein* (390 m), eine Felsenbastei etwa 70 Meter über dem Fluß, ist einer der schönsten Zschopauprallhänge. – Am oberen Ausgang des Tiefen Grabens von Augustusburg liegt der *Franzosenfriedhof*. Er erinnert an das Jahr 1813. In dem als Lazarett eingerichteten Schloß Augustusburg erlagen damals an die 1000 Franzosen, Bayern und Sachsen der in Rußland geschlagenen Armee Napoleons dem Typhus. – *Augustusburg* siehe Tour 1.

Tourenbeschreibung Von der Endstelle der Buslinie 35 gehen wir die Straße *Am Schösserholz* bergan, dabei auf eine von Kleinolbersdorf kommende Querverbindung treffend. Hier links einbiegen und nach 50 Metern rechts im *Gehege* aufwärts. Nach 0,5 Kilometern knickt unser Weg links um (Rastplatz) und verläuft am Waldrand entlang zur »Adelsberger Straße« von *Kleinolbersdorf*. In der Siedlung gleich wieder links abbiegen. Unter Kreuzung einer Landwirtschaftsstraße gelangen wir nach 0,7 Kilometern zum *Spurweg*. Unsere Tour folgt ihm nach links bis zu einer Waldspitze, dann zum *Adelsberg* (508 m) im *Landschaftsschutzgebiet Augustusburg und Sternmühlental*. Links von der Gaststätte folgen wir dem *Turmweg,* dem schönsten Weg des Schwarzwaldes. Nach 2 Kilometern erreichen wir das *Tal des Schwarzbaches (Sternmühlental)*. Auf der Talstraße sind es nach rechts nur 150 Meter bis zur Ausflugsgaststätte *Sternmühle.*

Links von der Sternmühle über den *Schwarzbach*. Sofort nach dem Steg bergauf. Oben am Waldrand entlang und im Rechtsbogen zu einer befestigten Landwirtschaftsstraße. An der Höhe 426,4 faszinierender Ausblick: die Augustusburg auf dem Schellenberg (516 m), Erdmannsdorf, der Plauberg (437 m), der Oederaner Wald, die Schutzhütte des Kunnersteins, der Hen-

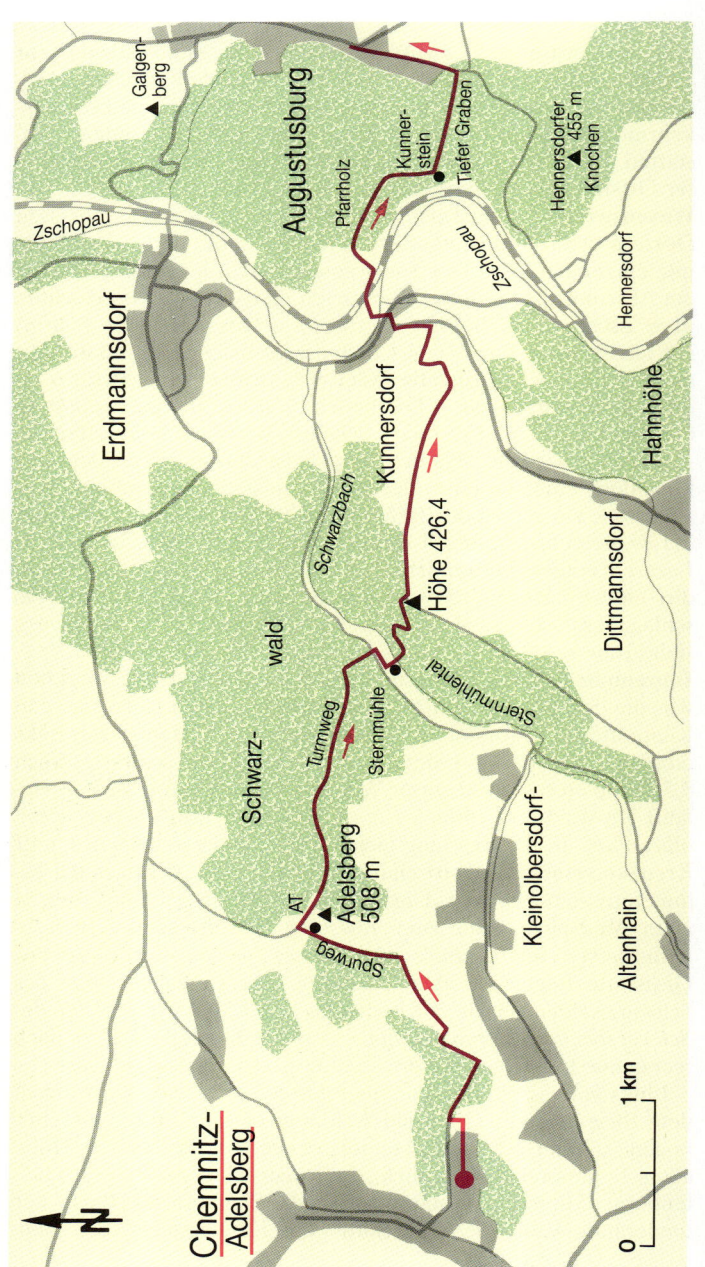

nersdorfer Knochen (455 m), die Mörbitz, der Bornwald und der Pilzhübel (598 m) bei Hohndorf; rechts das Dittmannsdorfer Tal, links das Sternmühlental.

In Kehren fällt die Landwirtschaftsstraße zur *Dittmannsdorfer Straße* (B 180) von *Kunnersdorf,* einem Ortsteil von Erdmannsdorf. Links zur *Talstraße* und diese 150 Meter nach rechts. Über den *Dittmannsdorfer Dorfbach,* dann links in den *Brückenweg* abzweigen. Dieser bringt uns ans andere Ufer der *Zschopau.* Am Sportplatz nach rechts; wir überqueren die Bahnlinie sowie den *Förstersteig* (siehe auch Tour 5) am wandern am rechten Zschopauhang aufwärts. 300 Meter weiter biegt der Weg links um. Wir treten in das das *Pfarrholz* ein und zweigen an der folgenden Wegkreuzung rechts ab. Nach 400 Metern ist der *Kunnerstein* erreicht. Dieser gewährt ein malerisches Talbild. Unten liegen Hennersdorf und Kunnersdorf. Weiterhin erblicken wir von links nach rechts den Hennersdorfer Knochen (455 m), die Götzhöhe (494 m), Witzschdorf, die bewaldete Hahnhöhe (444 m), den Spitzberg (504 m) bei Altenhain und den Adelsberg (508 m) mit dem Schwarzwald.

Der Kurort *Augustusburg* ist über zwei Wege zu erreichen, die sich später wieder vereinigen. Wir sollten den Kletterweg wählen, da er besonders Aufschluß zur Kunnersdorfer oder Kunnerstein-Verwerfung gibt. Nach der Vereinigung mit dem Gehweg folgt die Route einer Waldschneise und trifft linkerhand

Zu Tour 2 **Die Gaststätte »Sternmühle«**

vom *Franzosenfriedhof* auf die *Waldstraße* von *Augustusburg*. Sie aufwärts. Nach 700 Metern sind wir an der Bushaltestelle »Gasthof zum Schloßberg« angelangt.

3 Chemnitz-Altchemnitz – Einsiedel – Dittersdorfer Höhe – Altenhain – Einsiedel – Chemnitz-Erfenschlag – Chemnitz-Altchemnitz

Verkehrsmöglichkeiten Vom Chemnitzer Stadtzentrum aus: Straßenbahnlinie 6 bis zur Endstelle Altchemnitz; hier auch Haltestelle der Buslinien T-199 Hormersdorf – Chemnitz; T-210 Kurort Oberwiesenthal – Chemnitz; T-211 Schwarzenberg – Chemnitz; T-249 Neukirchen – Chemnitz-Altchemnitz; T-412 Crottendorf – Chemnitz. In der Nähe Haltestelle »Chemnitz Zwönitzbrücke« der Bahnlinie 418 Stollberg – Chemnitz.
Parkmöglichkeiten Siehe Tour 1 oder in der Straße »Pfarrhübel« unweit des Ausgangspunktes.
Wegmarkierung Vielseitig (siehe Tourenbeschreibung), jedoch oft veraltet und lückenhaft; mitunter Wanderwegweiser.
Tourenlänge 23,5 Kilometer. **Wanderzeit** 6 Stunden.
Höhenunterschiede Insgesamt etwa 500 Meter. Mehrere steile Anstiege (so zum Beispiel 115 m von Altchemnitz zum Pfarrhübel und 210 m von Einsiedel zur Dittersdorfer Höhe) und Abstiege.
Wanderkarte 1:50000 Kompass-Wanderkarte Nr. 1060 Mittleres Erzgebirge; Stadtplan von Chemnitz.
Abkürzungen 10,5 Kilometer weniger, wenn die Tour nur bis Einsiedel führt.
Anmerkungen Aussichtsreiche Wanderung. Durch häufigen Wechsel zwischen Steigung und Gefälle anstrengend. Vom Schwarzen Holz zum Schwarzbachtal ist der zwischen den Feldern verlaufende Weg nur noch durch den steinigen Untergrund wahrzunehmen. Einkehrmöglichkeiten im Café/Restaurant »Zur Talsperre« in Einsiedel und im Gasthof »Goldener Hahn« von Altenhain (B 174).
Wissenswertes *Altchemnitz* entstand bereits vor der Gründung von Chemnitz als Wolfsjägersiedlung. – Unweit der Straßenbahnendstelle vereinigen sich die Zwönitz und die Würschnitz zur *Chemnitz*. – Den *Pfarrhübel* bedeckten einst die Felder des Harthauer Pfarrgutes (Harthau ist der südlichste Stadtteil von Chemnitz). – *Einsiedel* wurde 1254 urkundlich erwähnt und gilt

als Stammsitz der Herren von Einsiedel. Klassizistische Kirche, 1822–27 vom bekannten Landbaumeister Christian Friedrich Uhlig (1774–1848) errichtet. – Im Stadtguttal die 1891–94 zur Wasserversorgung von Chemnitz angelegte *Einsiedler Talsperre,* die älteste Talsperre Sachsens und zweitälteste Deutschlands. – Die *Dittersdorfer Höhe* ist mit 554 Metern die höchste Erhebung der Zwönitz-Zschopau-Wasserscheide und zugleich einer der höchsten Punkte in der näheren Umgebung von Chemnitz. – Der denkmalgeschützte *Goldene Hahn* wurde 1738 als Fuhrmannsgasthof am Verlauf der via bohemica, der Salzstraße Halle/Leipzig – Prag errichtet. Er ist auch heute noch eine beliebte Einkehrstätte.

Tourenbeschreibung Wir überqueren mit der *Annaberger Straße* (B 95) die Zwönitz und steigen hinauf zum *Pfarrhübel* (432 m), der zugleich den Erzgebirgsnordrand darstellt und somit eine großartige Aussicht auf den Chemnitzer Talkessel bietet. Hier oben folgt unsere Route dem mit Betonplatten ausgelegten Landwirtschaftsweg mit Ausblicken nach Osten (Einsiedler Wald, Dittersdorfer Höhe) und Süden (Kirchen von Berbisdorf und Eibenberg, Geiersberg). Zwischen den Waldstücken *Alte Harth* zur Rechten und *Eibischbusch* zur Linken, kommen wir nach 1,6 Kilometern zur Höhe 443,7 (Ruhebank). Nun geht es steil die *Harthauer Straße* hinab, und vorbei an Schule und klassizistischer Kirche wird an der *Friedenseiche* (1841 gepflanzt) die *Hauptstraße* von *Einsiedel* erreicht.

Wir kreuzen mit der Hauptstraße links den Bahnübergang und überschreiten anschließend mit der *Altenhainer Straße* sofort die Zwönitz. Nach 150 Metern biegt die Straße am Café/Restaurant »Zur Talsperre« links um. 70 Meter danach rechts ab in den *Fischzuchtgrund*. Wir betreten den *Einsiedler Wald*, der Bestandteil des Landschaftsschutzgebietes Talsperre Einsiedel – Kemtauer Wald ist. An einer Kette von Teichen vorüber durchwandern wir unter fortgesetztem Anstieg den Forst. Übergang von Laubwald in Nadelwald. Dort, wo der breite Weg links zur Wettinhöhe umschwenkt, wandern wir geradeaus weiter. Nach 100 Metern erneut Wegteilung. Halbrechts fort, über den Bach und nach 600 Metern hinauf zum Waldrand. Unsere Tour kreuzt dort den *Hofweg* und führt schräg über ein breites Wiesenstück (alte Markierung blaues Dreieck). An der Waldecke mündet rechts der vom Bildungszentrum Einsiedel heraufkommende Weg in unsere Strecke ein. 40 Meter danach, unweit der Höhe des *Mühlberges* (509 m), links in einen Feldweg einbiegen. Nach 0,6 Kilometern Weggabelung; links aufwärts (Plattenweg) und

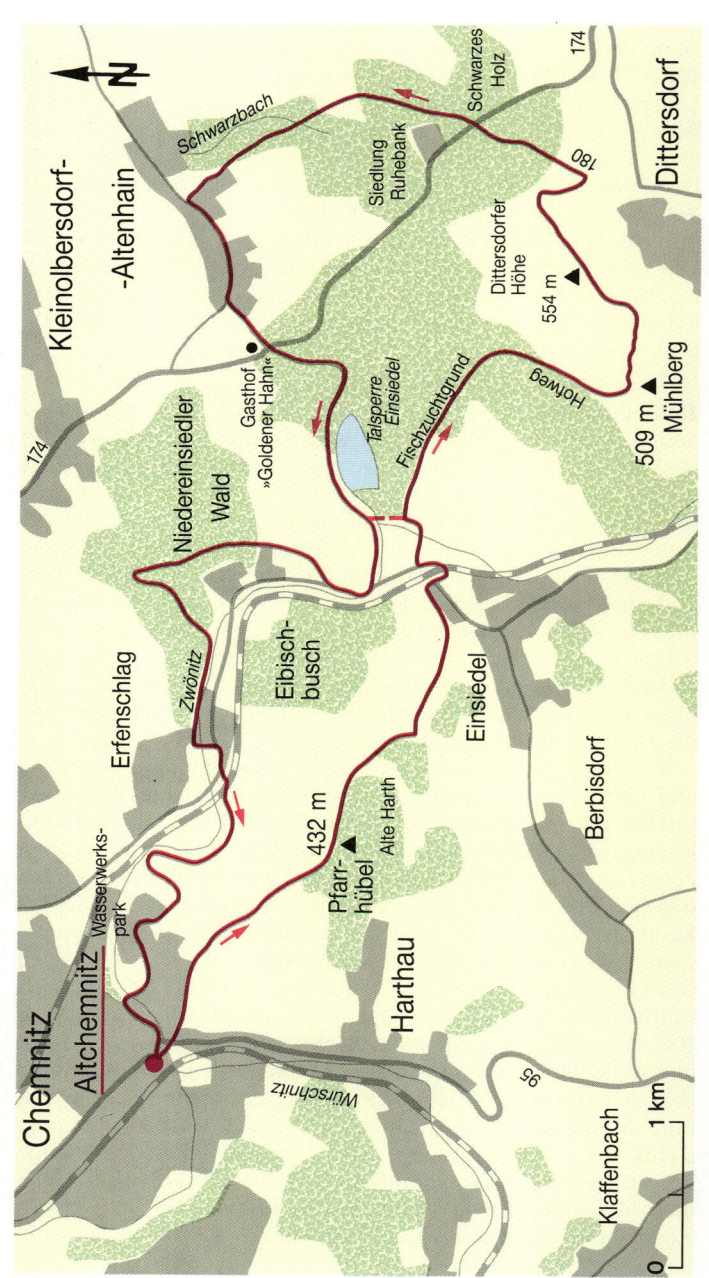

Zu Tour 3 **Die Talsperre Einsiedel**

schließlich zum flachen Plateau der *Dittersdorfer Höhe* (554 m), die ausgezeichnete Fernsichten ermöglicht.

Ostwärts erreichen wir nach 550 Metern die B 180. Dieser müssen wir 0,9 Kilometer durch das *Schwarze Holz* folgen, bis zu ihrem Abzweig von der B 174 an der *Siedlung Ruhebank*. Die B 174 überqueren und geradeaus in einen Waldweg durch den nördlichen Abschnitt des *Schwarzen Holzes*. Nach 700 Metern fällt die Route zwischen Feldern zum Tal des *Schwarzbaches* ab. An zwei Teichen vorbei nach *Altenhain*. In der Nähe der Gemeindeverwaltung treffen wir auf die *Dorfstraße* und folgen dieser (jetzt mit den Markierungen blauer Strich und grünes Andreaskreuz) 500 Meter aufwärts bis zum links abzweigenden *Einsiedler Weg*. Er bringt uns hinauf zum Gasthof »Goldener Hahn« an der *Zschopauer Landstraße* von Altenhain.

Gegenüber dem Einsiedler Weg führt uns der mit blauem Strich gekennzeichnete Wanderweg erneut in den *Einsiedler Wald*. Während er aber nach 100 Metern links abbiegt, gehen wir geradeaus weiter und folgen an der nächsten Wegteilung halbrechts einem Weg, der durch Hochwald steil hinunter ins *Stadtguttal* führt. Unten in westlicher Richtung am Ufer des *Herrenteiches* und der *Talsperre Einsiedel* entlang zur *Altenhainer Straße*. Diese abwärts; an der Staumauer vorüber bis zur rechts abzweigenden *Bergstraße* von *Einsiedel*. Sie bringt uns zur *Hauptstraße*, der wir zwönitzabwärts lediglich 300 Meter folgen;

dann rechts zur *Funkstraße*. Sie biegt links um, geht in einen Feldweg über und führt an zwei Birken vorbei zum Rand des *Niedereinsiedler Waldes* hinauf. 80 Meter nach Eintritt in den Forst links ab und an einer Schonung vorüber; an deren Ende durch Hochwald mit einem verwurzelten Weg abwärts zum *Lehmgrubenweg* am rechten Gehänge eines Bachlaufes. Hinunter zur *Zwönitz*. Wir folgen unmittelbar dem Fluß bis zu einer Fußgängerbrücke (0,7 km). Jetzt hinüber zur *Erfenschlager Straße* des Chemnitzer Stadtteils *Erfenschlag* und auf dieser 400 Meter fort bis in Höhe der einstigen *Ölmühle* (Technisches Denkmal). Nun unterqueren wir links die Bahnlinie und steigen ein Stück die Straße *Am Gutsberg* hinauf, bevor ein Weg direkt am linken Hang der Zwönitz verläuft. Kurzzeitig den *Inselsteig* benutzend, erreicht er nach 0,9 Kilometern die Straße *An der Walzenmühle*. Links in Richtung Pfarrhübel aufwärts, biegen wir unmittelbar nach dem Haus Nr. 16 rechts ab. Am Ende eines Anliegerfahrweges bringt uns ein schmaler Fußsteig hinab zum *Wasserwerkspark*. Nach dem Teich überqueren wir rechts einen Ablauf des einstigen Grundwasserwerkes sowie die *Zwönitz* und gelangen nach 600 Metern, unter Kreuzung der *Annaberger Straße*, zur Endstelle der Straßenbahnlinie 6.

Chemnitz-Markersdorf (Wohngebiet »Fritz Heckert«) – Neukirchen – Klaffenbach – Eisenweg – Stollberg

Verkehrsmöglichkeiten Vom Chemnitzer Stadtzentrum mit der Straßenbahnlinie 5 bis zur Endstelle, dem Ausgangspunkt der Wanderung; Bahnlinie 418 Stollberg – Chemnitz; Buslinie T-202 Aue – Chemnitz; T-270 Klingenthal – Chemnitz.
Parkmöglichkeiten Siehe Touren 1 und 2.
Wegmarkierung Siehe Tourenbeschreibung; zwischen Neukirchen und dem Bürgerwald Wanderwegweiser.
Tourenlänge 19 Kilometer.
Wanderzeit 5 Stunden.
Höhenunterschiede Etwa 320 Meter Anstiege (davon 120 m von Klaffenbach zum Eisenweg) und 275 Meter Abstiege (davon etwa 95 m vom Eisenweg zur Querenbach-Talsperre).
Wanderkarte Teilweise Stadtplan von Chemnitz.
Anmerkungen Mit Ausnahme des steilen Anstiegs von Klaffenbach zum Eisenweg leichte Wanderung; aussichtsreich, aber auch schöne Waldpartien. Zum größten Teil Wanderwege bzw.

Landwirtschafts- und Forststraßen. Einkehrmöglichkeiten nur in Stollberg, so daß Verpflegung aus dem Rucksack eingeplant werden sollte (Ausnahme: 0,5 km nördlich des Eisenweges liegt an der Landstraße Jahnsdorf – Meinersdorf das »Gasthaus Morgensonne«).

Wissenswertes   Das in Einheitsbauweise mit kaum vorhandener Infrastruktur seit Oktober 1974 hochgezogene *Wohngebiet Fritz Heckert* – mit etwa 80000 Bewohnern das größte derartige Vorhaben im früheren Bezirk Karl-Marx-Stadt – ist ein typisches Beispiel der Monotonie und Landschaftsverschandelung im Sozialismus der letzten zwei Jahrzehnte. Es wurde nach einem in Chemnitz geborenen KPD-Funktionär benannt.

Die *Würschnitz,* der 29 Kilometer lange linke Quellarm der Chemnitz, durchfließt von den Steegenwiesen bei Pfaffenhain bis Klaffenbach eine Kleinlandschaft des Erzgebirgischen Bekkens. – *Schloß Neukirchen,* ein Renaissancebau mit spätgotischen Elementen aus dem 16. Jahrhundert, ursprünglich Wasserburg. – *Klaffenbach* zieht sich mit mehr als 160 Metern Höhenunterschied in einem rechten Würschnitzseitental aufwärts. – Über den *Eisenweg* rumpelten in früheren Jahrhunderten mit Erz beladene Fuhrwerke aus der Schneeberger Gegend bis nach Freiberg. – Zusammen mit dem *Hauwald* bildet der *Bürgerwald* einen zusammenhängenden großen Forst nördlich der Stollberg-Thalheimer Straße (B 180). In seinem westlichen Teil liegt die Querenbach-Talsperre (1949–53 erbaut). – Die Kreisstadt *Stollberg* liegt im Tal des Gablenzbaches oder Stollberger Wassers. Im Zuge der Industrialisierung um die Mitte des 19. Jahrhunderts gewann hauptsächlich die Strumpfwirkerei an Bedeutung. Über der Stadt die einst berüchtigte Strafanstalt Hoheneck, das Stollberger Schloß.

Tourenbeschreibung   Wir wandern die *Wolgograder Allee* durch das Baugebiet VIII des *Wohngebietes »Fritz Heckert«* abwärts, dabei bereits die gelbe Strichmarkierung des Ringweges Neukirchen nutzend. Unmittelbar vor der Linkskrümme der Straße rechts zur *Markersdorfer Straße* von *Neukirchen*. Diese wieder 200 Meter Richtung Chemnitz, dann rechts in die Straße *Am Hutholz* einbiegen. Das *Hutholz* liegt inmitten der Häuserzeile. Nach knapp 200 Metern zweigen wir rechts in die *Untere Bergstraße* ab. Es geht hinunter in das *Würschnitztal*. Am östlichen Dorfausgang von Neukirchen überschreiten wir die *Bahnhofstraße* und gegenüber mit dem *Gutsweg* die Bahnlinie sowie die *Würschnitz*. Am *Schloß Neukirchen* vorüber und parallel zum Waldstück *Tiergarten* aufwärts. Dann, geradeaus die Tour auf dem *Kirchsteig* fortsetzend, wird die Adorfer Straße über-

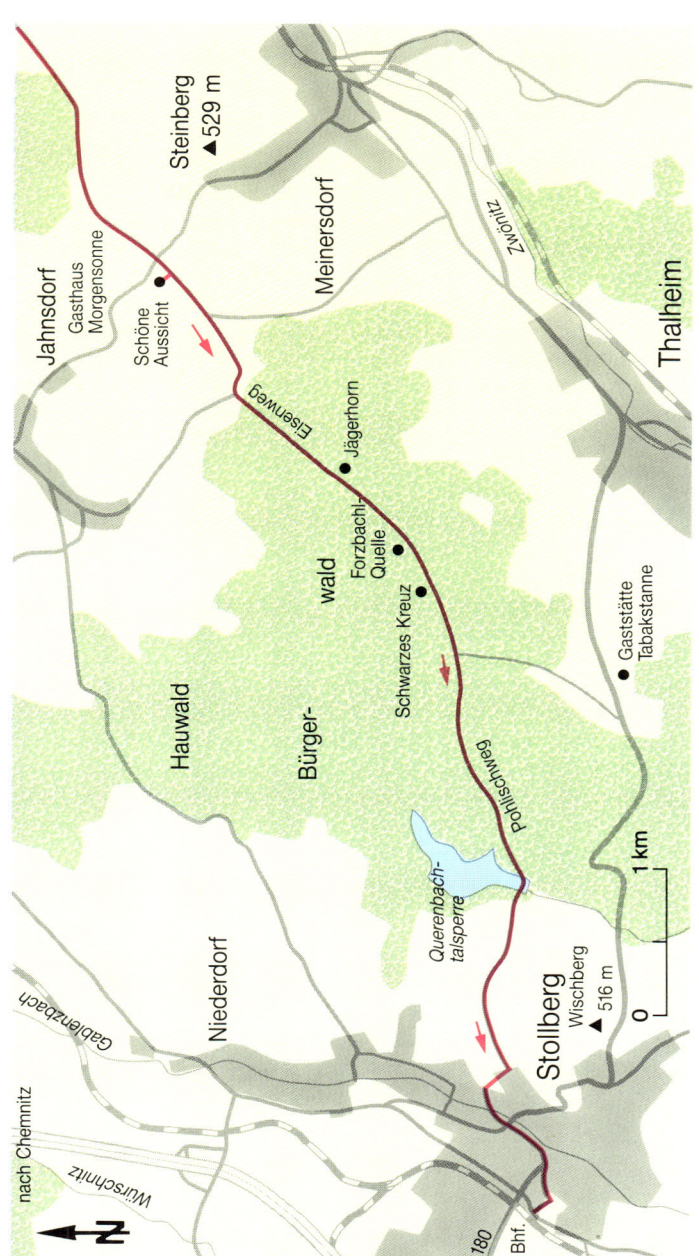

schritten und nach weiteren 650 Metern die *Neue Straße* von *Klaffenbach* erreicht. Rechts abbiegen, aber schon bald links *Im Wiesengrund* bergan zum *Eisenweg,* der entlang des Erzgebirgsnordrandes verläuft.

Den mit rotem Strich gekennzeichneten Eisenweg (bis zur Landstraße Jahnsdorf – Meinersdorf auch noch der gelbe Strich des Ringweges Neukirchen maßgebend) folgen wir 7,5 Kilometer in südwestlicher Richtung und kreuzen zunächst nach 0,5 Kilometern die Burkhardtsdorf-Adorfer Landstraße. Im Anschluß einer Steigung am *Adorfer Steinberg* (530,5 m) wird das *Rollholz* durchquert und schließlich die Jahnsdorf-Meinersdorfer Landstraße überquert. Unmittelbar danach unternehmen wir einen Abstecher rechts zur *Schönen Aussicht* (150 m). Von hier aus sind das Würschnitztal, Jahnsdorf, Pfaffenhain, Leukersdorf und ganz rechts die Stadt Chemnitz auszumachen.

Der Eisenweg schwenkt nach 1,2 Kilometern links in den *Bürgerwald* ein. Man gelangt zum *Jägerhorn,* einer Wegspinne, an der es über die frühere Jahnsdorf-Thalheimer Straße geht. Nach weiteren 500 Metern überqueren wir den *Marktsteig* und erreichen die Schutzhütte am *Forzbachl,* dessen gefaßte Quelle sich 100 Meter oberhalb vom Eisenweg befindet. Später führt die Route am *Schwarzen Kreuz* vorbei. An der Weggabelung nach nochmals 0, 5 Kilometern entfernen wir uns jedoch vom Eisenweg und wenden uns dem zweiten rechts abgehenden Weg, dem grün gekennzeichneten *Pohlischweg,* zu. Nach starkem Gefälle an der ersten Wegteilung links und über eine Lichtung hinunter ins *Obere Querenbachtal.* Hier dem mit R ausgewiesenen Rundweg um die Querenbach-Talsperre folgen. An deren Südufer mündet der Pohlischweg in den *Tabakstannenweg;* wir überwinden mit diesem einen Talsperrenzulauf und lassen den *Bürgerwald* zurück. Die Wanderung führt aufwärts zur aussichtsreichen Höhe. Dann bringt uns ein Feldweg wieder hinab zur *Robert-Koch-Straße,* die wiederum unterhalb in die *Feldstraße* mündet. Ihr folgen wir links, überschreiten nach 250 Metern die *Gablenz* und laufen durch die *Wiesenstraße* sowie die sich anschließende *Ernst-Thälmann-Straße* bis an die Pfarrkirche St. Jacobi heran. An ihrer Südseite aufwärts zum schönen *Hauptmarkt* und danach durch den *Oberschulpark* hinauf zur *Bahnhofstraße* (B 169), an der die zentrale Bushaltestelle und der Bahnhof von *Stollberg* liegen.

5 Erdmannsdorf – Hennersdorf – Witzschdorf – Zschopenthal – Zschopau

Verkehrsmöglichkeiten Bahnlinie 420 Chemnitz – Bärenstein; Buslinie T-234 Zschopau – Flöha; T-245 Chemnitz – Olbernhau.
Parkmöglichkeiten Vor dem Bahnhof Erdmannsdorf.
Wegmarkierung Von der Einmündung des Tiefen Grabens bis Zschopau roter Strich (Zschopautal-Wanderweg); Wanderwegweiser, jedoch teilweise mit fehlerhafter Kilometer-Angabe.
Tourenlänge 14 Kilometer.
Wanderzeit 3½ Stunden.
Höhenunterschiede Etwa 230 Meter Anstiege und fast 200 Meter Abstiege.
Wanderkarte 1:50000 Kompass-Wanderkarte Nr. 1060 Mittleres Erzgebirge.
Abkürzungen 0,8 Kilometer kürzer, wenn Wanderung schon an »Neumarkt« von Zschopau endet.
Anmerkungen Überwiegend leichte Wanderung durch eine abwechslungsreiche Landschaft, die an den Stationen Hennersdorf, Witzschdorf und Waldkirchen (Zschopenthal) der Bahnlinie 420 abgebrochen werden kann. Zwischen Schönthal und Witzschdorf folgt die Route einem Pfad unmittelbar am Zschopauufer (bei hohem Wasserstand nicht begehbar!). Fast 5 Kilometer Benutzung von Straßen unterschiedlicher Verkehrsfrequentierung. Einkehrmöglichkeiten in Erdmannsdorf, Hennersdorf und Zschopau.
Wissenswertes *Erdmannsdorf* siehe Tour 1. – *Kunnerstein* siehe Tour 2. – In der herrlich gelegenen Gemeinde *Hennersdorf* verbindet eine gedeckte Holzbrücke, die Schafbrücke, beide Zschopauufer. – *Witzschdorf,* das 1445 erstmals als Wiczdorffi (= Dorf eines Willeger) erwähnt wurde, zieht sich am linken Zschopauhang 160 Meter steil bis zum alten, einst die Stadt Zschopau mit den Gemeinden des Flöhaer Beckens verbindenden Höhenweg aufwärts. – *Zschopenthal,* Ortsteil von Waldkirchen ist bekannt durch das ehemalige Blaufarbenwerk am rechten Zschopauufer (Fachwerkgebäude). – Die *Eisenstraße* (Landstraße Gornau – Waldkirchen) durch das Truschbachtal verdankt ihren Namen den früher aus der Schneeberger Gegend nach dem Hammerwerk und Blaufarbenwerk Zschopenthal beförderten Erzen. – *Zschopau* siehe Tour 6.
Tourenbeschreibung Vorbei an der Talstation der *Drahtseilbahn* folgen wir der *Bahnhofstraße* 100 Meter und gehen vor der Bahnunterführung geradeaus den Weg weiter (Eintritt in das Landschaftsschutzgebiet Augustusburg und Sternmühlental). Par-

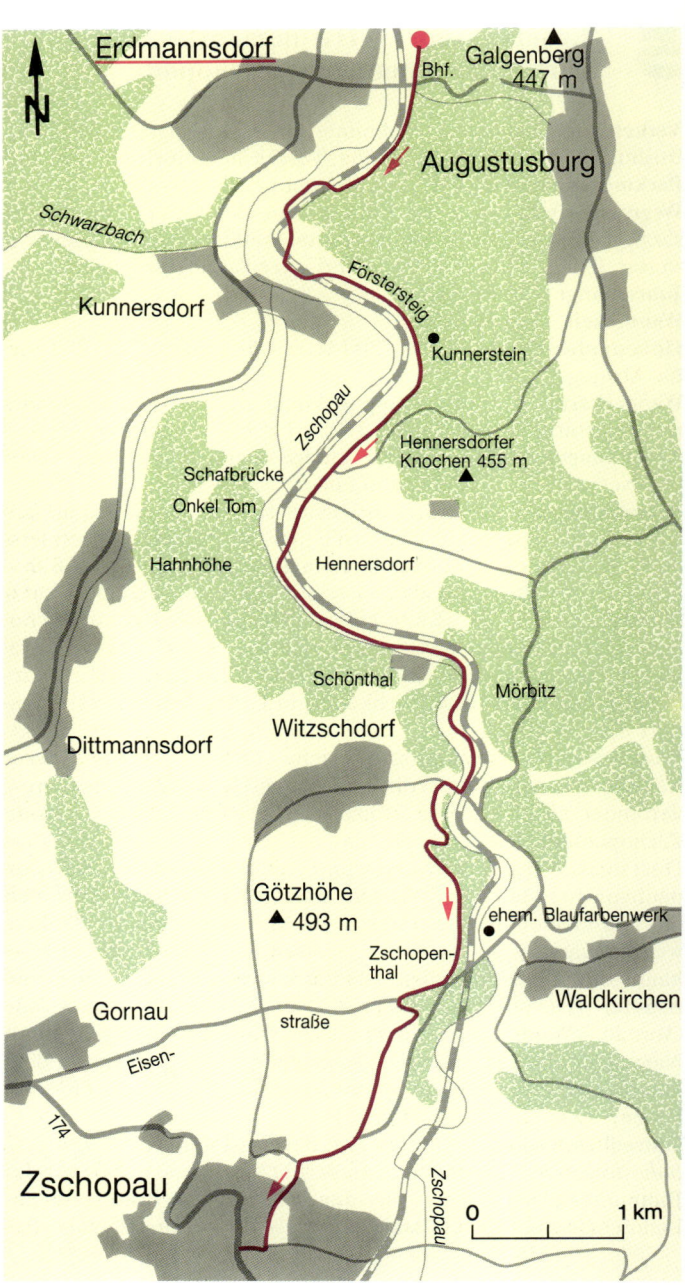

allel zur Bahnlinie und der Zschopau tangiert er das *Forstrevier Augustusburg*. Nach 700 Metern Wegteilung. Wir gehen halbrechts am Zaun fort. Der Weg biegt am Ende der Grundstücke rechts um und quert den Schienenstrang, an dem wir sofort links entlanggehen. Nach 150 Metern wieder unter der Bahn hindurch. Wir treten nach 150 Metern aus dem Wald heraus. Die Bahn ist 400 Meter weiter erneut zu unterqueren. Links den vergrasten Weg ab, werden anschließend zusammen mit dem von rechts einmündenden Wanderweg Waldhaus Harthau – Kunnerstein (siehe Tour 2) die Gleise gekreuzt. Während letzterer Weg den Hang aufwärts steilt, bleiben wir im Tal auf dem *Förstersteig*. Nach 600 Metern am Fuße des *Kunnersteins* vorüber. An der engsten Stelle ist der Weg durch Geländer abgesichert. Großer Bogen der Zschopau; von links kommt der *Tiefe Graben* mit dem *Zschopautal-Wanderweg* herab. Nach 750 Metern erreichen wir die *Augustusburger Straße* von *Hennersdorf*.

Die Augustusburger Straße abwärts, kommen wir an der »Brückenschenke« vorüber zur gedeckten *Schafbrücke*. Hier folgt unsere Route geradeaus der *Bahnhofstraße* und überschreitet nach 650 Metern die Gleise. Die schmale Anliegerstraße tangiert eine Bungalowsiedlung. Dort, wo der Fahrweg zum Ortsteil Schönthal von Witzschdorf auf das linke Zschopau-Ufer überwechselt (ebenfalls jetzt Bungalowsiedlung), folgen wir einem schmalen Pfad zwischen Fluß und Bahnlinie. Auf unserer Seite tritt die Mörbitz, ein umfangreiches Waldgebiet, bis an die Zschopau heran. Das Tal wird enger und prächtiger; wuchtige Glimmerschieferfelsen ragen empor. Nach 1 Kilometer überschreiten wir den *Staupenbach* an seiner Mündung und gelangen nach weiteren 800 Metern zum unteren Teil von *Witzschdorf* (links die Bahnstation).

In Witzschdorf geht es rechts über die *Zschopau* und nach der Brücke weiter am linken Ufer flußaufwärts. Zunächst führt der Wanderweg halbhoch am Hang dahin, klettert aber später in einer Kehre noch mehr aufwärts. Nach Überqueren einer Wiese treten wir erneut in ein Waldstück ein. Nach Passieren einer aus der Zeit der Romantik (um 1800) stammenden künstlichen Grotte gelangen wir links hinab nach *Zschopenthal* (Ortsteil von Waldkirchen).

Unsere Wanderung steigt jetzt rechts die *Eisenstraße* im *Truschbachtal* aufwärts. Nach 500 Metern, gegenüber einem Steinbruch, zweigen wir links in einen Waldweg ab. Unter nochmaligem Anstieg wird das Wäldchen und anschließend die Kleingartenanlage an der Ostseite des *Sauberges* (443 m) durchquert. Nach 1,5 Kilometern gewinnt der nun aussichtsreiche

Wanderweg die *Waldkirchner Straße* von *Zschopau*. Ihr folgen wir südwestwärts, nehmen aber nach 450 Metern mit dem *Waldkirchner Weg* eine Abkürzung zur Stadt hinunter. Durch die *Otto-Nuschke-Straße*, die *Gabelsbergerstraße*, den *Karl-Marx-Platz* und die *Rudolf-Breitscheid-Straße* erreichen wir nach 1 Kilometer den *Neumarkt* von Zschopau. Soll unsere Wanderung am Bahnhof enden, so gehen wir links über den *Altmarkt*, steigen an der Ostseite des *Schlosses Wildeck* die Stufen hinunter zur Zschopaubrücke (B 174) und biegen am anderen Ufer rechts in die *Bahnhofstraße* ein.

6 Zschopau – Wilischthal – Grießbach – Scharfenstein – Ziegenrücken – Zschopau

Verkehrsmöglichkeiten Bahnlinie 420 Chemnitz – Bärenstein; Buslinien T-206 Chemnitz – Zschopau; T-207 Chemnitz – Olberhau; T-216 Reitzenhain – Zschopau; T-232 Thum – Zschopau; T-233 Grießbach – Zschopau; T-234 Flöha – Zschopau; T-235 Dittersdorf – Zschopau; T-236 Eppendorf – Zschopau; T-237 Krumhermersdorf – Zschopau; T-238 Ehrenfriedersdorf – Zschopau; T-239 Geyer – Zschopau; T-240 Kurort Oberwiesenthal – Zschopau; T-242 Zschopau – Witzschdorf; T-460 Marienberg – Zschopau.
Parkmöglichkeiten In Zschopau vor Schloß Wildeck, in der Gartenstraße, am Karl-Marx-Platz oder am Bahnhof.
Wegmarkierung Bis Wilischthal roter Strich (Zschopautalweg), von Landstraße Wilischthal – Gelenau bis Scharfenstein grüner Strich (zwischendurch aber lückenhaft), von Scharfenstein bis zur Scharfensteiner Kanzel gelber Strich bzw. gelber Punkt in weißem Kreis; zuweilen Wanderwegweiser.
Tourenlänge 18 Kilometer.
Wanderzeit 3 Stunden bis Scharfenstein; 5½ Stunden bis Zschopau zurück.
Höhenunterschiede Insgesamt etwa 560 Meter. Vier steile Anstiege, darunter vom Tal des Venusberger Dorfbaches zum Zänker 120 Meter und vom Kessel bei Scharfenstein bis zur Scharfensteiner Kanzel 145 Meter.
Wanderkarte 1:50000 Kompass-Wanderkarte Nr. 1060 Mittleres Erzgebirge.
Abkürzungen 0,8 Kilometer weniger, wenn die Wanderung schon am Bahnhof Zschopau endet.
Anmerkungen Zum Teil anstrengende Wanderung. Der Uferweg zwischen Hörkelbachmündung und Wehr ist bei hohem

Zu Tour 6 **Schloß Scharfenstein**

Wasserstand der Zschopau nicht begehbar. Zwischen Scharfensteiner Kanzel und Hinterem Ziegenrücken ist die Wegführung infolge landwirtschaftlicher Eingriffe unterbrochen. Einkehrmöglichkeiten in Scharfenstein (hauptsächlich »Am Sportzentrum«) und in Zschopau.

Wissenswertes Die Kreisstadt *Zschopau* verdankt ihre Gründung der verkehrsgünstigen Lage am 1174 erwähnten »Alten Böhmischen Steig«, der späteren »Großen Reichsstraße« Halle/ Leipzig – Prag (auch Salzstraße genannt), die hier das enge Zschopautal überschritt. Anfang des 19. Jahrhunderts begann ein rascher industrieller Aufschwung. Sehenswert: Rathaus mit Turmuhr und Meißner Porzellanglockenspiel; Edelhaus, 1561 im Renaissancestil errichtet; Schloß Wildeck mit dem Bergfried Dicker Heinrich und dem Wendelturm Schlanke Margarete; Stadtkirche St. Martin. – *Wilischthal* ist eine zu mehreren umliegenden Ortschaften gehörende Fabriksiedlung an der Mündung der Wilisch (18 km Länge) in die Zschopau. – *Grießbach,* ein Quellreihendorf, wurde 1386 urkundlich erwähnt. – *Scharfenstein, Karl Stülpner,* siehe Tour 7.

Tourenbeschreibung Vom *Neumarkt* in *Zschopau* wandern wir westwärts an der Martinskirche vorbei die 74 Stufen hinab zur *Johannisstraße.* Gegenüber setzt sich die Tour über die *Wiesenstraße* sowie *Bergstraße* fort und gelangt, links einbiegend, zum *Hoffeld.* Bald darauf zweigen wir rechts in die ansteigende *Thumer Straße* ein, um sie nach 100 Metern mit dem rot gekennzeichneten *Zschopautal-Wanderweg* zu verlassen. Er senkt sich am linken Zschopaugehänge und überschreitet den *Hörkelbach* dicht vor seiner Mündung. Auf Holzstufen geht es hinab zum *Uferweg.* Wir befinden uns nun im *Landschaftsschutzgebiet Oberes Zschopautal.* Kurz vor Erreichen des Wehres passieren wir einen mächtigen Felsen, der die Bodemerkanzel trägt. (Aussichtspunkt nur über die Rückseite zu erreichen.) Am gegenüberliegenden Ufer ist die Seminaristenkanzel auszumachen. Hinter einer langgezogenen Flußkrümme führt der Uferweg am *Stülpnerbrunnen* vorüber. Nach insgesamt 3,5 Kilometern ist *Wilischthal* erreicht.

Die Tour folgt nunmehr 0,9 Kilometer der Landstraße in Richtung Gelenau aufwärts und nutzt dabei nach Überquerung der *Wilisch* deren rechtes Gehänge. Am Ende einer Fernwärmeleitung links in das *Zschopenholz* (grün gekennzeichneter Wanderweg). Es geht steil bergan bis zu einem alten Grenzstein mit den kursächsischen Schwertern und der Jahreszahl 1783. Hier läßt uns ein Pfad links in 2 Minuten zur Felskanzel des *Affensteins,* 80 Meter über der Zschopau bei Wilischthal gelangen.

Zurück zum Wanderweg, tritt dieser nach einem nochmaligen Anstieg bald aus dem Zschopenholz heraus. Wir tangieren den *Heideberg* (508 m) und gewinnen schließlich die *Scharfensteiner Straße* am oberen Ende von *Grießbach*. Auf ihr gehen wir talwärts durch das Dorf, biegen aber nach 800 Metern rechts in eine Plattenstraße ein, die am Sportplatz vorbei zur Deponie führt. An deren Umzäunung entlang, mit Fußsteig zum wald- und wiesenreichen *Tal des Venusberger Dorfbaches*. Das Gewässer und kurz darauf die Talstraße werden gekreuzt, dann steigt die Strecke im *Forstrevier Scharfenstein* stark an. Oben bietet sich die Möglichkeit eines kurzen Abstechers zum linken Höhenrand des Zschopautales, dem *Zänker* (499 m). Unter uns liegt Scharfenstein.

Zurück zum Hauptweg, folgen wir seiner Markierung und wandern über den *Kuhberg* steil hinunter zur *Hopfgartener Straße* von *Scharfenstein*. (300 Meter rechts Gaststätte »Am Sportzentrum«.) Wir überschreiten in entgegengesetzter Richtung den Fluß sowie die Bahnlinie und steigen die *Hofgasse* hinauf. Wir passieren den Sattel des Bergsporns, der das Schloß trägt und laufen auf dem *Karl-Stülpner-Weg* hinab in den *Gänsewinkel,* einem rechten Zschopauseitental. Nach Überquerung des Baches – links zweigt die Alte Scharfensteiner Straße ab (rote Markierung) – geht es noch 300 Meter im sogenannten *Kessel* aufwärts bis zu einer vierfachen Wegteilung. Zwei Wege führen nun durch Wald zur *Scharfensteiner Kanzel* (520 m): geradeaus ein anfangs sehr steiler und steiniger Weg (1,1 km), links ein bequemer, markierter Weg (1,5 km). Von der 180 Meter über dem Zschopautal liegenden Schieferklippe – oben an einer Waldecke 120 Meter vom Hauptweg entfernt (gelber Punkt im weißen Kreis) – eröffnet sich uns eine großartige Aussicht.

Wir setzen die Wanderung anschließend am Waldrand fort. Dann erneut in Wald eintretend, geht es über den *Hinteren Ziegenrücken* (541 m) hinunter zum *Nesselfleck.* Hier wandern wir links den *Salzleckenweg* hinab, nehmen aber nach 200 Metern wieder die nördliche Richtung ein. 900 Meter geradeaus – der auf halber Strecke talwärts führenden Forstweg wird ignoriert – biegt halblinks ein Pfad ab, an dem sich gleich zu Beginn die *Zschimmerhöhe* befindet. Allmählich bergab, gewinnen wir nach 400 Metern die Landstraße Zschopau – Wolkenstein. Ihr muß unsere Route 1,2 Kilometer bis zur Fußgängerbrücke über die Gleisanlagen am Zschopauer Bahnhof folgen (Fahrverkehr!). Zuvor haben wir noch Aussichtsmöglichkeit an der *Seminaristenkanzel*.

Mit der *Bahnhofstraße* gelangen wir zur *Alten Marienberger Straße* (B 174) und überschreiten die Zschopaubrücke. Danach führen Stufen an der Ostseite von *Schloß Wildeck* hinauf zum Altmarkt und anschließend zum *Neumarkt* (Bushaltestellen).

7 Scharfenstein – Hopfgarten – Warmbad – Wolkensteiner Schweiz – Wolkenstein

Verkehrsmöglichkeiten Bahnlinie 420 Chemnitz – Bärenstein; Buslinien T-216 Zschopau – Reitzenhain bzw. Falkenbach; T-460 Marienberg – Zschopau.
Parkmöglichkeiten Nur sehr begrenzt in der Umgebung des Bahnhofes Scharfenstein.
Wegmarkierung Zwischen Scharfenstein und Hopfgarten roter Strich (Zschopautalweg), anschließend bis Hüttenmühle gelber Strich, von Hüttenmühle bis nahe des Bahnhofes Wolkenstein roter Strich; Wanderwegweiser – insgesamt ausgezeichnete Kennzeichnung.
Tourenlänge 11,5 Kilometer.
Wanderzeit 3½ Stunden.
Höhenunterschiede Etwa 330 Meter Anstiege und 280 Meter Abstiege, mitunter kurzzeitig sehr steil.
Wanderkarte 1:50 000 Kompass-Wanderkarte Nr. 1060 Mittleres Erzgebirge.
Anmerkungen Landschaftlich sehr reizvolle Wanderung, durch den häufigen Wechsel von Steigung und Gefälle anstrengend. Fast durchweg gute Wegeverhältnisse. Einkehrmöglichkeiten in Wolkenstein und Schönbrunn.
Wissenswertes *Scharfenstein* ist bekannt durch den Kühlschrankhersteller »dkk«. Schloß aus dem 13. Jahrhundert mit wappengeschmücktem Renaissanceportal, gotischem Torhaus und Renaissancegiebel am Wohnflügel. Der erzgebirgische Wildschütz Karl Stülpner wurde 1762 als Sohn eines Müllerburschen im Ort geboren (Gedenkstein nahe der nördlichen Zschopaubrücke). Sein abenteuerliches Leben endete 1841 im Haus Nr. 12 des jetzigen »Karl-Stülpner-Weges«. Auf dem Friedhof des nahen Großolbersdorf wurde er beigesetzt.

Warmbad, Ortsteil von Gehringswalde, ist das älteste Bad Sachsens. (1385 Entdeckung der Thermalquelle.) Heute werden Rheuma, Nerven- und Stoffwechselkrankheiten behandelt. – *Burg Wolkenstein:* Gründung nach der Mitte des 12. Jahrhunderts. Im Schloß befindet sich eine Heimatstube und das Landeskulturelle Kabinett. – Im Städtchen *Wolkenstein* ist der Marktplatz mit seinen schmalen, durch steile Dächer geprägten Bürgerhäusern sowie der kursächsischen Postdistanzsäule (1730) bemerkenswert. St.-Bartholomäuskirche mit reicher Ausstattung.

Tourenbeschreibung Aus dem Bahnhof tretend, folgen wir rechts der *Bahnhofstraße* und anschließend der *Großolbersdorfer Straße*. Nach insgesamt 250 Metern führt der rot markierte *Zschopautalweg* rechts am Hang hinauf. Die Wanderung verläuft am rechten Ufer, der *Klinge,* flußaufwärts bis zur Gemeinde Hopfgarten. Zunächst passieren wir den Fuß des *Künzelberges* (508 m). Dann folgt der Weg einer weiten Flußschleife im ständigen Auf und Ab und überwindet mehrere kleine Seitentäler. In *Hopfgarten* überschreiten wir auf der *Grünauer Straße* die Bahnlinie, bevor an der Zschopaubrücke die *Uferstraße* links abzweigt. An deren Beginn weist ein Wegweiser und die gelbe Strichmarkierung als neues Ziel Warmbad aus. Nach 250 Metern wieder unter die Bahn hinweg, wandern wir durch ein Waldgebiet, den *Brand,* bergan. Der Weg mündet in einen breiteren Forstweg. Es empfiehlt sich, diesem bis Warmbad ständig zu folgen (obwohl die Kennzeichnung in zwei Fällen entlang von unwesentlichen Wegkürzungen vorgenommen wurde), da wir so an den Rand des Zschopausteilhanges herankommen. Dieser gewährt besonders vom *Kellerlochfelsen* ein beeindrukkendes Talbild.

Nach weiteren 1,2 Kilometern ist der Waldrand erreicht. Wir folgen geradeaus dem mit Linden bestandenen Feldweg 180 Meter und setzen unsere Tour, unweit der Kuranlagen von *Warmbad,* entlang der Neubauten fort. Unterhalb geht die Anliegerstraße in einen Feldweg über und führt steil abwärts zur *Hüttenmühle* (Fachwerkhaus mit Jahreszahl 1836 im Türstock und Schieferverkleidung) im *Hüttengrund*.

Nunmehr mit dem rot gekennzeichneten *Wanderweg Erzgebirge – Vogtland* über die B 101 und am gegenüberliegenden Hang schräg hinauf. An der baldigen Wegteilung rechts in Richtung Floßplatz leicht abwärts, gabelt sich nach 150 Metern der Weg erneut; hier geradeaus und unter Erklimmen der *Himmelsleiter,* eines Felsenaufstiegs aus Holztreppen, zur *Anton-Günther-Höhe* (499 m). Von dem mit Bäumen umrahmten Plateau (Ruhebänke und Schutzhütte) hat man eine schöne Aussicht in südliche Richtung (Jeleni hora = Haßberg, Bärenstein und Pöhlberg sowie auf Wolkenstein). Anschließend am Waldrand entlang und nach 200 Metern an der Waldspitze scharf rechts ab zur *Wolkensteiner Schweiz*. Von der 80 Meter über der Zscho-

pau liegenden *Brückenklippe*, auch Zweibrückenblick genannt, bietet sich ein faszinierendes Talbild. Teilweise über Stufen kommen wir hinab zur *Heidelbachstraße*, die allmählich ansteigt und die Zschopau verläßt. Sie trifft nach 0,7 Kilometern auf halber Höhe zwischen Wolkenstein und Schönbrunn (unten am Fluß) auf die kurvenreiche *Bahnhofstraße*. Links einbiegend und unter starker Steigung (Abkürzung der eigentlichen Fahrstraße) in 350 Metern zum Markt von *Wolkenstein*. Nun rechts die *August-Bebel-Straße* ab, an der St. Bartholomäuskirche vorüber und nach 100 Metern zum Schloßplatz vor dem *Schloß Wolkenstein*. Hier rechts abwärts und durch den Torbogen des Gebäudes. Der Wanderweg durchquert die parkähnlichen *Haganlagen* am *Schloßfelsen* und tangiert dabei die *Wolfsschlucht* (siehe Tour 8) sowie eine Reihe von Aussichtspunkten. Dann trifft er wieder auf die *Bahnhofstraße*. Diese hinab und unten über die alte Flußbrücke. Auf dem Territorium der Gemeinde *Schönbrunn* folgen wir der *Annaberger Straße* 100 Meter und gelangen danach links zum *Wolkensteiner Bahnhof*.

8 Bahnhof Wolkenstein – Streckewalde – Mauersberg – Schindelbach – Großrückerswalde – Wolkenstein

Verkehrsmöglichkeiten Bahnlinie 420 Chemnitz – Bärenstein; Buslinien T-216 Zschopau – Falkenbach; T-400 Annaberg-Buchholz – Dresden; T-426 Jöhstadt – Wolkenstein; T-489 Marienberg – Ehrenfriedersdorf; T-499 Olbernhau – Annaberg-Buchholz.
Parkmöglichkeiten An der Zufahrt zum Bahnhof Wolkenstein.
Wegmarkierung Siehe Tourenbeschreibung; vereinzelt Wanderwegweiser.
Tourenlänge 25 Kilometer. **Wanderzeit** 6½ bis 7 Stunden.
Höhenunterschiede Insgesamt etwa 550 Meter. Auf kurzer Distanz häufig steile An- und Abstiege.
Wanderkarte 1:50000 Kompass-Wanderkarte Nr. 1060 Mittleres Erzgebirge.
Anmerkungen Abwechslungsreiche, mitunter beschwerliche Wanderung. Durch den hohen Laubgehölzanteil des waldreichen Preßnitztales besonders im Frühjahr und Herbst zu empfehlen. Am Hang des Sandbaches sowie zwischen Mauersberg und dem Preßnitztal bei Niederschmiedeberg infolge von Holzeinschlag bzw. des Weidebetriebes Beeinträchtigung der Wegeführung. Im

gesamten Routenverlauf viele vergraste Wege, deshalb bei Nässe entsprechendes Schuhwerk. Einkehrmöglichkeiten in der »Schindelbachmühle« und in Wolkenstein, bei gewisser Entfernung zur Wanderstrecke auch in Mauersberg und Großrückerswalde.

Wissenswertes *Wolkenstein* siehe Tour 7. – Die 37 Kilometer lange *Preßnitz* entspringt auf dem Erzgebirgskamm in Böhmen unweit von Měděnec (Kupferberg). Auf deutschem Territorium bildet sie eines der reizvollsten Täler des Erzgebirges. Unterhalb des Zeisigsteins (497 m) mündet der Fluß in die Zschopau.

Das Waldhufendorf *Streckewalde* gehört zu den ältesten Dorfgründungen (1241) der Herrschaft Wolkenstein. – *Mauersberg* wurde 1291 als Ursberg urkundlich erwähnt. Geburtsort des Dresdner Kreuzkantors Professor Rudolf Mauersberger (1889– 1971) und des Leipziger Thomaskantors Professor Erhard Mauersberger (1903–1982). Rudolf-Mauersberger-Gedenkstätte an der Hauptstraße / Ecke Dorfstraße; Totentanzkapelle auf dem Friedhof, hier auch die Gruft der Familie Mauersberger. – In *Großrückerswalde* steht die größte und schönste der noch vorhandenen Wehrgangkirchen des Erzgebirges (Mitte 15. Jh.). Bemerkenswertes Interieur, insbesondere das »Großrückerswalder Pestbild« aus dem Jahre 1583.

Tourenbeschreibung Vom *Bahnhof Wolkenstein* wandern wir bis zur *Annaberger Straße* (B 101) zurück, folgen ihr kurzzeitig und zweigen dann rechts in die *Bahnhofstraße* ab. In der dritten Kehre mit der roten und grünen Strichmarkierung in die *Haganlagen* hinein bis zum Eingang der *Wolfsschlucht* an der Südwestseite des Wolkensteiner Schloßfelsens. Durch sie mit dem grünen Diagonalstrich des *Wolkensteiner Naturlehrpfades* zwischen den Felsen hinunter zur *Zschopau.* An deren rechtem Ufer aufwärts. Nach 500 Metern treffen wir auf einen von Wolkenstein kommenden Weg, der die eingangs erwähnten Markierungen aufweist und mit dem wir den *Eschenbach* an seiner Mündung überschreiten. An einer erneuten Wegteilung – rechts verläuft der rot gekennzeichnete Zschopautalweg nach Thermalbad Wiesenbad weiter – verlassen wir den Fluß und steigen geradeaus durch Wald in 1,5 Kilometern zum *Zeisigstein* (497 m) empor. Die etwa 100 Meter über der Mündung der Preßnitz in die Zschopau liegenden Gneisklippen gewähren ein liebliches Talbild. Links sehen wir Streckewalde, rechts Schönbrunn und in südwestlicher Richtung den Pöhlberg (832 m).

Während sich der grün markierte Wanderweg nach Nordosten absetzt, folgen wir dem Waldrand. Später um ein Kerbtal herum und an der folgenden Wegteilung geradeaus steil abwärts ins *Scheidebachtal* nach *Finsterau*. Rechts zur *Preßnitztalstraße,* in

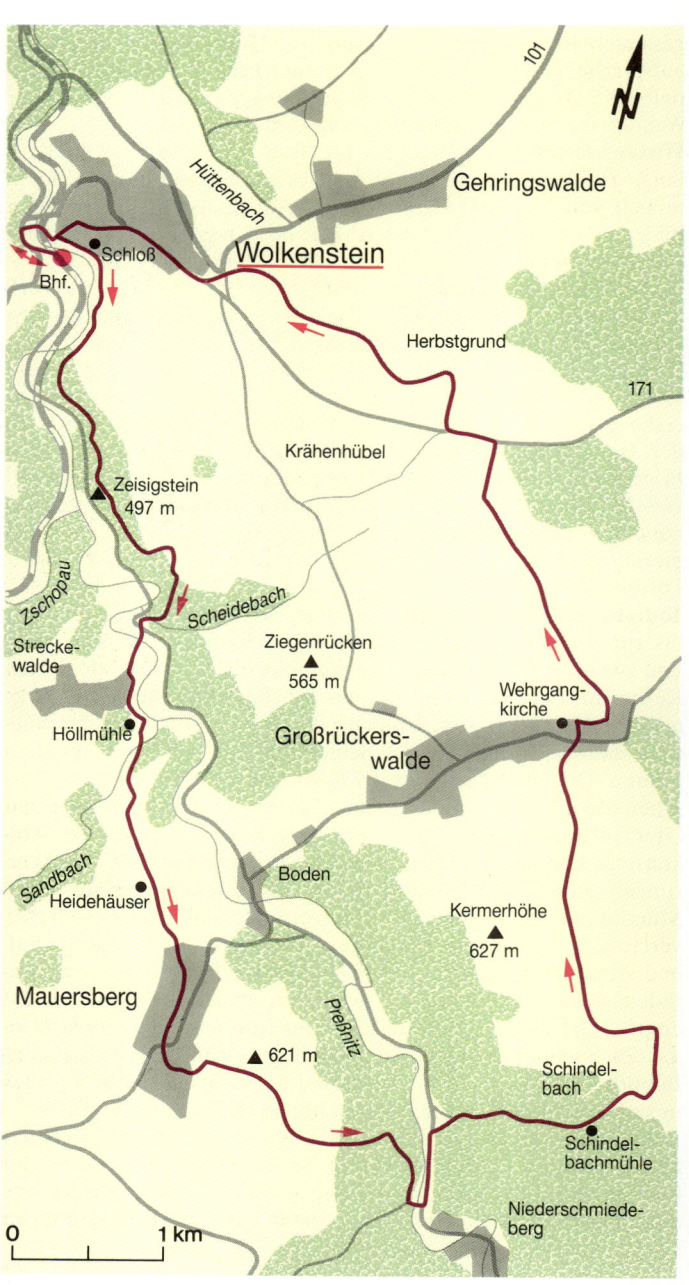

Zu Tour 8 **An der Wehrgangkirche Großrückerswalde**

die wir links einbiegen. Nach 50 Metern geht es rechts über den Fluß und über Gleise und danach die *Dorfstraße* von *Streckewalde* hinauf. Nach 400 Metern folgen wir links einer schmalen Fahrstraße, die sich wieder zur Preßnitz senkt, dann aber in das *Sandbachtal* zur *Höllmühle* umschwenkt. 100 Meter nach der Mühle links ab und am rechten Gehänge des *Sandbaches* aufwärts (Wegweiser »Mauersberg«). Oben geht der kaum erkennbare Waldpfad in einen Feldweg über, der uns an den *Heidehäusern* vorüber nach etwa 2 Kilometern zur *Dorfstraße* von *Mauersberg* bringt. Rechts aufwärts und in 500 Metern zur *Hauptstraße* an der *Rudolf-Mauersberger-Gedenkstätte,* danach weiter bis zur Dorfkirche. Hier links ab, nach 150 Metern erneut links einbiegend (die Route müßte laut Wanderkarte blau markiert sein), und unter allmählichem Anstieg geradeaus. Seitlich der Höhe 620,9 bietet sich eine reizvolle Aussicht. 1 Kilometer weiter, in einer Senke inmitten der Weideflächen, scheint sich unser

Weg zu verlieren; hier nun links mit einem vergrasten Feldweg abwärts und nach 300 Metern halbrechts in den Wald hinein. Kurz darauf Weggabelung – halblinks weiter, bis wir auf einen Querweg treffen (300 m). Links einbiegend, führt die Tour an den Resten einer Rodelbahn vorüber und in Kehren hinab zu einer Siedlung von *Mauersberg* (plötzlich erscheint wieder die blaue Markierung, die uns bis jenseits der Landstraße Marienberg – Wolkenstein die Strecke gut ausweist). Rechts zur *Arnsfelder Straße* und mit dieser über die Preßnitz zur *Preßnitztalstraße* am Ortseingang von *Niederschmiedeberg*. Wir folgen ihr 400 Meter flußabwärts, dann läßt uns ein Fußsteig hinüber zur *Schindelbacher Straße* (Bungalowsiedlung) gelangen.

Jenseits der Straße über den *Schindelbach* und aufwärts zur *Schindelbachmühle* (1 km). 500 Meter oberhalb biegen wir links in die Verbindungsstraße nach Großrückerswalde ein, die eine großartige Aussicht bis zum Erzgebirgskamm bietet. In *Großrückerswalde* (nach 3,2 km) quert unsere Tour die *Marienberger Straße* und führt zunächst zur malerischen Wehrgangkirche inmitten des alten Friedhofes. Die rechts umbiegende *Alte Annaberger Straße* verlassen wir nach 250 Metern und folgen auf mehr als 2 Kilometern dem links abgehenden, mit Betonplatten ausgelegten Landwirtschaftsweg bis zur Landstraße Marienberg – Wolkenstein (B 171). Diese 300 Meter nach links, dann wird rechts in einen bituminierten Fahrweg abgezweigt. Nach 600 Metern entfernen wir uns von ihm im *Herbstgrund* (und damit auch von dem blau markierten Wanderweg). Links ab und am Fuß der Halde des früheren Uranbergbaues entlang. Als Wiesenpfad verläuft die Route am rechten Gehänge eines Baches und erreicht nach mehr als 1 Kilometer eine Stelle, wo sich mehrere Feldwege treffen. Links zum Gewässer hinunter und drüben am Wiesenhang aufwärts. Im Bogen zur Landstraße Wolkenstein – Gehringswalde. Nach deren Kreuzung auf einem Fußweg zur *Marienberger Straße* von *Wolkenstein;* weiter unten mit der *Berggasse* zum *Markt* des Städtchens.

Nun rechts die *August-Bebel-Straße* ab, an der St. Bartholomäuskirche vorüber und nach 100 Metern zum Schloßplatz vor dem *Schloß Wolkenstein*. Hier rechts abwärts und durch den Torbogen des Gebäudes. Der Wanderweg durchquert die parkähnlichen *Haganlagen* am *Schloßfelsen* und tangiert dabei die *Wolfsschlucht* (siehe Tour 8) sowie eine Reihe von Aussichtspunkten. Dann trifft er auf die *Bahnhofstraße*. Diese hinab und unten über die alte Flußbrücke. Auf dem Territorium der Gemeinde *Schönbrunn* folgen wir der *Annaberger Straße* 100 Meter und gelangen danach links zum *Wolkensteiner Bahnhof*.

Flöha – Grünberg – Augustusburg – Hohenfichte – Hetzdorfer Schweiz – Hetzdorf – Foldung – Schweddey – Flöha

Verkehrsmöglichkeiten Bahnlinien 401 Glauchau – Freiberg; 410 Plauen – Dresden; 420 Bärenstein – Chemnitz; 425 Neuhausen bzw. Marienberg – Chemnitz; Buslinien T-228 Chemnitz – Dresden. T-234 Zschopau – Flöha; T-241 Frankenberg – Augustusburg; T-244 Chemnitz – Eppendorf; T-245 Chemnitz – Olbernhau.
Parkmöglichkeiten Am Bahnhof Flöha.
Wegmarkierung Siehe Tourenbeschreibung; zuweilen Wanderwegweiser.
Tourenlänge 24 Kilometer.
Wanderzeit 6½ bis 7 Stunden.
Höhenunterschiede Insgesamt etwa 460 Meter. Jeweils fünf Anstiege und Abstiege, mitunter kurzzeitig sehr steil.
Wanderkarte Zum Teil 1:50000 Kompass-Wanderkarte Nr. 1060 Mittleres Erzgebirge.
Abkürzungen 3 Kilometer weniger, wenn Wanderung an der Haltestelle »Zschopaubrücke« der Buslinien T-241, T-244 oder T-245 in Flöha-Plaue beginnt und endet.
Anmerkungen Abwechslungsreiche, durch schöne Ausblicke gekennzeichnete Wanderung, aufgrund des häufigen Auf und

Zu Tour 9 **Die gedeckte Holzbrücke in Hohenfichte**

Ab anstrengend. Überwiegend gute Wanderwege, nur im Bereich der Hetzdorfer Schweiz mitunter Kraxelpfade. Zeitweise Benutzung der Landstraße zwischen Hohenfichte und Hetzdorf (Verkehr!). Einkehrmöglichkeiten im »Gasthof Grünberg« und im »Jägerhof« von Augustusburg.

Wissenswertes Die im Erzgebirgsbecken am Zusammenfluß von Zschopau und Flöha liegende Kreisstadt *Flöha* ist aus vier Ansiedlungen hervorgegangen: dem 1399 erwähnten Dorf »zcu der Flaw«, Gückelsberg, Plaue und Bernsdorf. Plaue selbst wurde 1378 urkundlich genannt. Dort befindet sich die wohl älteste Spinnerei Sachsens, das jetzige Werk I der Vereinigten Baumwollspinnereien und Zwirnereien Flöha. – Der *Galgenberg* war die Richtstätte des Amtes Augustusburg. Als letztem Delinquenten wurde am 20. November 1832 dem Brandstifter Eller der Kopf abgeschlagen. – *Augustusburg* siehe Tour 1. – Der am Postamt Augustusburg beginnende *Vierteichweg* ist ein Teil des Fürstenweges, den Kurfürst August I. von Sachsen im 16. Jahrhundert von Freiberg zu seinem neu entstandenen Jagdschloß Augustusburg anlegen ließ. – Die zwischen Hohenfichte und Metzdorf über die Flöha führende *gedeckte Holzbrücke* ist die größte ihrer Art in Sachsen. – *Hohenfichte:* Architektonisch bedeutungsvoll ist das frühere Herrenhaus des Rittergutes Hohenfichte (1808). Der 1866–68 erbaute *Hetzdorfer Eisenbahnviadukt* (326 m lang, 43 m hoch) über die Flöha hat in Kürze durch die Fertigstellung einer neuen Trasse seine Aufgabe erfüllt; er bleibt als erstrangiges Denkmal der Verkehrsgeschichte erhalten. – *Schwedenlöcher:* Kalkhöhlen, in denen anscheinend schon vor mehr als 500 Jahren dieser begehrte Baustoff für die Stadt Chemnitz gebrochen wurde. Wegen Einsturzgefahr (wie 1951) sind die Schwedenlöcher heute nicht mehr begehbar. Der Name weist auf den Dreißigjährigen Krieg hin (die Einwohner der Umgebung suchten hier Zuflucht vor der schwedischen Soldateska).

Tourenbeschreibung Vom Bahnhof in *Flöha* gehen wir sofort links durch den Fußgängertunnel und gelangen mit der *Dammstraße* zur *Augustusburger Straße* (B 180, dann Landstraße Nr. 264). Diese südostwärts entlang, ist nach 1,8 Kilometern im Stadtteil *Plaue,* unmittelbar hinter dem Bahnübergang, der Straßenabzweig des Plauberges von der Landstraße nach Augustusburg erreicht. Steil geht es zum Erzgebirgsnordrand aufwärts. Jenseits des sich bald anschließenden Waldstücks, in dem auch die Schwedenlöcher liegen (an ihnen kommen wir im letzten Abschnitt der Tour vorüber), erscheint halbrechts über den Feldern die Augustusburg. Später mündet links die *Alte Augustus-*

burger Straße ein und nach weiteren 450 Metern treffen wir gegenüber dem Gasthof Grünberg wieder auf die Landstraße Flöha – Augustusburg. Dieser 50 Meter südlich folgen, dann am Ende des Gartengrundstückes vom Gasthof rechts in einen Weg einbiegen. Er senkt sich nach 80 Metern links in ein Wiesental und biegt hier in westliche Richtung um. Unterhalb einer Wegteilung (mächtige Eiche und Ruhebank) gelangt man in den *Stadtwald,* in dem wir nach 250 Metern dem ersten links abgehenden Weg folgen. Nach 30 Metern mit einem vergrasten Weg erneut links ab und, immer rechts haltend, hinauf zum Plateau des *Galgenberges* (447 m).

Bald vorbei an den ersten Grundstücken von *Augustusburg,* biegen wir nach 400 Metern rechts in die *Maximilian-Kolbe-Straße* des Städtchens ein. Mit ihr gelangen wir zur Landstraße Chemnitz – Augustusburg. Diese bis zur Einmündung in die *Frankenberger Straße* am Gasthof Jägerhof aufwärts, wird die Wanderung gegenüber durch die *Straße der Einheit (Fabriksteig)* fortgesetzt. Durch eine Siedlung ist nach 0,4 Kilometern die Gaststätte Sporthalle (Höhe 436,2) erreicht. (Aussicht: links Oederaner Wald mit Karolinenhöhe [499 m], davor die Höhe 431,5 südlich von Falkenau, die Schönerstädter Höhe [495 m], direkt dahinter die Udohöhe [498 m], Börnichen und Oederan sowie die Foldung und die Röth; in der Mitte das Große Lößnitztal [Schornstein!], das Flöhatal, die Harth und Leubsdorf; rechts Schellenberg mit der gelbgetünchten Barockkirche, dahinter der Röthenbacher Wald und die Mörbitz).

Nahe der Gaststätte wendet sich der bisher von uns benutzte Fabriksteig halblinks ab, während wir dem baumbestandenen Feldweg folgen. Nach einem ausgedehnten Rechtsbogen mündet seitlich eines Gehölzes der *Vierteichweg* in unsere Route ein. Nun mit blauer und roter Strichmarkierung des Hauptwanderwegs Ziegenrück – Rostock bzw. des Flöhtalweges Zöblitz – Flöha, gelangen wir nach *Hohenfichte* (links das Herrenhaus des früheren Rittergutes).

Unter Berührung der *Schellenberger Straße* geht es durch die *Hohle* steil bergab zur *Bahnhofstraße.* Gegenüber schließt die *Metzdorfer Straße* an, die schon kurze Zeit später die Bahnlinie und dann die gedeckte Holzbrücke überquert. Im Ortsteil *Metzdorf* links aufwärts, kürzen wir nach 150 Metern eine Kehre der Metzdorfer Straße und bewältigen den schmalen Riedel, der das Tal der Flöha vom Wald- und Wiesental der Großen Lößnitz trennt. Letztere wird unweit des Erholungsheimes Waldpark gekreuzt und die *Lößnitztalstraße* erreicht. Links einbiegen. Nach 0,8 Kilometern, an der ehemaligen Parkettfabrik Metz-

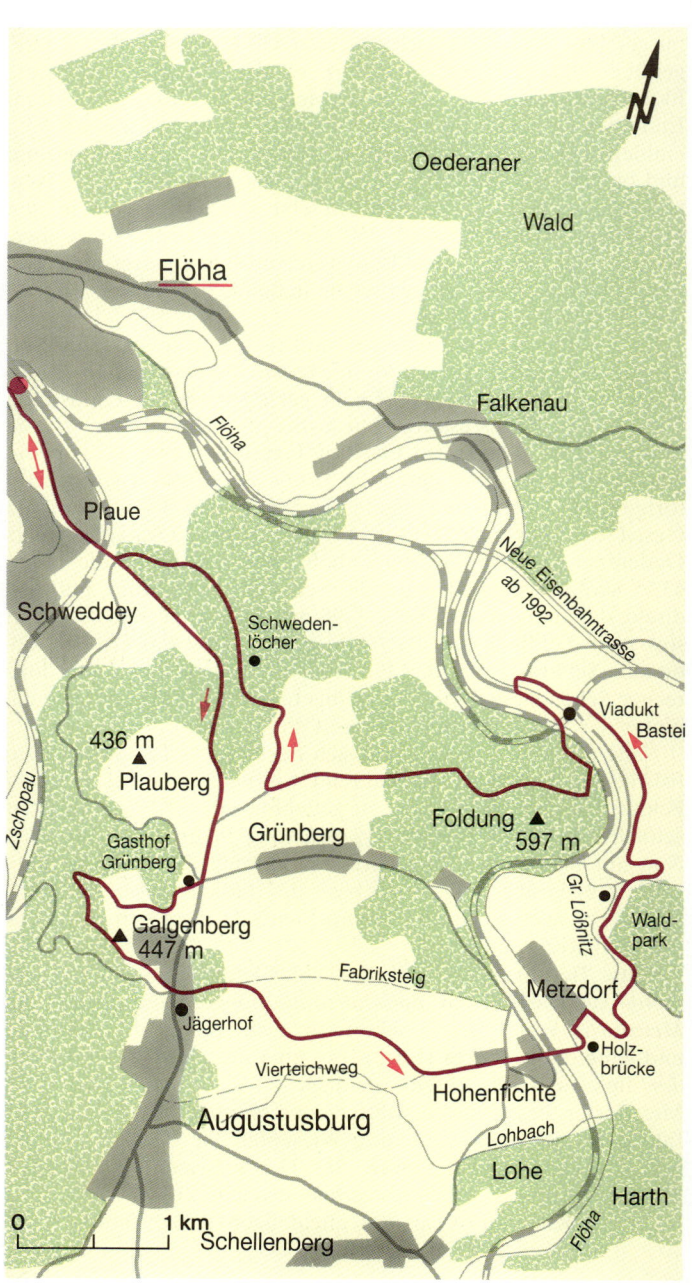

dorf, rechts ab in das Seitentälchen der *Kleinen Lößnitz*. Nach 70 Metern links im Zickzack am Hang aufwärts (nur noch blaue Markierung). Der Wanderweg führt längere Zeit durch Nadelwald, mit einzelnen Felsgruppen sowie stattlichen Buchen und Eichen (*Hetzdorfer Schweiz*). 1,2 Kilometer nach Beginn des Aufstieges aus dem Tal der Kleinen Lößnitz führt ein Pfad halblinks abwärts zur *Bastei* (5 Min.), einer Felsklippe mit Schutzgeländer und Ruhebänken. Beeindruckendes Talbild.

Von der Bastei einige Schritte zurück, dann links zum Teil über Stufen hinab zur *Lößnitztalstraße*, dabei in halber Höhe einen der elf Bogen des *Hetzdorfer Eisenbahnviaduktes* unterquerend. Nach 250 Metern mündet die Lößnitztalstraße an der *Flöhabrücke* in die Landstraße Falkenau – Oederan. Links über den Fluß und gleich wieder links den gelb gekennzeichneten Weg ab zum *Viadukt*. Unmittelbar vor dem Bauwerk wandern wir rechts aufwärts, unterqueren es und kreuzen die Bahnlinie seitlich des Bahnhofes von Hetzdorf. Dann durch die *Foldung* ansteigend. Inmitten des Waldstückes, nach 1,5 Kilometern, biegt der breite Forstweg rechts, nach 300 Metern aber wieder links um. Nach weiteren 0,5 Kilometern aus dem Wald heraus. In größerem Abstand parallel zur Ortslage von *Grünberg*, erreichen wir die *Alte Augustusburger Straße* (siehe oben!). Wir zweigen rechts in Richtung Falkenau ab und folgen ihr 600 Meter bis an die Höhe 431,5 heran. Links führt ein Weg durch Wald hinab zur Quellmulde des *Schweddenbaches* und schwenkt dann nach Norden um. Unmittelbar darauf kommen wir an den *Schwedenlöchern* vorüber; die zugemauerten Mundlöcher der einstigen Kalkhöhlen liegen etwas abseits des Weges am rechten Bachgehänge. Immer diesem Ufer folgend, gelangt man nach etwa 1 Kilometer zu einer Wegegabelung am Rande von *Flöha-Plaue*. Mit der Straße *Schweddey* links ab, ist nach 600 Metern wieder der *Plauberg* am Abzweig von der Landstraße Flöha – Augustusburg erreicht.

Für den Rückweg zum *Bahnhof von Flöha* wählen wir erneut den Anmarschweg durch die *Augustusburger Straße*.

10 Hohenfichte – Schellenberg – Bahnhof Grünhainichen-Borstendorf – Bahnhof Lengefeld-Rauenstein

Verkehrsmöglichkeiten Bahnlinie 425 Chemnitz – Neuhausen bzw. Marienberg mit den Bahnhöfen Hohenfichte und Lengefeld-Rauenstein; Buslinie T-243 Eppendorf – Augustusburg.
Parkmöglichkeiten Im Bereich des Bahnhofes von Hohenfichte.
Wegmarkierung Rote Strichmarkierung; Wanderwegweiser.
Tourenlänge 16 Kilometer.
Wanderzeit 4 Stunden.
Höhenunterschiede Lediglich etwa 105 Meter Anstiege und etwa 30 Meter Abstiege.
Wanderkarte 1:50000 Kompass-Wanderkarte Nr. 1060 Mittleres Erzgebirge.
Anmerkungen Leichte Wanderung im waldreichen Flöhatal, die an den Bahnstationen Leubsdorf, Grünhainichen-Borstendorf, Floßmühle und Reifland-Wünschendorf abgebrochen werden kann. Überwiegend gute Wanderwege; zwischen Grünhainichen-Borstendorf und Reifland-Wünschendorf nutzt die Route eine schwach befahrene Verbindungsstraße. Einkehrmöglichkeit: »Höllmühle« Schellenberg.
Wissenswertes *Flöhatal:* Touristisch wenig frequentiert; Mischwälder; in der Vergangenheit entstanden eine Reihe von Mühlen, Holzschleifereien, Sägewerken, Papierfabriken und Spinnereien, von denen nur noch wenige im Betrieb sind. – *Hohenfichte* siehe Tour 9. – *Grünhainichen* zieht sich in einem hängenden Nebental des linken Flöhasteilhanges von 339 m bis 470 m Seehöhe aufwärts. Einst Mittelpunkt des Holzspielwarenhandels im unteren Erzgebirge. Auch heute werden noch Holzspielzeug, aber auch kunstgewerbliche Gegenstände hergestellt. Ständige Ausstellung »Erzgebirgische Volkskunst« im Hintergebäude der Joliot-Curie-Schule II an der Chemnitzer Straße. – *Borstendorf:* Ehemals bedeutend die Herstellung von Schachfiguren und -brettern. – *Rauenstein* siehe Tour 11.
Tourenbeschreibung Wir folgen der *Bahnhofstraße* von *Hohenfichte* südwärts bis zur Einmündung der Metzdorfer Straße und gehen dann schräg gegenüber die *Straße zur Lohe* weiter. An ihrem Ende neben der Bahnlinie den Lohbach überqueren und in das Waldstück *Lohe*. Bald kreuzt die Wanderung den Schienenstrang und senkt sich zur Ansiedlung *Lohmühle*. Wir wandern nun an einem hauptsächlich mit Buchen bestandenen Hang entlang und kommen an die *Flöha* heran. An der engsten

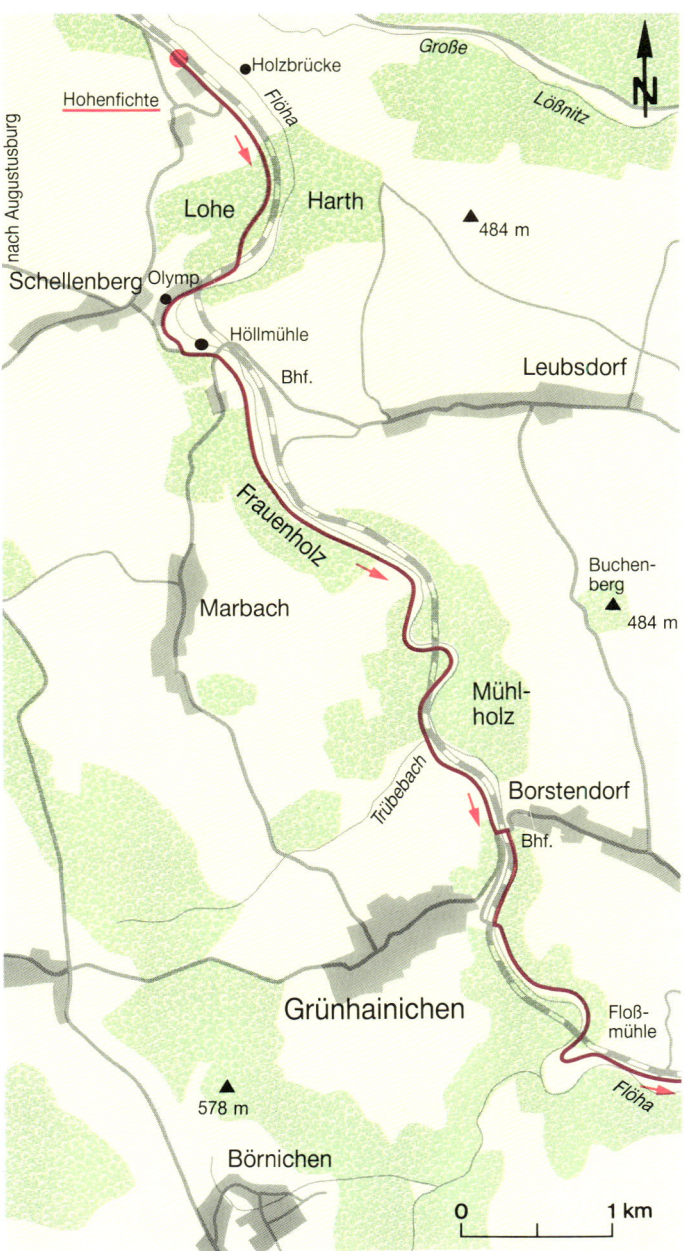

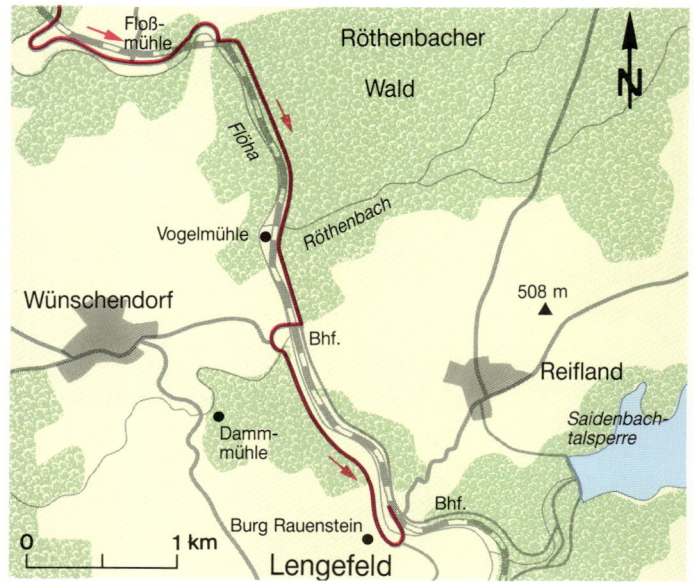

Stelle strebt der Olymp mehr als 50 Meter empor. Der Zugang zu ihm ist nur von der auf dem Höllberg gelegenen Schellenberger Dorfkirche aus möglich.

Unser Weg entfernt sich danach vom Fluß, verläuft am Werk II der Vereinigten Baumwollspinnereien und Zwirnereien Flöha vorüber und trifft auf die Landstraße Augustusburg – Eppendorf. Ihr folgen wir hinab zum Gasthaus Höllmühle, das im Schellenberger Ortsteil *Höllgrund* steht.

Unmittelbar vor der Flöhabrücke biegen wir rechts in einen Fahrweg ein, der am *Mühlgraben* entlangführt und in einen breiten, etwas ansteigenden Forstweg übergeht. Er tangiert den vom *Frauenholz* bedeckten Flöhahang. Nach 1,2 Kilometern, von der ersten Brücke ab, begleitet bis zur Papierfabrik Grünhainichen ein Gleis unseren Wanderweg. Es dient zum Transport von Abfällen auf eine Industriehalde, die jetzt rechts des Weges erscheint. Im Anschluß an die einstige *Priemsmühle* folgt unsere Route noch 2 Kilometer unmittelbar der Flöha, dann wird an der Mündung des *Trübebaches* die Papierfabrik umgangen. Über die Straße *Am Güterbahnhof* gelangen wir zum Bahnhof von *Grünhainichen-Borstendorf*.

100 Meter danach gehen wir auf der Verbindungsstraße beider Ortschaften über die Gleise und wandern zwischen der Flöha und der Bahnlinie in Richtung Floßmühle weiter. Nach 0,7 Kilometern, am *Mühlenplatz,* überqueren wir mit der *Flöhtalstraße* den Fluß und wandern bis Reifland-Wünschendorf auf dem rechten Ufer (Landschaftsschutzgebiet Saidenbachtalsperre). Im Anschluß an eine Flöha und Anliegerstraße überquerende Bahnbrücke kommen wir in Kehren nach *Floßmühle*. Durch das Gelände der Sächsischen Mühlenwerke GmbH. Zwischen der Bahnstation und einer Scheune hindurch, geht es zweimal rasch hintereinander über den *Mühlgraben*. Mit einem scharfen Knick biegt schon bald der Fluß an der Einmündung eines Seitentälchens um. Der jetzt ständig vom *Röthenbacher Wald* begrenzte Wasserweg führt zur Bahnstation Reifland-Wünschendorf, dabei halbwegs an der *Vogelmühle* den *Röthenbach* überschreitend.

Unweit des Bahnhofes *Reifland-Wünschendorf* wird wieder das Ufer gewechselt. 70 Meter nach der Brücke wenden wir uns links ab, tangieren eine gewerbliche Einrichtung und biegen unmittelbar dahinter links in das Waldstück *Mäusewinkel* ab. Nach Kreuzung des *Lautenbaches* an seiner Mündung direkt wieder an die Flöha heran. An einer Forellenmastanlage vorüber, wird nach 1,8 Kilometern *Rauenstein* (Stadtteil von Lengefeld) erreicht. Links über die Flöha, sind wir nach 200 Metern am *Bahnhof Lengefeld-Rauenstein* angelangt.

Lengefeld – Rauenstein – Pockau – Niederlauterstein – Lauterbach – Kalkwerk – Lengefeld

Verkehrsmöglichkeiten Buslinien T-245 Chemnitz – Olbernhau; T-400 Annaberg-Buchholz – Dresden; T-492 Marienberg – Freiberg; T-493 Lippersdorf – Lengefeld.
Parkmöglichkeiten Auf dem Neumarkt (150 m unterhalb des Lengefelder Marktes).
Wegmarkierung Siehe Tourenbeschreibung; zuweilen Wanderwegweiser.
Tourenlänge 22 Kilometer.
Wanderzeit 5½ Stunden.
Höhenunterschiede Insgesamt etwa 450 Meter; stärkster Anstieg 125 Meter vom Pockautal nach Niederlauterstein, größtes Gefälle von Lengefeld nach Rauenstein und vom Obervorwerk nach Lengefeld mit jeweils etwa 100 Metern.

Wanderkarte 1:50000 Kompass-Wanderkarte Nr. 1060 Mittleres Erzgebirge.
Anmerkungen Trotz kurzzeitiger starker Anstiege leichte Wanderung, die häufigen Wechsel zwischen Wald, Flur und von Sehenswürdigkeiten geprägten Siedlungen aufweist. Zwischen Lengefeld und Rauenstein, in den Ortslagen Pockau, Niederlauterstein und Lauterbach sowie zwischen dem Obervorwerk und Lengefeld nutzt die Route den öffentlichen Verkehrsraum (insgesamt 8,5 km); die Wanderwege sind unterschiedlicher Güte, mitunter von Forstfahrzeugen in Mitleidenschaft gezogen. Einkehrmöglichkeiten in Pockau, Niederlauterstein, Lauterbach, Kalkwerk, Obervorwerk und Lengefeld.
Wissenswertes *Burg Rauenstein* 1323 erstmals erwähnt. Seit 1949 Kindererholungsheim. Schönes Fachwerkobergeschoß im südlichen Burgflügel, quadratischer Bergfried, Burgvorhof mit zwei uralten, mächtigen Linden. – *Pockau,* in einem weiten Talkessel der Flöha, an der Mündung der Pockau liegend, entstand Anfang des 14. Jahrhunderts als bäuerliche Siedlung. Die zum Technischen Museum erklärte Ölmühle Pockau wurde 1783 errichtet. Bei der Vorführung wird sie mit einem Wasserrad in Gang gesetzt. – *Burg Lauterstein* aus der 2. Hälfte des 12. Jahrhunderts, ist seit 1639 Ruine. – *Niederlauterstein* selbst ist eine erst nach 1700 von Waldarbeitern angelegte Siedlung. – *Lauterbach* mit Wehrkirche, im 15. Jahrhundert errichtet. Bedeutende

Zu Tour 11 **An der Burg Rauenstein**

Innenausstattung: spätgotischer Flügelaltar, die 1502–05 von Peter Breuer geschaffene Madonna, Orgel aus dem 17. Jahrhundert, Kassettendecke mit Bemalungen. – Das seit 1551 in Betrieb befindliche *Kalkwerk Lengefeld* erlangte 1945 Berühmtheit durch die von den Nazis hierher ausgelagerten, damit der Vernichtung preisgegebenen Kunstschätze der Dresdener Kunstsammlungen, insbesondere der Gemäldegalerie. Über die dramatische Rettungsaktion aus den Stollen der Kalkgrube, aber auch über den Produktionsprozeß des Kalkwerks seit seiner Entstehung, informiert das in den heute stillgelegten alten Brennöfen 1986 eingerichtete Technische Museum (nicht ganzjährig geöffnet!).

Tourenbeschreibung Unsere Route verläßt den *Markt* (mit der Bushaltestelle) an seiner Ostseite, folgt der *Ernst-Thälmann-Straße* hinab zum *Neumarkt* und der *Oederaner Straße*. Die Kirche bleibt zur Linken. Unter allmählichem Gefälle kommen wir zur *Burg Rauenstein*. Ein knapp 35 Meter langer Straßentunnel durchquert den Fels, auf dem das Bauwerk steht. 250 Meter unterhalb, in der Spitzkehre der Straße, gehen wir geradeaus (Wanderwegweiser und nunmehr rote Strichmarkierung). Wir verlassen *Rauenstein;* der Wanderweg führt am linken *Flöhaufer* flußaufwärts. Allmählicher Anstieg zur Felsklippe des *Jüdensteins* (Aussicht!), die 180 Meter links der Strecke liegt (Ausschilderung am Wegkreuz). Zurück zum Wanderweg, zweigt dieser 30 Meter oberhalb links ab und führt als Pfad vorwiegend durch Jungholzbestände abwärts. Unten aus dem Wald heraus und anfangs noch entlang der Bahnlinie; schließlich wird sie gequert und nach 250 Metern die *Freiberger Straße* (B 101) von *Pockau* erreicht. Rechts über die Gleise hinweg zur wichtigen Straßenkreuzung im Ortsteil *Marterbüschel.*

Unsere Tour folgt links der *Hauptstraße* durch Pockau. Vorbei an der Kirche, gelangen wir nach 1,2 Kilometern zur *Ullmannbrücke,* an der neben den Straßenabzweigen in Richtung Olbernhau und Zöblitz der *Mühlenweg* beginnt (bis Niederlauterstein ist erneut die Kennzeichnung roter Strich maßgebend). Nach 150 Metern steht auf der linken Seite die *Ölmühle Pockau,* ein kulturhistorisches Denkmal. Danach unmittelbar am linken *Pockauufer* aufwärts, am Säge- und Hobelwerk der Gebrüder Schubert vorüber, dann Eintritt in den Wald: leicht ansteigend, neben dem Fluß, dazwischen die Bahnlinie. Nach der ersten Eisenbahnbrücke führt unsere Route über den *Lauterbach,* dicht vor seiner Mündung in die Pockau. Bald darauf entfernt sich die Route von der Pockau, tritt aber wieder, nach Parallellauf mit der Bahn, zu Beginn des Fichtenhochwaldes an sie heran.

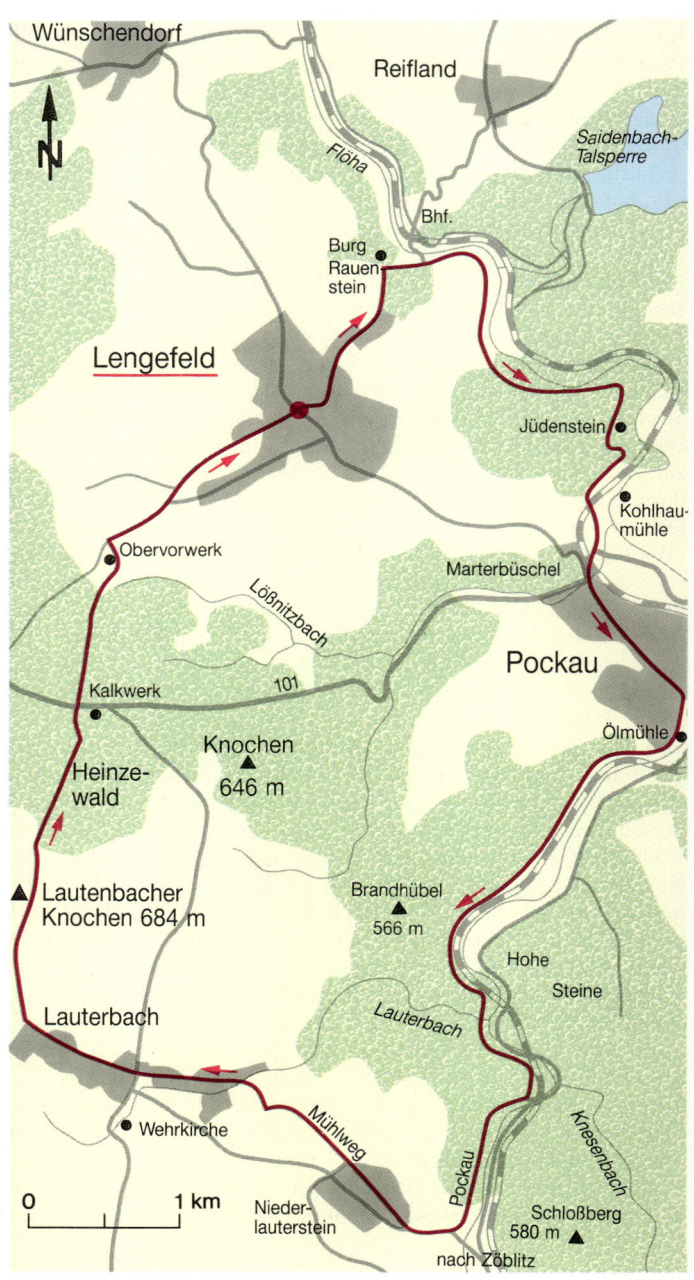

Das Tal weitet sich, wir erreichen die *Dorfstraße* von *Niederlauterstein*, direkt am Fuße der Burgruine. Durch die Gemeinde steil am *Hundsbach* hinauf. 200 Meter oberhalb des Gasthofes führt geradeaus der aussichtsreiche *Mühlweg* über die Höhe nach *Lauterbach* (links Blick zur Wehrkirche). Wir folgen der *Dorfstraße*, dann der *Hauptstraße* mehr als 1,6 Kilometer aufwärts. Nach dem Gasthof Lauterbach bzw. der Likörfabrik E. F. Ullmann geht es mit der blauen Strichmarkierung rechts ab. Ein Feldweg steigt allmählich an und tangiert die Ostseite des bewaldeten *Lauterbacher Knochens* (684 m). Dann nochmals über landwirtschaftliche Flächen und in den *Heinzewald* hinein. Während der »blaue« Wanderweg links nach Neunzehnhain abbiegt, wandern wir geradeaus und an der nächsten Wegteilung halblinks. Hinab zum *Kalkwerk,* einem Ortsteil von Lengefeld an der Bundesstraße 101 (wer hier das Museum besuchen möchte, wende sich rechts zum Straßenabzweig nach Lauterbach!).

Gegenüber setzt sich unsere Wanderung auf dem Flügel 5 oder *Fünferweg* fort und ist bis zum Ziel mit einem gelben Strich gekennzeichnet. Durch Fichtenhochwald ins Tälchen des *Lößnitzbaches,* dann an dessen linkem Hang aufwärts zum *Obervorwerk Lengefeld* (auf älteren Karten auch Jahnsdorf genannt; Gaststätte). Hier folgen wir rechts der *Wolkensteiner Straße* in 1,5 Kilometern hinab zum Markt von *Lengefeld.*

Zu Tour 6, 12 **Schloß Wildeck in Zschopau**

12 Zschopau – Pilzhübel – Obere Neunzehnhainer Talsperre – Untere Neunzehnhainer Talsperre – Bahnhof Reifland-Wünschendorf

Verkehrsmöglichkeiten Von Flöha aus mit der Bahnlinie 420 nach Zschopau (siehe Tour 6); vom Bahnhof Reifland-Wünschendorf mit der Bahnlinie 425 nach Flöha.
Parkmöglichkeiten Vor dem Bahnhof Flöha. In Zschopau vor Schloß Wildeck, in der Gartenstraße, am Karl-Marx-Platz oder am Bahnhof.
Wegmarkierung Oft wechselnd (siehe Tourenbeschreibung); mitunter Wanderwegweiser.
Tourenlänge 18 Kilometer. **Wanderzeit** 4½ bis 5 Stunden.
Höhenunterschiede Etwa 325 Meter Anstiege (davon allein fast 270 m von Zschopau zum Pilzhübel) und 290 Meter Abstiege.
Wanderkarte 1:50000 Kompass-Wanderkarte Nr. 1060 Mittleres Erzgebirge.
Anmerkungen Zunächst aussichtsreich, danach größtenteils Waldwanderung mit Ausnahme des Anstiegs zum Pilzhübel leicht. 1,2 Kilometer der Tour führen entlang von belebten Verkehrsstraßen und 6,5 Kilometer entlang von Anliegerstraßen mit geringer Verkehrsfrequentierung; ansonsten vorwiegend gute Wanderwege. Einkehrmöglichkeit: Gaststätte »Wartburg«, oberhalb des Bahnhofes Reifland-Wünschendorf; etwas abseits der Tour Gaststätte »Schwarzes Roß«, Hohndorf.
Wissenswertes *Zschopau* siehe Tour 6. – Der Steilanstieg der *Alten Marienberger Straße* als Teilstück der »Großen Reichsstraße« (Salzstraße) auf dem Zschopenberg stellte einst für die Zschopauer Fuhrleute eine wichtige Erwerbsquelle dar, denn zwölf und mehr Pferde sollen zum Vorspannen zuweilen nötig gewesen sein.

Der *Bornwald* und der *Heinzewald* bilden einen 13,7 Quadratkilometer großen Forst inmitten des sonst stark gelichteten unteren Mittelerzgebirges. Der Reichtum an Wasser von großer Reinheit prädestinierte den Born- und Heinzewald als Trinkwasserreservoir für die Stadt Chemnitz. Seinen Niederschlag fand das im Bau der beiden *Neunzehnhainer Talsperren* im Lautenbachtal.
Tourenbeschreibung Vom Bahnhof in *Zschopau* zunächst stadtwärts zur *Alten Marienberger Straße* (B 174). Mit dieser unterqueren wir rechts die Bahnbrücke, steigen danach sofort die

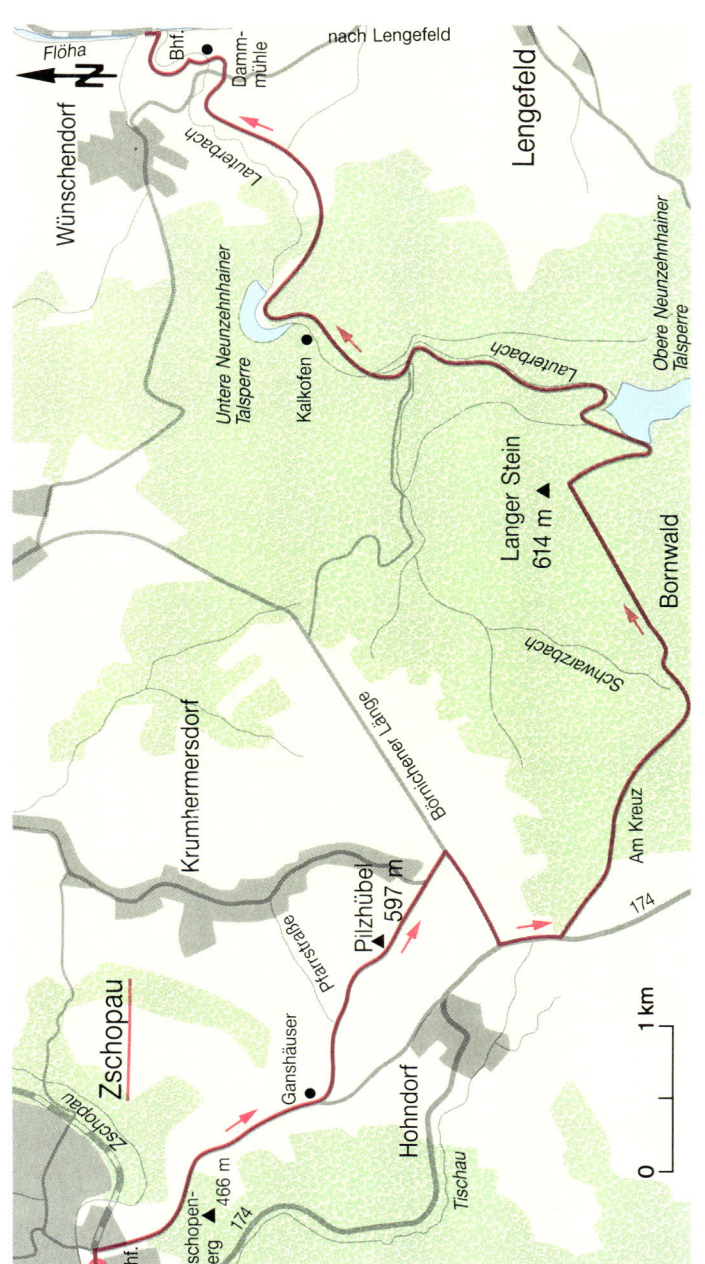

Stufen hinauf zum *Anton-Günther-Platz* und erklimmen jenseits davon den steilen *Zschopenberg.* Wir kommen zu den auf einer Hochebene liegenden *Gansheusern,* einem Ortsteil von Krumhermersdorf. Nach dem linksseitig letzten Grundstück wenden wir uns einem Feldweg zu, der die Quellmulde des *Gansbaches* überschreitet, die *Pfarrstraße* Hohndorf – Krumhermersdorf kreuzt und schließlich den *Pilzhübel* (597 m) erreicht. Trotz bestehender Einschränkungen (eingezäunter Richtfunkturm – Deutsche Bundespost TELEKOM) beeindruckende Ausblicke: Im Norden: Krumhermersdorf, links davon das Gansbachtal; im Süden: Hohndorf, dahinter Wolperts Büschchen (622 m), links davon die Dreibrüderhöhe (689 m); südöstlich der Adlerstein (680 m); in nördlicher Richtung die Augustusburg, links unterhalb Erdmannsdorf und das Flöhaer Becken, dahinter der Treppenhauer (361 m), weiter links der Adelsberg (508 m); im Westen die Dittersdorfer Höhe (554 m), davor Gornau, links davon im Hintergrund der Totenstein (483 m), hinter dem Zwönitztal der Geiersberg (536 m), nach links der TV-Sender im Geyerschen Wald, das Greifensteinmassiv, der Ehrenfriedersdorfer Sauberg, der Kalte Muff sowie einige der bedeutendsten Erzgebirgsgipfel – von rechts nach links Scheibenberg, Fichtelberg, Pöhlberg, Klinovec (Keilberg), Bärenstein und Jeleni hora (Haßberg). Bei sehr klarem Wetter Sicht auf den Rochlitzer Berg (353 m) und den Oschatzer Collm (316 m).

Die Route strebt nun der *Börnichener Länge* zu. Ihr folgen wir 750 Meter nach rechts bis zur B 174, dann dieser 350 Meter nach Süden bis zu einem links abzweigenden Fahrweg. An einer Försterei vorüber, tritt er nach 0,7 Kilometern als *Kirchhofflügel* in das *Kirchholz,* einem Teilstück des Bornwaldes, ein (hier grüne Strichmarkierung eines Großolbersdorfer Ortswanderweges). Nach 450 Metern treffen wir auf die Wegspinne *Am Kreuz,* wo der Kirchhofflügel halbrechts weitergeht und sich dann hinunter in das *Schwarzbachtal* senkt (der grün gekennzeichnete Wanderweg setzt sich jedoch alsbald rechts auf dem Flügel 1 fort). Jenseits davon mündet er nach kurzem steilem Anstieg in den E-Flügel, dem wir durch das Flurstück *Kalte Küche* 1,2 Kilometer bis zur Kreuzung mit dem Flügel 3 am *Langen Stein* (614 m) folgen. Die nunmehrige Waldschneise (gelbe Strichmarkierung) bringt uns nach 600 Metern hinab zur *Oberen Neunzehnhainer Talsperre.* Ein breiter Forstweg verläuft an deren Nordwestseite entlang. Bald darauf gelangen wir zum verschlossenen Eingang der Sperrmauer (Blick über die Wasserfläche) und mittels eines Pfades 30 Meter hinab zu ihrer Sohle. Unten wandern wir den *Lautenbachweg* talwärts und erreichen nach

1,5 Kilometern *Neunzehnhain*. Von hier weiter auf der Zufahrtsstraße zur hydrobiologischen Station, über den *Lautenbach* und in 10 Minuten zur *Unteren Neunzehnhainer Talsperre* (zwischenzeitlich blaue Strichmarkierung). An ihrem oberen Ende (zur Linken) die Reste einiger Kalköfen (Technisches Denkmal), die den früheren Abbau von Kalklinsen belegen.

Die Straße verläuft erst am Ostufer, dann am Südufer der Talsperre und tritt 500 Meter nach der Sperrmauer aus dem Bornwald heraus (ab hier für den Anliegerverkehr zugelassen). Am Hang geht es zwischen Wiesen, Feldern und Waldstreifen talwärts. Nach 1,5 Kilometern wird die Landstraße an der *Damm-Mühle* überschritten und die Tour auf dem linken Bachufer fortgesetzt. Wir treffen auf den rot markierten *Flöhatalweg* (siehe Tour 10) und gelangen zur *Bahnhofstraße* von *Wünschendorf*. Rechts zur *Bahnstation Reifland-Wünschendorf* am anderen Ufer der Flöha.

13 Bahnhof Zöblitz-Pobershau – Zöblitz – Tal der Schwarzen Pockau – Gelobtland – Marienberg

Verkehrsmöglichkeiten Bahnlinie 425 Chemnitz – Marienberg; Buslinien T-207 Chemnitz – Olbernhau; T-495 Marienberg – Zöblitz mit der Haltestelle »Zöblitz, Gasthof Kniebreche« (unweit des Bahnhofes Zöblitz-Pobershau gelegen).
Parkmöglichkeiten Am Bahnhof Zöblitz-Pobershau.
Wegmarkierung Siehe Tourenbeschreibung; oft Wanderwegweiser.
Tourenlänge 21,5 Kilometer.
Wanderzeit 6 Stunden.
Höhenunterschiede Etwa 450 Meter Anstiege und 320 Meter Abstiege, mitunter kurzzeitig ziemlich steil.
Wanderkarte 1:50000 Kompass-Wanderkarte Nr. 1060 Mittleres Erzgebirge.
Abkürzungen 2,5 Kilometer weniger, wenn für den Anstieg vom Tal der Schwarzen Pockau zum Katzenstein gleich der Königsteig gewählt wird.
Anmerkungen Sehr reizvolle, waldreiche Wanderung, die alle markanten Felsklippen des Schwarzen Pockautales (hier Ruhebänke) erschließt. Zwischen Zöblitz und Vogeltoffelfelsen ist der Wanderweg mitunter zugewachsen und durch die Landwirtschaft beeinträchtigt (bei Nässe entsprechendes Schuhwerk!).

Anfangs schlecht und lückenhaft ausgewiesen, später von Katzenstein bis zum Ziel ordentlich gekennzeichnet. Einkehrmöglichkeiten in Zöblitz, »Bergschänke Katzenstein« (10 Minuten von der Felsklippe entfernt), in Gelobtland und Marienberg.
Wissenswertes Auf dem *Löwenkopffelsen* stand bereits nach der Mitte des 12. Jahrhunderts die Burg Nidberg. Sie verfiel im 14. Jahrhundert. – *Zöblitz* wurde 1323 erstmals erwähnt. Dem in vielen Farben vorkommenden Serpentinstein – als »Sächsischer Marmor« bezeichnet – verdankt Zöblitz seine Berühmtheit. Die Serpentinsteinbrüche, die auch in der Gegenwart zum Teil noch betrieben werden, liegen auf der »Harthe«, dem Höhenzug in Richtung Ansprung. Das Gestein wird vor allem zu Schalen, Rauchservice, Lampenfüßen und Schreibtischgarnituren verarbeitet; aus den Gesteinsabfällen werden Baustoffe hergestellt. Erwähnenswertes Bauwerk: barocke Stadtkirche mit Silbermannorgel von 1742 und schöner Serpentinausstattung. An der Westseite des Marktplatzes befindet sich die Zöblitzer Heimatschau. – Die 33 Kilometer lange *Schwarze Pockau,* auch Schwarzwasser genannt, bildet bis Kühnhaide die deutsch-tschechische Landesgrenze. Unterhalb von Kühnhaide wildromantisches Tal (Naturschutzgebiet Schwarzwassertal). Die Schwarze Pockau vereinigt sich mit der Roten Pockau und mündet als Pockau in der Gemeinde Pockau in die Flöha. – Der *Grüne Graben* wurde in Kühnheide von der Schwarzen Pockau abgezweigt und führte den Kunstgezeugen und Aufbereitungsanlagen des Pobershauer Zinn- und Silberbergbaues das Aufschlagwasser zu. – *Marienberg* wurde 1521 als Bergsiedlung gegründet. Sehenswürdigkeiten: größter Marktplatz Sachsens, mit Bronzedenkmal des Stadtgründers, Rathaus mit Hauptportal im Renaissancestil, Stadtkirche »St. Marien« mit 57 Meter hohem Zwiebelturm; prächtige Innenausstattung mit Altar von 1616–17; Zschopauer Tor mit Heimatschau, die erzgebirgische Volkskunst und Zeugnisse aus dem Leben des Wildschützen Karl Stülpner zeigt. Vor dem Zschopauer Tor kursächsische Postdistanzsäule (1727); in der Bergstraße das Lindenhäusel, eines der typischen Bergarbeiterhäuser aus dem 16. Jahrhundert; davor zwei mächtige Linden, die 1775 gepflant worden sind.
Tourenbeschreibung Die Ladestraße des *Bahnhofes Zöblitz-Pobershau* wird an ihrem unteren Ende vom *Löwenkopf-Felsen* überragt. Wir statten ihm einen Besuch ab und folgen einem Pfad, der am Fuße des Felsens und rechts neben der Bahnlinie bis zu einem Anwesen verläuft. Hier an der Südseite des *Burgberges* (614 m) im spitzen Winkel den Wanderweg Zöblitz – Niederlauterstein (zuweilen gelb markiert) hinauf. Er ist in seinem

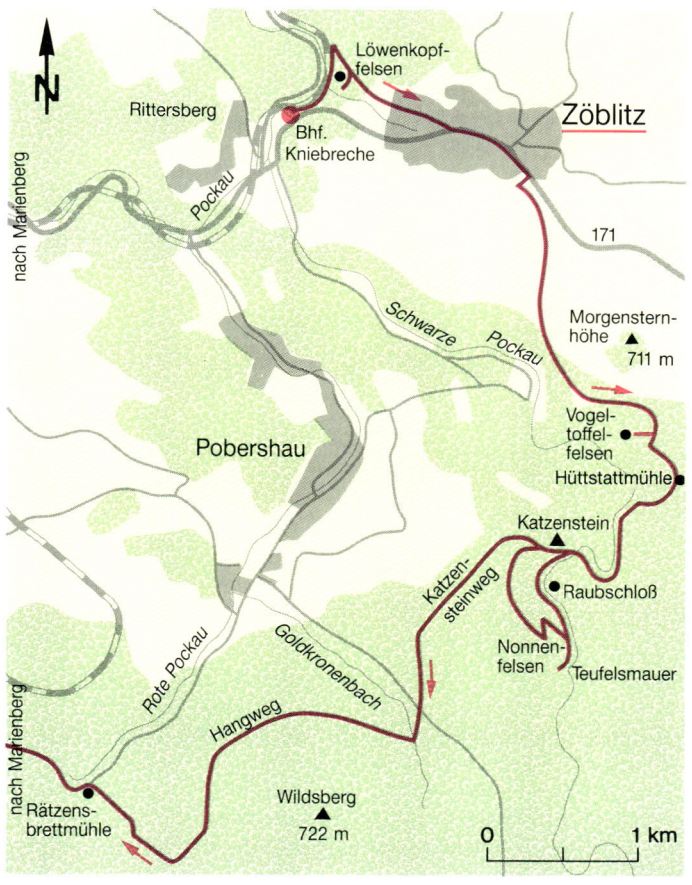

Verlauf identisch mit dem »Alten Böhmischen Steig«. Auf halber Höhe, dort wo der Wald zurücktritt, bringt uns ein Wiesenpfad zu einer verfallenden Feldscheune am Rande der Felsklippe – dem Standort der einstigen Burg Nidberg (schönes Talbild). Zurück zum Hohlweg. Er geht in die *Schloßbergstraße* über. Danach mit der *Bahnhofstraße* (B 171) zum *Marktplatz* des Städtchens Zöblitz. 400 Meter oberhalb zweigt die Route rechts von der *Olbernhauer Straße* ab und führt am Friedhof entlang. Links verläuft ein Feldweg (grüne Strichmarkierung; Wanderwegweiser) aufwärts, der später einseitig von Gehölz be-

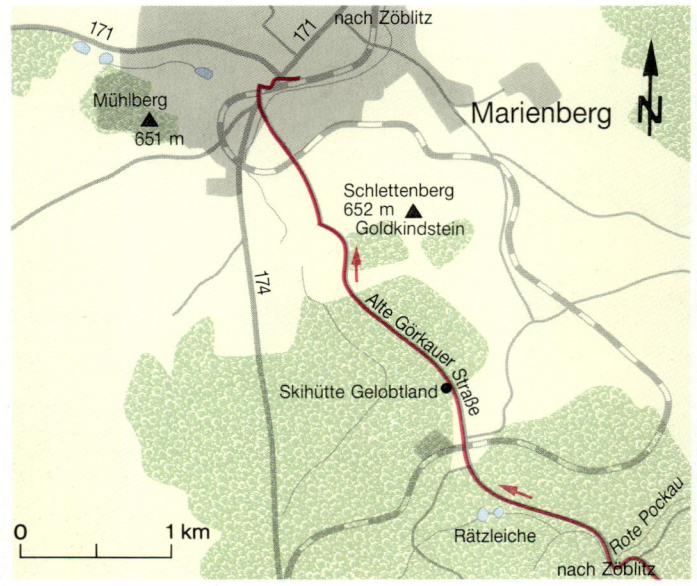

grenzt ist. Nach 1,4 Kilometern zeigt uns die Ausschilderung einen Abstecher zur *Stiftskanzel* an (100 Meter).

Zurück zum mitunter schwer erkennbaren Wanderweg, gehen wir schließlich an der Südseite der *Morgensternhöhe* (711 m) hinauf zur Fahrstraße, die die Gemeinde Ansprung mit dem jetzigen Umsiedlerheim verbindet. Die weitere Strecke – rot gekennzeichnet – führt, etwas westlich der Zufahrtsstraße, zunächst in 300 Metern zum *Vogeltoffelfelsen* (690 m). Dann an dem Umsiedlerheim vorüber und auf Stufen hinab zur *Hüttstattmühle* (im 16. Jh. eine Glashütte, jetzt Erholungsheim). Unterhalb davon links den Bach querend und nach weiteren 100 Metern rechts mit dem windungsreichen *Pionierweg* hinunter zum 130 Meter tiefer gelegenen *Tal der Schwarzen Pockau.*

Mit der für den öffentlichen Verkehr gesperrten Talstraße im romantischsten aller Erzgebirgstäler aufwärts, kommen wir nach 1 Kilometer zur *Ringmauer,* einem Gneismassiv. Nach der Flußüberschreitung – der *Königsteig* (siehe Rubrik Abkürzungen) führt hier zum linken Talrand empor – geht es am Fuße des steil aufragenden Katzensteins entlang. Gegenüber liegt das Raubschloß, ein Felsen, auf dem einst die Burg Liebenstein gestan-

Zu Tour 13 **Auf dem Katzenstein**

den hat. Nach 750 Metern zweigt rechts von der Talstraße der *Karrenweg* (rote Strichmarkierung) ab. Bevor wir uns ihm zuwenden, noch 200 Meter weiter, um auch den *Nonnenfelsen* (Kletterfelsen) und die *Teufelsmauer* kennenzulernen.

Der Karrenweg steigt in Windungen an und trifft oben auf den den Grünen Graben begleitenden Wanderweg. An der gleich darauf folgenden Wegkreuzung halbrechts in 500 Metern hinüber zum Plateau des *Katzensteins* (696 m). Großartiges Talbild.

Vom Plateau des Katzensteins (1990 vom Erzgebirgsverein Pobershau hervorragend gestaltet) zurücklaufend, erreichen wir nach 350 Metern den Waldrand und biegen hier links in den etwas ansteigenden *Katzensteinweg* ein (die Tour ist jetzt bis Marienberg durchgängig grün markiert). Er überquert nach 100 Metern den *Grünen Graben,* kreuzt auch später den Pobershauer Flügel und läßt uns in Fortsetzung als *Niederer Steinweg* den von der schwach frequentierten Verbindungsstraße Pobershau – Kühnhaide eingenommenen *Neuen Brückenweg* gewinnen. Jenseits davon schließt sich der *Hangweg* an, der im Anschluß an das Tälchen des *Goldkronenbaches* und am Wildberg (772 m) vorbei, im rechten Winkel in den *Sparrenweg* einmündet. Letzterer verläuft hinab ins *Tal der Roten Pockau* zur *Rätzensbrettmühle* (Wiedereröffnung als Gaststätte geplant).

Links die Fahrstraße hinauf, kommen wir nach 1,2 Kilometern an den reizvoll gelegenen *Rätzteichen* vorbei. Der vordere Teich dient der Naherholung (im Sommerhalbjahr Badebetrieb). Auf der *Alten Görkauer Straße* sind es dann nur noch 400 Meter bis *Gelobtland.* Wir unterschreiten die Brücke der Bahnlinie und streben geradeaus einem Waldstück zu, das wir seitlich der Skihütte Gelobtland betreten und durchqueren. Ab dem *Goldkindstein* Abstieg durch die *Hohle* nach *Marienberg.* Auf der *Dr.-Wilhelm-Külz-Allee* gelangen wir zur B 174 (Reitzenhainer Straße, dann Annaberger Straße). Oberhalb des Bahnüberganges rechts ab zum Bahnhof von *Marienberg.*

14 Olbernhau-Grünthal – Stößerfelsen – Steinbachtal – Olbernhau-Grünthal

Verkehrsmöglichkeiten Bahnlinie 425 Chemnitz – Neuhausen; Buslinien T-452 Neuhausen – Olbernhau; T-453 Olbernhau – Kurort Seiffen – Olbernhau; T-474 Olbernhau – Oberneuschönberg; T-497 Marienberg – Olbernhau.
Parkmöglichkeiten Auf dem Areal der Saigerhütte Grünthal.
Wegmarkierung Siehe Tourenbeschreibung; mitunter Wanderwegweiser.
Tourenlänge 16 Kilometer.
Wanderzeit 4 Stunden.
Höhenunterschiede Insgesamt etwa 350 Meter. Nur ein steiler Anstieg.
Wanderkarte 1:50000 Kompass-Wanderkarte Nr. 1060 Mittleres Erzgebirge.
Anmerkungen Zu 85% durch Wald verlaufende Tour von leichtem Schwierigkeitsgrad, da mit einer Ausnahme sämtliche Steigungen, aber auch die Gefälle allmählich bewältigt werden können. Sehr gute Wanderwege, teilweise sogar bituminierte Forststraßen; Markierungen jedoch bescheiden und lückenhaft. Am Stößerfelsen Blockhütte für Rast. Keine Einkehrmöglichkeiten, daher Verpflegung aus dem Rucksack notwendig.
Wissenswertes *Olbernhau* siehe Tour 39. – Im Olbernhauer Stadtteil *Grünthal*, direkt an der deutsch-tschechischen Grenze, befindet sich ein einzigartiger Denkmalkomplex, die im Jahre 1537 gegründete Saigerhütte. Im Hüttenwerk wurde Schwarzkupfer von dem darin enthaltenen Silber befreit, das heißt gesaigert, Garkupfer hergestellt und vor allem zu Kupferblechen verarbeitet. Grünthaler Dachkupfer ziert noch heute die Dächer bedeutender Gebäude in Europa. Seit 1750 prägte man hier Kupfermünzen, bereits seit dem Ende des 17. Jahrhunderts wurden Gewehre hergestellt. Technisches Museum »Kupferhammer« (oder »Althammer«). – Die in Olbernhau-Grünthal in die Flöha mündende *Natzschung* (Länge 16,5 km) entspringt auf dem böhmischen Erzgebirgskamm. Ab Rübenau bildet sie die gemeinsame Grenze mit der ČSFR.
Tourenbeschreibung Vom *Bahnhof Olbernhau-Grünthal* wandern wir rechts zur *Grünthaler Straße* (hier auch links die Bushaltestelle), überschreiten die Schienen und betreten jenseits der Rothenthaler Straße das Gelände der *Saigerhütte Grünthal*. Die Straße *In der Hütte* bringt uns nach 200 Metern zum *Technischen Museum »Kupferhammer«*, das unmittelbar an der die deutsch-tschechische Grenze bildenden *Natzschung* liegt. Hier rechts die

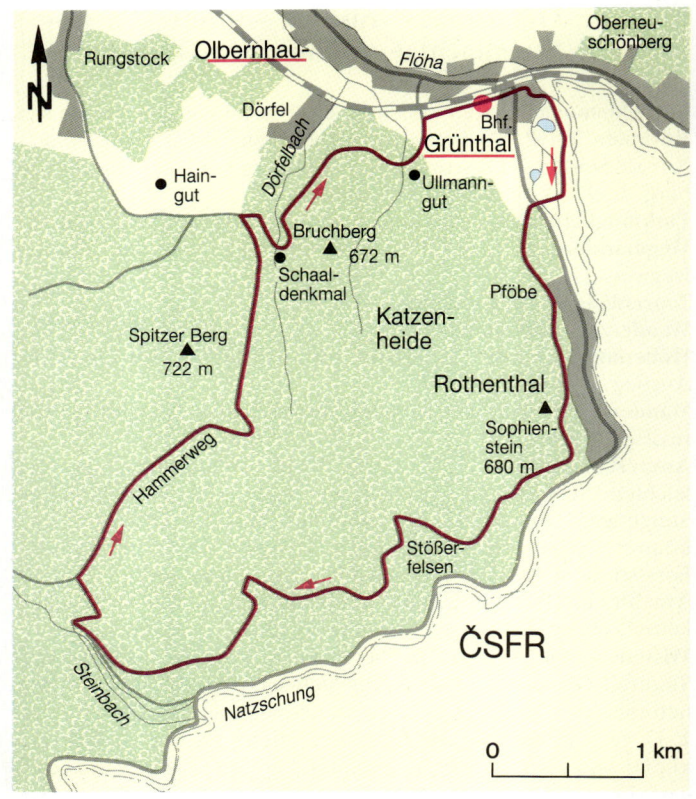

Straße *An der Natzschung* weiter, tangieren wir den ehemaligen Grenzübergang nach Brandov (Brandau; Wiedereröffnung geplant) und kommen oberhalb einer Reihe älterer Siedlungshäuser an das Gewässer heran. Dann strebt der Feldweg rechts der Landstraße im Rothenthaler Ortsteil *Pföbe* zu. Nach deren Querung ist kurz darauf der blau gekennzeichnete *Stößerfelsenweg* erreicht. Er gewinnt allmählich an Höhe und tritt in das Waldgebiet *Katzenheide* ein. Der Weg wird steiler. Am *Sophienstein* (die 680 m hohe Felsenbastei liegt aber wesentlich höher) südwestwärts schwenken und nach 1,2 Kilometern zur Blockhütte am *Stößerfelsen* (650 m) (der blau markierte Wanderweg ist zuvor abgebogen). Links in 40 Metern zu der Felsklippe (Schutzgeländer), die einen überwältigenden Blick auf das Natzschungtal bietet.

Dem *Stößerfelsenweg* durch Fichtenhochwald weiterhin folgend, ist nach 2 Kilometern ein Bachtälchen erreicht. Fünffache Weggabelung; wir nutzen den zweiten Weg von links, den *Brandleitenweg*. Mit diesem nach *abermals* 2 Kilometern ins *Steinbachtal;* hier eine sechsfache Wegteilung. Nunmehr wandern wir auf dem von Rübenau kommenden *Hammerweg* rechts im spitzen Winkel steil bergan, bevor er nach 200 Metern links umknickt und später auf der Höhe als ausgebaute Forststraße erscheint. Erneut mit der blauen Strichmarkierung rechts weiter und fast geradlinig nordostwärts. Nach 1,5 Kilometern beginnt der Hammerweg zu fallen und biegt in nördliche Richtung um. Jetzt durch Buchenwaldungen, führt die Tour am linken Hang des Dörfelbaches abwärts bis zum Waldrand nahe des *Haingutes*. Rechts zweigt der *Königsweg* ab, der nochmals in den Wald eintritt und im Bogen den *Dörfelbach* am *Schaaldenkmal* kreuzt. Anschließend ein ganzes Stück hoch über dem rechten Gehänge des Gewässers entlang, folgt der Königsweg dann dem Nordhang des *Bruchberges* (672 m). Am *Ullmanngut* wird wieder der Nordrand der *Katzenheide* erreicht. 400 Meter talwärts; dann in der Krümme des *Heinrich-Heine-Weges* rechts ab und oberhalb der Bahnanlagen mit dem *Jagdweg* zur *Rothenthaler Straße,* unweit des Bahnhofes Olbernhau-Grünthal.

15 Reitzenhain – Steinbach – Schmalzgrube – Jöhstadt – Schmalzgrube – Satzung – Reitzenhain

Verkehrsmöglichkeiten Buslinien T-216 Zschopau – Reitzenhain; T-431 Annaberg-Buchholz – Reitzenhain; T-497 Marienberg – Olbernhau.
Parkmöglichkeiten Vor der ehemaligen Wechselstelle, nahe der gleichnamigen Bushaltestelle.
Wegmarkierung Siehe Tourenbeschreibung; zuweilen Wanderwegweiser.
Tourenlänge 34 Kilometer. **Wanderzeit** 9 Stunden.
Höhenunterschiede Insgesamt etwa 700 Meter. Drei steile Anstiege, darunter vom Schwarzwassertal zum Jöhstädter Markt 120 Meter und von Schmalzgrube zum Fahrweg nach Satzung 220 Meter.

Wanderkarte 1:50000 Kompass-Wanderkarte Nr. 1060 Mittleres Erzgebirge.
Abkürzungen 10 Kilometer weniger, wenn die Tour beim ersten Mal in Schmalzgrube sofort nach Satzung weiterführt.
Anmerkungen Abwechslungsreiche, aber anstrengende Ganztageswanderung. Häufiger Wechsel zwischen Steigung und Gefälle. Überwiegend gute Wanderwege. Im Gebiet von Reitzenhain und Satzung sowie östlich von Jöhstadt, also immer in den höheren Gebirgslagen an der deutsch-tschechischen Grenze, starke Rauchschäden des Nadelbaumbestandes; teilweise Neuaufforstungen. Großartiger Aussichtspunkt Hirtstein. Einkehrmöglichkeiten in Steinbach, Schmalzgrube, Jöhstadt, Satzung, auf dem Hirtstein und in Reitzenhain.
Wissenswertes *Reitzenhain* liegt in 776 Metern Höhe auf der Satzung-Kühnhaider Hochfläche und ist rundherum von Wäldern und Mooren umgeben. Rauhestes Klima des Erzgebirges mit durchschnittlich 151 Nebeltagen im Jahr. Die Lage an der »Großen Reichsstraße« (Salzstraße) Leipzig – Prag war für den Ort von großer Bedeutung; heute B 174 mit Straßengrenzübergang in die ČSFR. Im Ortsteil Reißigmühle zweigt der Reitzenhainer Zeuggraben von der Schwarzen Pockau (siehe Tour 13) ab. Dieser Kunstgraben lieferte Aufschlagwasser für die Kunstgezeuge der Gruben von Lauta, Gelobtland und des Kiesholzes an der Dreibrüderhöhe. – *Steinbach:* Sehenswert ist neben den zahlreichen Fachwerkhäusern die 1684–86 errichtete Dorfkirche mit ihrem Kanzelaltar von 1715 und dem spätgotischen Schnitzaltar. Am Friedhofseingang eine mächtige, 1686 gepflanzte Linde. – *Preßnitztal* siehe Tour 8. – *Andreas-Gegentrum-Stolln:* Hier wurden silber- und kobalthaltige Gänge abgebaut. Beabsichtigt ist, die Grube als Lehrschacht begehbar zu machen. – *Schmalzgrube* verdankt Entstehung und Name der Eisenverhüttung. Davon kündet noch der alte Hochofen (Technisches Denkmal) aus dem Jahre 1819 am Südrand des Dorfes. – *Jöhstadt:* Eigentlich Josephstadt heißend, ist die Siedlung neben Annaberg, Marienberg und Jáchymov (St. Joachimsthal) die vierte Bergstadt des Erzgebirges, die ihren Namen der Heiligen Familie entlehnte; St. Salvator-Kirche, 1675–77 erbaut und 1862 restauriert, mit Erinnerungstafel an den Theologen und Liederdichter Johann Andreas Kramer (1723–88); Postdistanzsäule von 1730 auf dem »Markt«. – *Satzung* ist mit 844 Metern eines der höchstgelegenen Dörfer Sachsens. Dorfkirche aus der 2. Hälfte des 16. Jahrhunderts.
Tourenbeschreibung Von der *Bushaltestelle Wechselstelle* folgen wir der *Ernst-Thälmann-Straße* (B 174) 50 Meter nordwärts

Zu Tour 15 **Die Raststätte »Am Wildbach« bei Steinbach**

und biegen links in einen Weg ein, der zum Reitzenhainer Friedhof führt. Mit dem *Sandweg* links daran vorbei und am Waldrand entlang erneut zur *Ernst-Thälmann-Straße*. Am Ortsausgang, gegenüber dem Alten- und Pflegeheim, rechts die *Alte Steinbacher Straße* ab durch das *Forstrevier Steinbach*. Der Weg fällt zur Quellmulde des *Haselbaches,* dann nach Wiederanstieg steil in ein Seitentälchen des *Rothenbaches*. Vor der Einmündung des Ulanenweges steht rechterhand der *VVN-Gedenkstein* für 26 ermordete KZ-Häftlinge. Nach 300 Metern, vor der Brücke über dem Rothenbach, rechts an dessen Ufer mit einem vergrasten Weg abwärts. Trifft nach 0,5 Kilometern auf einen breiteren Forstweg, mit dem links in 80 Metern die Landstraße erreicht wird. Ihr 250 Meter talwärts folgen, dann halblinks. Parallel zur verkehrsreichen Hauptstraße Steinbachs nutzen wir den *Schulweg* – kommen dabei an Schule und Dorfkirche vorüber – und jenseits der zu überschreitenden Kleinen Dorfstraße die *Raketengasse*. Nach 1,4 Kilometern zur *Schmalzgrubner Straße*. Links ab, dann nach wenigen Schritten rechts in die *Bahnhofstraße* einbiegen. Am ehemaligen Bahnhofsgebäude vorbei, folgen wir dem mit grünem Dreieck markierten *Preßnitztalweg*. Kurze Zeit später überschreitet unsere Tour die *Preßnitz*. Zwischen Fluß und *Mühlgraben* gelangen wir bald zur idyllisch gelegenen *Raststätte »Am Wildbach«*.

Der Preßnitztalweg führt nach geraumer Zeit am Wehr des Mühlgrabens über einen Holzsteg, dann am linken Steilhang, mehrere Meter über dem Fluß, entlang. Gegenüber der Mündung des Tiefenbaches sieht man rechts das Mundloch des *Andreas-Gegentrum-Stollens* (nahe bei Schutzhütte). Nach 10 Minuten queren wir die Landstraße. 350 Meter weiter steigt unsere Route an und trifft auf den halbhoch verlaufenden *Floßzechenweg*. Mit ihm senkt sie sich allmählich nach *Schmalzgrube*.

Der *Hauptstraße* des Ortes folgen wir 250 Meter und biegen vor dem früheren Bahnübergang rechts in den blau gekennzeichneten Wanderweg nach Jöhstadt ein. Damit wird das schöne *Schwarzwassertal* betreten. Nach 1,3 Kilometern auf das linke Ufer wechselnd, passiert der Wanderweg noch einmal eine kurze Steilhangstrecke. Unmittelbar vor dem Waldrand im Jöhstädter Stadtteil *Schlössel* geht es rechts hinauf zum *Gründelweg*. Links aus dem Wald heraus, folgen wir ihm etwa 150 Meter und steigen einen aussichtsreichen Wiesenweg hinauf zum *Markt* von *Jöhstadt*.

An der Südseite des Marktes zweigt die *Pleiler Straße* ab. Nach 100 Metern biegen wir links in den *Brauhausweg* (Teil des mit grünem Diagonalstrich gekennzeichneten Bergbaulehrpfades) ein, der uns durch den *Stadtpark* hinunter zur *Äußeren Bahnhofstraße* bringt. Diese rechts weiter und unter abermals starkem Gefälle zum Stadtteil *Dürrenberg* im Schwarzwassertal, südlich des ehemaligen Jöhstädter Bahnhofes. Hier links ab mit dem Dr.-Möller-Weg (grün markiert) und über das *Schwarzwasser*. Der Weg steigt am rechten Hang an und biegt schon bald nach Osten um; Eintritt in den *Kriegwald*. Nach etwa 900 Metern Weggabelung; halbrechts fort und allmählich abwärts. Wir kommen unmittelbar an die deutsch-tschechische Grenze heran. Über eine Lichtung hinweg eröffnet sich uns rechts der Blick zum Jeleni hora (Haßberg; 994 m). Am *Deutschen Felsen* wendet sich der Dr.-Möller-Weg jedoch nach Norden. Ihn kreuzt nach 1 Kilometer ein weiterer Wanderweg Jöhstadt – Schmalzgrube. Rechts ab und in einer kürzeren Strecke steil hinunter nach *Schmalzgrube*. Die *Hauptstraße* 150 Meter entlang und nach dem »Erzgebirgshof« rechts mit der blauen Markierung wieder steil aufwärts. Am *Betglöcklein* vorüber, gewinnen wir nach Überschreitung des *Wilhelmweges* den Waldrand und damit die *Winterbahn*. Diese mündet nach weiterem mächtigem Anstieg in die *Schmalzgruber Straße,* dem für den öffentlichen Verkehr gesperrten Fahrweg nach Satzung. Wir kommen zum Waldrand am *Lustigen Hans* (Ruhebänke). Mit dem jetzt ebereschengesäumten Fahrweg über die Hochfläche nach *Satzung*. Vor der Dorfkirche biegen wir links ab und wandern vom nördlichen Dorfrand aus über Wiesen in einer Viertelstunde hinauf

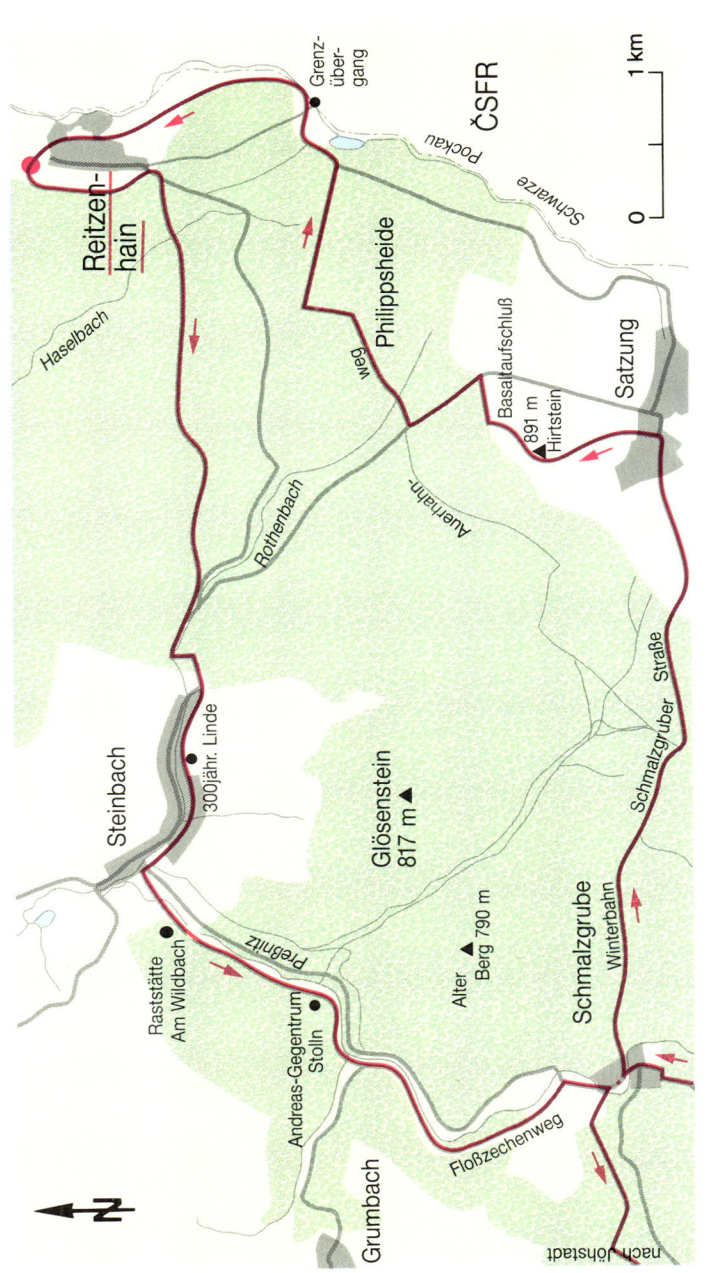

zur flachen Bergkuppe des *Hirtsteins* (891 m) großartige Aussicht (Aussichtsrose vorhanden).

An der Baude und dem »Palmwedel« vorüber, folgen wir der Zufahrtsstraße abwärts zur Landstraße Steinbach – Satzung. Sie 0,6 Kilometer hinunter, dann rechts auf dem *Auerhahnweg* durch die *Philippsheide*. Nach 1,3 Kilometern zweigt rechts der Doppelringelflügel ab, der uns nach etwas mehr als 1 Kilometer zur Landstraße bringt. Nordwärts wandern wir an der einstigen Gaststätte »Neue Welt« vorbei (Bushaltestelle) und biegen in der Straßenkrümme rechts in einen Anliegerfahrweg ein. Er führt talwärts zum Reitzenhainer Ortsteil *Reißigmühle*. Hier unterqueren wir die Brücke der grenzüberschreitenden B 174. Wir wandern 2 Kilometer auf dem weiß-schwarz-weiß markierten Weg. Dem linken Hang der *Schwarzen Pockau* folgend, führt die Tour an einem kleinen Moor vorüber und gewinnt im Anschluß an beidseitige Weideflächen die *Rudolf-Breitscheid-Straße* in der unteren Ortslage von Reitzenhain. Links hinauf in 300 Metern zur Bushaltestelle.

16 Burkhardtsdorf – Neu-Eibenberg – Kamerun – Kemtau – Kemtauer Felsen – Abtwald – Burkhardtsdorf

Verkehrsmöglichkeiten Bahnlinie 440 Chemnitz – Aue; Buslinien T-210 Chemnitz – Kurort Oberwiesenthal; T-211 Chemnitz – Schwarzenberg; T-412 Chemnitz – Crottendorf.
Parkmöglichkeiten Vor dem Bahnhof Burkardtsdorf.
Wegmarkierung Siehe Tourenbeschreibung; oft Wanderwegweiser.
Tourenlänge 17,5 Kilometer. **Wanderzeit** 4½ Stunden.
Höhenunterschiede Insgesamt etwa 350 Meter. Steiler Anstieg von der Ortsmitte Kemtau zum Kemtauer Felsen; auf 1,5 Kilometer Wegstrecke werden 150 Meter Höhenunterschied bewältigt (vom Zwönitztal aus sogar über 200 m).
Wanderkarte 1:50000 Kompass-Wanderkarte Nr. 1060 Mittleres Erzgebirge.
Anmerkungen Landschaftlich sehr reizvolle Wanderung mit häufigem Wechsel zwischen Wald und Feld sowie aussichtsreichen Streckenabschnitten. Bis auf den Steilanstieg zum Kemtauer Felsen nur leichte Schwierigkeitsgrade, nicht zuletzt durch die größtenteils ordentlichen Wanderwege. Schutzhütten sind vorhanden. Einkehrmöglichkeiten in »Vetters Hof« Neu-Eibenberg, im »Gasthof Kemtau« und »Besenschänke« im Abtwald.

Zu Tour 15 **Am »Palmwedel« auf dem Hirtstein**

Wissenswertes Die *Zwönitz* entspringt am Schatzenstein (763 m) im Geyerschen Wald und vereinigt sich nach 39 Kilometern Länge in Altchemnitz mit der Würschnitz zur Chemnitz. – Die *Auenmühle* (auch Stiefelmühle genannt) wurde schon 1619 erwähnt und bis in unser Jahrhundert hinein als Mahlmühle, Bäckerei und Brettschneiderei genutzt. – Der *Hammerberg* gilt als Fundstelle quarzreicher Mineralien. – Mit *Kamerun* bezeichnete man früher in unseren Breiten abgelegene Siedlungen; besaß doch Deutschland bis zum 1. Weltkrieg weit entfernt in Afrika eine Kolonie gleichen Namens. Die hiesige, zu Kemtau gehörende Häusergruppe wurde 1820 als Metallfabrik errichtet.

Der *Kemtauer Felsen* gilt mit 591 Metern als der höchste Gipfel in der näheren Umgebung von Chemnitz. – Auf der *Eisenstraße* transportierte man vom 17.–19. Jahrhundert das Eisenerz aus der Schneeberger Gegend zum Hammer- und Blaufarbenwerk Zschopenthal bei Waldkirchen.

Tourenbeschreibung Aus dem Bahnhof kommend, wandern wir rechts die Pflasterstraße entlang. An ihrem Ende bringt uns ein Fußweg hinunter zur *Kemtauer Straße,* die bald am rechten Gehänge der Zwönitz ansteigt und dabei die Bahnlinie unterquert. Nach der *Burkhardtsdorfer Randsiedlung* zweigt an der höchsten Stelle der schwach frequentierten Straße am *Dachsberg* (450 m) links ein Weg ab, von dem wiederum nach 30 Metern ein Pfad geradeaus abgeht. Über eine neuaufgeforstete Fläche und später durch Fichtenhochwald gelangen wir ins Zwönitztal. Wir erreichen mit einem Wiesen- und anschließenden Fahrweg für Anlieger die *Zwönitztalstraße* (B 180) in *Neu-Eibenberg*. Auf das andere Ufer und gegenüber von »Vetters Hof« rechts mit einem Feldweg ab zum *Mühlenweg* nahe der *Auenmühle* (500 m). In diesen biegen wir mit gelber und grüner Markierung links ein und unterschreiten wieder die Bahnlinie. Die Route schwenkt rechts um und verläuft an einem als Weidefläche genutzten Gleithang entlang. Dann treten wir an einem Anwesen namens *Einöd* in den *Dittersdorf-Einsiedler Forst* und damit in das Landschaftsschutzgebiet »Talsperre Einsiedel – Kemtauer Wald« ein. Der Weg gewinnt die inmitten eines wiederaufgeforsteten Kahlschlages liegenden Felsklippen des *Hammerberges* (Ruhebank; malerisches Talbild); dann abwärts zur Schutzhütte. Hier überqueren wir analog dem Wegweiser »Burgstein« die Zwönitz und gelangen durch den Hof der Häusergruppe *Kamerun* und nach Kreuzung der Bahnlinie hinauf zur *Zwönitztalstraße* (B 180).

Jenseits davon bringt uns der *Heuweg* (gelbe und grüne Strichmarkierung) im *Kemtauer Wald* aufwärts. Am Rand einer

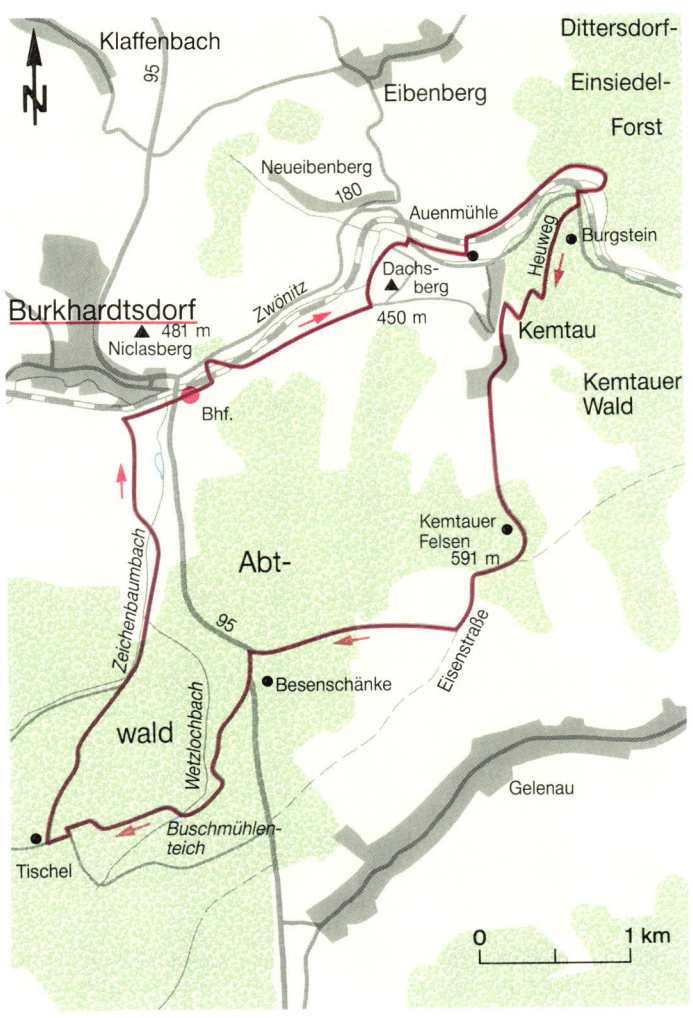

Lichtung ist links ein Abstecher in 70 Metern zu den Felsklippen des Burgsteins (435 m) möglich. Der *Heuweg* führt nach 450 Metern auf die *Lärchenstraße,* einem von Dittersdorf nach Kemtau verlaufenden breiten Forstweg. Rechts einbiegend und schließlich hinab zur *Gelenauer Straße* am Gasthof von *Kemtau*. Diese Straße geht es jetzt steil bergan. Sie knickt in Höhe des letzten Gehöftes links um und läßt dabei das Gebäude des Kemtauer Wasserwerkes rechts liegen. Später strebt ein Feldweg geradeaus dem Waldrand zu. Nach Betreten des Waldes kommen wir nach 200 Metern zum *Kemtauer Felsen* (591 m).

Nunmehr in 300 Metern hinab zu der mit blauem Strich markierten *Eisenstraße*. Wir biegen rechts ein und wenden uns südwestwärts; das Waldstück bleibt bald hinter uns. 150 Meter nach einer einzelnen Eiche verlassen wir jedoch diesen Höhenweg und steuern rechts dem *Abtwald* zu (Markierung gelber Strich), der uns nach 0,7 Kilometern aufnimmt. Einen breiten Forstweg überschreitend, trifft die Tour unter starkem Gefälle auf die B 95, 200 Meter unterhalb der bekannten »Besenschänke«. Gegenüber der Gaststätte wandern wir dann einen mit grünem Strich markierten Waldweg abwärts zum *Tal des Wetzlochbaches* und damit auch zum anmutig gelegenen *Buschmühlenteich*. Rechts daran vorbei, nimmt unsere Route den halblinks abgehenden Weg. Er steigt allmählich an und mündet schließlich in eine Forststraße ein. Nach 100 Metern befindet sich an einer Wegspinne rechterhand das in 556 Meter Seehöhe liegende *Tischel*. Der einstige Jagdrastplatz der Chemnitzer Äbte besteht aus einem steinernen Tisch, vielfältigen Sitzgelegenheiten und einer Schutzhütte.

Vom Tischel aus folgen wir dem Wegweiser »Burkhardtsdorf Ortsteil Mitte« sowie der grünen Strichmarkierung und steigen hinunter zum *Zeichenbaumbach*. An diesem Gewässer abwärts bis zum Nordrand des *Abtwaldes*. Dann durch das Wiesental des Wetzlochbachs gelangen wir unter Uferwechsel nach *Burkhardtsdorf,* dabei zuletzt die *Huhle* benutzend. An den ersten Häusern der Gemeinde bringt uns ein ausgeschilderter Pfad rechts hinüber zum östlich der B 95 gelegenen Bahnhof.

Scharfenstein – Drebach – Herold – Thum

Verkehrsmöglichkeiten Bahnlinie 420 Chemnitz – Bärenstein; Buslinie T-232 Thum – Zschopau (nur wochentags!), sonst Rückfahrt mit Buslinien T-239 und T-240 bis Zschopau.
Parkmöglichkeiten Begrenzt am Bahnhof in Scharfenstein, besser in Zschopau (u. a. am Bahnhof) und mit Zug zum Ausgangspunkt Scharfenstein.
Wegmarkierung Vielfach wechselnd, aber nur bedingt verwendbar (siehe Tourenbeschreibung); wenige Wanderwegweiser.
Tourenlänge 11 Kilometer.
Wanderzeit 3 Stunden.
Höhenunterschiede Jeweils drei starke Anstiege (insgesamt etwa 420 m) und Abstiege (insgesamt etwa 275 m).
Wanderkarte 1:50000 Kompass-Wanderkarte Nr. 1060 Mittleres Erzgebirge.
Anmerkungen Aufgrund ständiger Wechsel zwischen Steigung und Gefälle anstrengende Wanderung, verhältnismäßig waldarm, dafür aussichtsreich. Die Tour nutzt überwiegend das Wegenetz; dieses aber zum Teil durch Befahren mit Landwirtschaftsfahrzeugen in schlechtem Zustand (vor allem bei Nässe). Einkehrmöglichkeit in Thum.
Wissenswertes *Scharfenstein* siehe Tour 7. – *Drebach* ist bekannt durch seine Krokuswiesen, die sich im Laufe der Zeit stark verbreiteten und typische neue Merkmale herausbildeten (lokale Bezeichnung: Crocus vernus Wulf. forma drebachensis). Jeden Frühling kommen Tausende nach Drebach, um die insgesamt 7 Hektar mit den sogenannten »Nackten Jungfern« lilaüberzogenen Wiesen und Gärten, vor allem an den »Neuen Häusern« des Südhanges und an der »Wolkensteiner Straße«, anzuschauen. – *Thum:* Ehemals Bergbau auf Zinn, Silber und Blei, verfiel später infolge geringer Fündigkeit. Klöppeln, Posamentieren sowie Strumpfwirkerei wurden die wichtigsten Erwerbszweige der Stadt.
Tourenbeschreibung Am *Bahnhof Scharfenstein* überschreiten wir nach rechts den Gleiskörper sowie die Zschopau und biegen von der *Hopfgartener Straße* nach 150 Metern halbrechts ab. Der Waldweg nach Drebach (anfangs grünes Quadrat bzw. liegender grüner Strich, später gelbe Strichmarkierung) erklimmt den *Kuhberg* oder die *Klinge*. Wieder im *Forstrevier Scharfenstein* (bis zu dieser Stelle in entgegengesetzter Richtung auch ein Teilstück der Tour 6), gewinnen wir halblinks aufwärts die

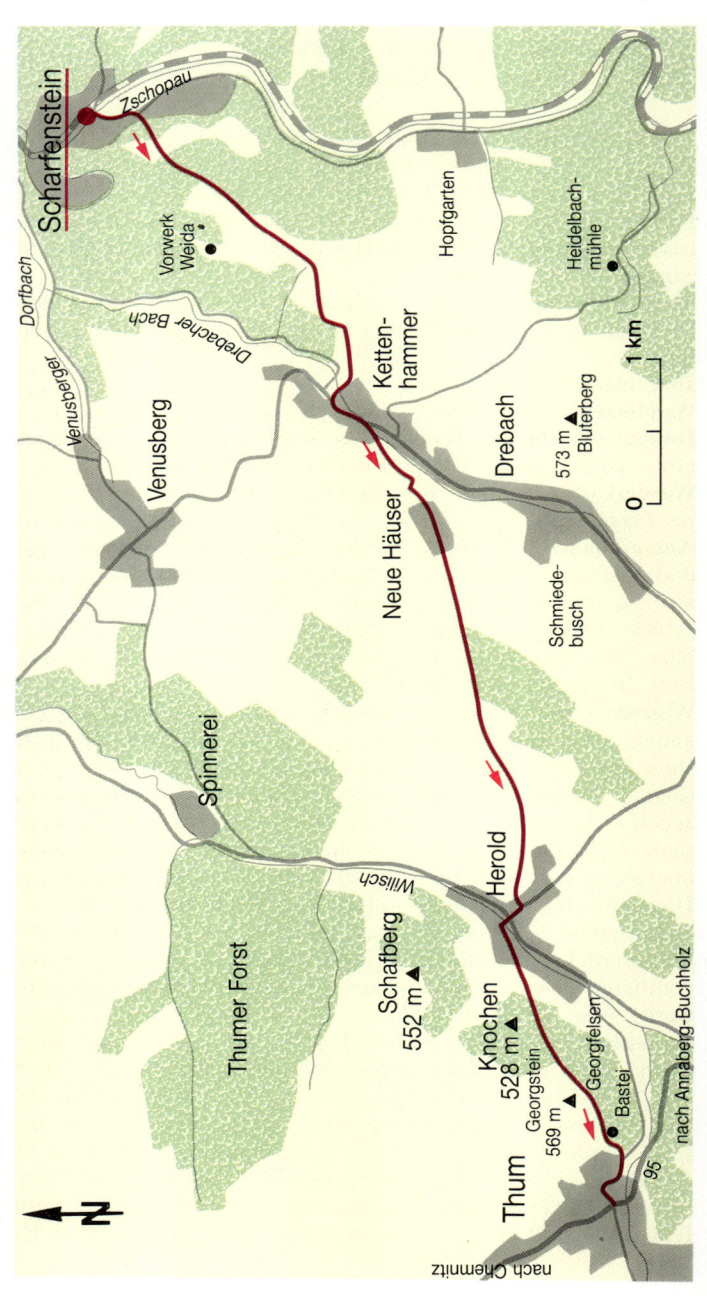

Höhe. Oben am Waldrand entlang, dann durch Landwirtschaftsflächen. In einiger Entfernung kommen wir am *Vorwerk Weida* (ehemals Schäferei) vorüber (Ausblick in westliche Richtung: Adelsberg, Dittersdorfer Höhe, Kemtauer Wald, Eisenstraße, Greifensteinmassiv).

Abstieg in das *Tal des Drebacher Baches* (Grundbach) zum Ortsteil *Kettenhammer*. Unten folgen wir nach links der *Scharfensteiner Straße*, dann der *Hauptstraße* und vor deren Bachüberquerung geradeaus einen Weg, der anfangs am linken Ufer aufwärts verläuft; danach zwischen Gärten, Wiesen und Grundstücken (im Frühjahr Krokusse!) zur *Persterstraße* führt (bis hierher ist die gelbe Strichmarkierung sichtbar). Von ihr zweigt oberhalb die Anliegerstraße zu den *Neuen Häusern* ab, an deren Ende man in offenes Gelände gelangt. Die Tour steigt über Wiesen hinauf zum *Schmiedebusch*. (Ausblick rechts Dittersdorfer Höhe und Augustusburg, links Hirtstein, Jeleni hora [Haßberg] und Spitze des Pöhlberges).

Nachdem wir die Nordseite des Wäldchens gestreift und eine Landwirtschaftsstraße gekreuzt haben, erneut starkes Gefälle der Route zur Gemeinde *Herold* im Tal der Wilisch. Wir folgen im Einmündungsbereich Drebacher Straße/Annaberger Straße letzterer 50 Meter nach links und biegen rechts in den *Knochenweg* ein. Nach 100 Metern schwenkt er mit der grünen Strichmarkierung halblinks aufwärts. An seinem Ende, links des Knochens (528 m), ist größte Aufmerksamkeit geboten: Ein alter Wanderwegweiser mit der Aufschrift »Bastei« (am letzten Straßenbeleuchtungsmast) zeigt in etwa die Richtung an; wir passieren ein feuchtes Wiesenstück unter der Hochspannungsfreileitung und treten in den *Hofbusch* ein. Nun gleich halbrechts einen Pfad hinauf (die grüne Strichmarkierung kommt erneut zum Vorschein) zum linken Höhenrand der *Wilisch,* danach des *Thumer Stadtwassers*. Das Waldstück (Rauchschäden!) ist von Felsen durchsetzt. Auf dem *Georgstein* (569 m) mündet der gelb markierte *Thumer Ringweg* ein und wird für den Rest der Wanderung maßgebend. Wir kommen zum *Georgfelsen* (steinerner Tisch mit Ruhebank) und zur *Bastei*. Von der Bastei führen Stufen hinab zur *Herolder Straße* im *Tal des Thumer Stadtwassers.* Ihr folgen wir stadteinwärts, überschreiten den *Rathausplatz* (links das Rathaus, rechts der Tiergarten) und gelangen durch die *Poststraße* hinauf zum *Markt* von *Thum* (Bushaltestelle).

18 Ehrenfriedersdorf – Greifensteine – Röhrgraben – Ehrenfriedersdorf

Verkehrsmöglichkeiten Buslinien T-210 Chemnitz – Kurort Oberwiesenthal; T-238 Zschopau – Ehrenfriedersdorf; T-239 Zschopau – Ehrenfriedersdorf; T-240 Zschopau – Kurort Oberwiesenthal; T-432 Thum – Annaberg-Buchholz; T-433 Annaberg-Buchholz – Ehrenfriedersdorf; T-440 Geyer – Ehrenfriedersdorf; T-441 Erlabrunn – Ehrenfriedersdorf; T-489 Marienberg – Ehrenfriedersdorf; Haltestellen am »Neumarkt« und »Markt«.
Parkmöglichkeiten Auf dem »Neumarkt«.
Wegmarkierung Siehe Tourenbeschreibung; Wanderwegweiser.
Tourenlänge 8,5 Kilometer.
Wanderzeit 2¼ Stunden.
Höhenunterschiede Insgesamt etwas mehr als 200 Meter. Steiler Anstieg von Ehrenfriedersdorf zum Greifenstein-Plateau; zwei steile Abstiege von der »Berggaststätte Greifensteine« zum Greifenbachtal und vom Kalten Feld hinab nach Ehrenfriedersdorf.
Wanderkarte 1:50000 Kompass-Wanderkarten Nr. 1059 Westerzgebirge oder Nr. 1060 Mittleres Erzgebirge.
Anmerkungen Leichte Tour auf guten Wanderwegen mit zuweilen ordentlicher Markierung. Einkehrmöglichkeiten in der »Berggaststätte Greifensteine« und in Ehrenfriedersdorf.
Wissenswertes Die Bergstadt *Ehrenfriedersdorf* liegt im obersten Abschnitt des Wilischtales. Von Anfang an wurde in der Gegend Zinnbergbau betrieben, der zeitweilig der bedeutendste Sachsens war. Zeugnisse sind die mächtigen Halden am Sauberg östlich der Stadt, wo bis 1990 noch nach Zinnerz geschürft wurde; die Pfarrkirche St. Nikolai weist einen spätgotischen Schnitzaltar von Hans Witten (1507) mit Malereien des Hans von Cöln auf. – Die *Greifensteine* stellen mit maximal 732 Metern Seehöhe die Dominante der Geyerschen Hochfläche dar. Im späten Mittelalter trug das Plateau die Burg Greifenstein. Am Fuße des Aussichtsfelsens steht das alte Berghaus. Es beherbergt seit 1938 das Bergbau-Greifenstein-Museum. In einem ehemaligen Granitsteinbruch ist das *Naturtheater* untergebracht. – Unweit davon die *Stülpnerhöhle,* ein zugängig gemachtes altes Stollenmundloch, und die benachbarte *Ritterhöhle.* – Der vermutlich schon im 14. Jahrhundert angelegte *Röhrgraben* führte noch in der jüngsten Vergangenheit den ehemaligen Ehrenfriedersdorfer Zinnerzgruben auf dem Sauberg das erforderliche

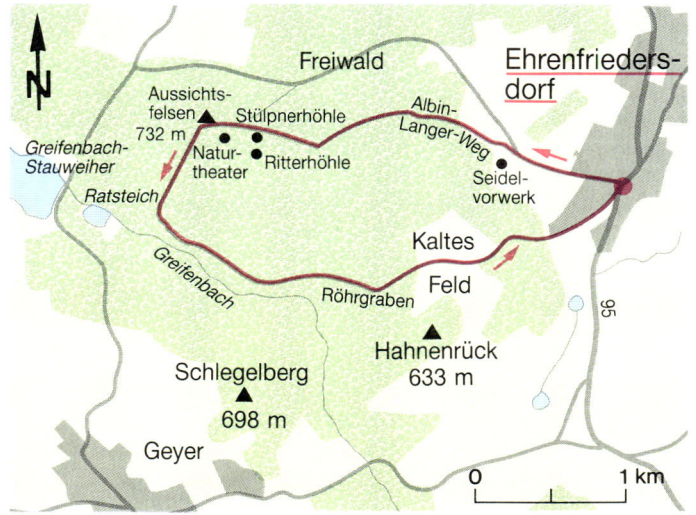

Brauchwasser aus dem Greifenbach zu, der aus diesem Grunde zuvor im sogenannten Geyerschen Teich (siehe Tour 19) angestaut ist.

Tourenbeschreibung Vom *Neumarkt* gehen wir mit der roten Strichmarkierung des »Wanderweges Erzgebirge-Vogtland« die *Greifensteinstraße* hinaus und sehen zurückblickend alsbald die ehemaligen Förderanlagen des Betriebes »Zinnerz« auf dem Sauberg. Nach 800 Metern wird am Seidel-Vorwerk links in den *Albin-Langer-Weg* abgebogen, und es geht weiter bis zum *Freiwald*. Immer aufwärts und am *Justitiarstein* (1831) vorüber. Nach dem letzten Knick des Weges, vor Erreichen der Höhe, links die *Schöne Aussicht* (Blick auf Ehrenfriedersdorf). Dann, etwa 200 Meter nach der Wegkreuzung am Gedenkstein für den Ratsoberförster Rudolph unternehmen wir linker Hand einen Abstecher zur *Stülpnerhöhle*. Südwestlich davon, auf der anderen Seite der Schonung, liegt die *Ritterhöhle*.

Zurück zum *Albin-Langer-Weg*, bringt er uns in wenigen Minuten zwischen dem *Naturtheater* und dem Aussichtsfelsen (732 m; weiter Rundblick) zur »Berggaststätte Greifenstein« bzw. dem *Bergbau-Greifenstein-Museum*. Hinter dem Restaurant wandern wir sofort links den mit gelbem Strich gekennzeichneten *Anton-Günther-Weg* abwärts, der durch den *Pochwald* in das *Greifental* führt. Über den Talweg hinweg und am

Eingang des *Goldenen Adler-Stollens* vorbei, wird der Abzweig des Röhrgrabens vom Greifenbach erreicht.

Wir folgen 1,5 Kilometer weit dem den *Röhrgraben* begleitenden Pfad. Zunächst wieder den Talweg überschreitend, folgt unsere Route eine Weile unter zunehmender Höhendifferenz am linken Greifenbachhang. Wir treffen auf einen breiten Waldweg. Links abzweigend (Wegweiser »Ehrenfriedersdorf« – grüner Strich), verläßt hier unsere Tour den Röhrgraben. Nach 150 Metern wird der Rand des Pochwaldes und damit das *Kalte Feld* erreicht. An der Wegteilung halblinks. Vor sich erblickt man unten im Tale wieder *Ehrenfriedersdorf*. Steil geht es nun hinab zur Kleinstadt.

19 Greifenbach-Stauweiher – Niederzwönitz – Zwönitz – Wilder Mann – Geyer – Greifenbach-Stauweiher

Verkehrsmöglichkeiten Buslinien T-412 Chemnitz – Crottendorf; T-440 Ehrenfriedersdorf – Geyer.
Parkmöglichkeiten Links vom Eingang des »Erholungsgebietes Greifenbach-Stauweiher« und unterhalb des Dammes.
Wegmarkierung Zwischen Jugendherberge Hormersdorf und Zwönitz blaue Strichmarkierung (vereinzelt auch noch das veraltete blaue Dreieck), von Zwönitz bis zum Ziel rote Strichmarkierung; Wanderwegweiser unterschiedlicher Güte.
Tourenlänge 23 Kilometer. **Wanderzeit** 6 Stunden.
Höhenunterschiede Insgesamt etwa 380 Meter. Große Differenz zwischen Geyerschem Wald und Zwönitztal – 190 Meter Abstieg und 225 Meter Anstieg.
Wanderkarte 1:50000 Kompass-Wanderkarte Nr. 1059 Westerzgebirge.
Anmerkungen Durch mehrere starke Anstiege zwischen Zwönitz und Greifenbach-Stauweiher beschwerliche Wanderung. Gute Wanderwege mit meist ordentlicher Kennzeichnung. Mehr als 60% der Tour führen durch Wald. Einkehrmöglichkeiten in der Jugendherberge Hormersdorf; in Zwönitz; in der Gaststätte »Am Knochen« in Geyer; in der »Teichschänke Greifental«; während des Sommerhalbjahres ist auch ein Imbiß auf dem Gelände des »Erholungsgebietes Greifenbach-Stauweiher« möglich.
Wissenswertes Der *Greifenbach-Stauweiher* oder *Geyerscher Teich* verdankt seine Entstehung dem Zinnbergbau, indem er als

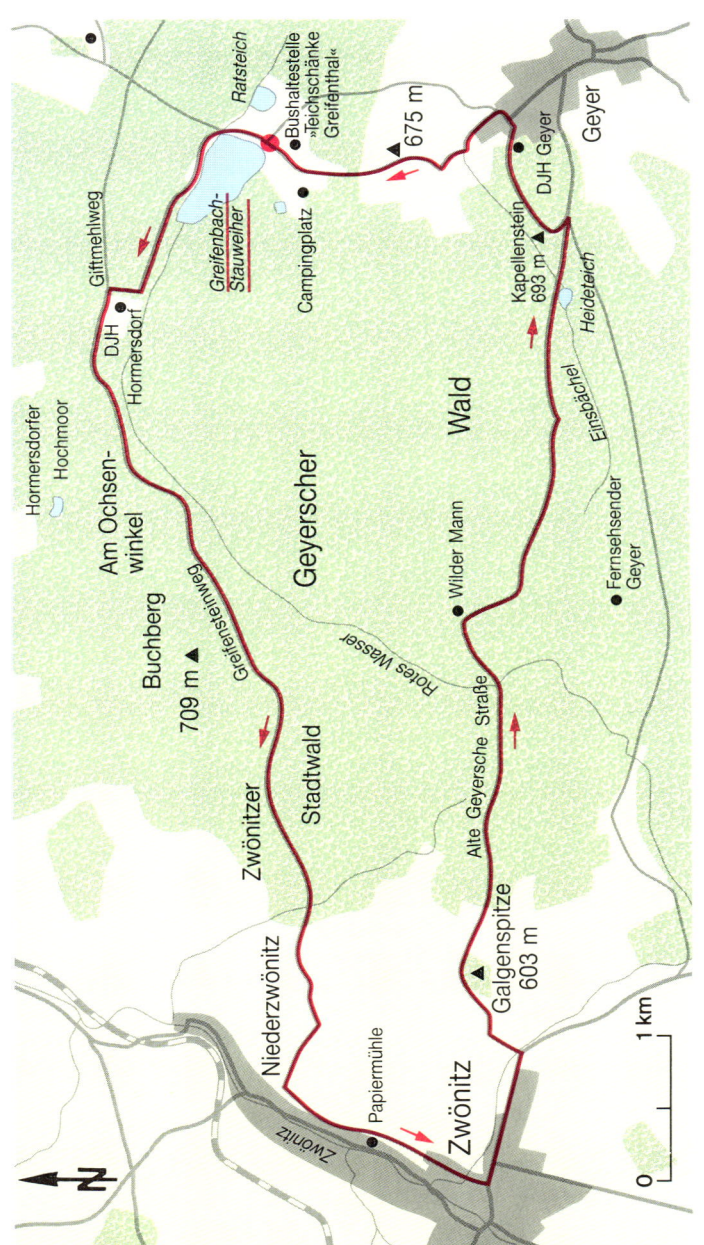

Wasserreservoir für die Erzwäsche diente. Der ihn speisende Greifenbach entspringt als Rotes Wasser im Westteil des Geyerschen Waldes. Das Terrain um den Greifenbach-Stauweiher wird in den Sommermonaten zur Erholung genutzt. Am südlichen Ufer großer internationaler Campingplatz. – Der *Geyersche Wald* ist einer der größten Forste des Erzgebirges. Im Waldstück Roter Ochse befindet sich die Jugendherberge Hormersdorf; einst Standort der Gifthütte Geyer (Herstellung von Arsenmehl). – *Niederzwönitz,* St. Johanniskirche; Papiermühle Niederzwönitz (heute Technisches Museum, vom 1. 5. bis 31. 10. geöffnet). – *Zwönitz:* Steinkreuz in der Rathausstraße. Am Markt, gegenüber der Postdistanzsäule, das um die Mitte des 16. Jahrhunderts erbaute »Hotel Roß«. Südlich davon die Trinitatiskirche. – *Kapellenstein:* Altes Bergbaugebiet; auch der Heideteich wurde als Wasserreservoir für die Zechen genutzt. – *Geyer* siehe Tour 21.

Tourenbeschreibung Aufwärts zur Dammkrone und zum Nordufer des *Greifenbach-Stauweihers (Geyerscher Teich).* An diesem entlang (Uferweg und Fahrstraße), erreichen wir nach 1,4 Kilometern den Eingang zur *Jugendherberge Hormersdorf.* Hier an der Ostseite der Einrichtung aufwärts und nach 200 Metern in den *Giftmehlweg.* Nun mit der blauen Strichmarkierung südwestwärts durch den *Geyerschen Wald.* Nach 2 Kilometern, im Waldstück *Ochsenwinkel,* kommt es zur Wegteilung. Links auf dem *Greifensteinweg* weiter, dem auch an der nächsten Wegteilung nach 700 Metern geradeaus zu folgen ist. Bald bringt uns dieser in steilen Kehren den Südwesthang des *Buchberges* (709 m) durch das Waldstück *Lehmbach* abwärts und geht nach Überschreiten eines schmalen Wasserlaufes in einen beiderseits von Eichen flankierten Feldweg über. Schöne Ausblicke in das Zwönitztal. Unter starkem Gefälle gelangen wir zur links abzweigenden *Zwönitzer Gasse.* Unterhalb davon befindet sich der Friedhof und die St. Johanniskirche.

Nun südlich mit der Gasse ins Städtchen. Unterwegs sollte man der *Papiermühle Niederzwönitz* einen Besuch abstatten. Zu ihr führt gegenüber dem Hausgrundstück Nr. 24 ein Weg hinab (200 m). Dann weiter an einem Steinkreuz vorbei und über die Zwönitzbrücke; schließlich mit der *Rathausstraße* zum *Markt* von Zwönitz.

Jetzt mit der roten Strichmarkierung eines Gebietswanderweges ostwärts die *Annaberger Straße* hinaus bis zum Sägewerk (1 km). Hier biegen wir links in die *Alte Geyersche Straße,* zunächst die Zwönitz überschreitend, danach hinauf zur *Galgenspitze* (603 m; Aussichtspunkt). Nach 200 Metern tritt die Route als mittlerer von drei Wegen in den *Zwönitzer Stadtwald* ein. Weiterer steiler Anstieg; schließlich verläuft die *Alte Geyersche Straße* in über 700 Metern Höhe ziemlich eben dahin. In der Forstabteilung 19 des Waldstücks *Wilder Mann,* in Linie des rechts erscheinenden Fernsehsenders Geyer, sollten wir links hinüber einen Abstecher (450 m) zur Holzfigur des »Wilden Mannes« unternehmen (zwei ausgeschilderte Wege). Die Alte Geyersche Straße kreuzt danach die H-Schneise und I-Schneise des Forstes, tangiert den *Heideteich* und trifft nach über 5 Kilometern durch den Geyerschen Wald auf die Landstraße. Hier, am Ortseingang von *Geyer,* biegen wir sofort links in den *Anton-Günther-Weg* ab. Nach 100 Metern Weggabelung; halblinks aufwärts und oben rechts den *Promenadenweg* weiter. Nach 250 Metern am *Kapellenstein* (693 m) vorüber und bald darauf abwärts zur *Jugendherberge Geyer* (rechts) bzw. der Gaststätte »Am Knochen« (links).

Unsere Route folgt rechts dem *Zechenweg* (Blick über Geyer auf den Pöhlberg, links davon der Hirtstein) und biegt links in die *Hainstraße* ein. Unten, an der Einmündung in die *Thumer Straße,* geht es links durch die Straße *Roter Hirsch* zur *Alten Hormersdorfer Straße.* Diese führt letztlich unter starkem Anstieg durch eine Eigenheimsiedlung zur Höhe 674,8. Halbrechts im voraus das bewaldete Greifensteinmassiv, im Rücken prachtvolles Panorama, das bis zum Erzgebirgskamm zwischen Jeleni hora (Haßberg) und Fichtelberg reicht. Der Wanderweg verläuft jetzt abwärts, passiert nach 350 Metern ein Waldstück sowie anschließend die Bungalowsiedlung des Erholungsgebietes Greifenbach-Stauweiher und bringt uns zurück zum Ausgangspunkt, der Bushaltestelle an der »Teichschänke Greifental«.

20 Grünhain – Waschleithe – Grünhain

Verkehrsmöglichkeiten Buslinien T-211 Chemnitz – Schwarzenberg; T-342 Schwarzenberg – Grünhain; T-343 Schwarzenberg – Grünhain; T-375 Aue – Grünhain; T-419 Annaberg-Buchholz – Zwönitz.
Parkmöglichkeiten Auf dem »Markt«.
Wegmarkierung Siehe Tourenbeschreibung; vereinzelt Wanderwegweiser.
Tourenlänge 13,5 Kilometer.
Wanderzeit 3½ Stunden.

Höhenunterschiede Insgesamt etwa 250 Meter. Nur kurzzeitig steile An- und Abstiege.
Wanderkarte 1:50000 Kompass-Wanderkarte Nr. 1059 Westerzgebirge.
Anmerkungen Leichte Wanderung, geprägt vom Wechsel zwischen wald- und aussichtsreichen Streckenabschnitten sowie einer Konzentration von Sehenswürdigkeiten in Waschleithe. Unterschiedliche Güte der Wanderwege; mangelnde Kennzeichnung. Landschaftsschutzgebiet »Oswaldtal«. Einkehrmöglichkeiten in Waschleithe (z.B. »Köhlerhütte« am Fürstenbrunn) und Grünhain.
Wissenswertes Das Städtchen *Grünhain* verdankt seine Entstehung dem ehemaligen Zisterzienserkloster. Erhalten ist noch die etwa 2 Kilometer lange Bruchsteinmauer und der Fuchsturm, das ehemalige Klosteramtshaus, davor Postdistanzsäule. Am Markt Pfarrkirche St. Nikolaus. – Der *Fürstenbrunn* soll die Stelle sein, wo 1455 die Befreiung des vom Ritter Kunz von

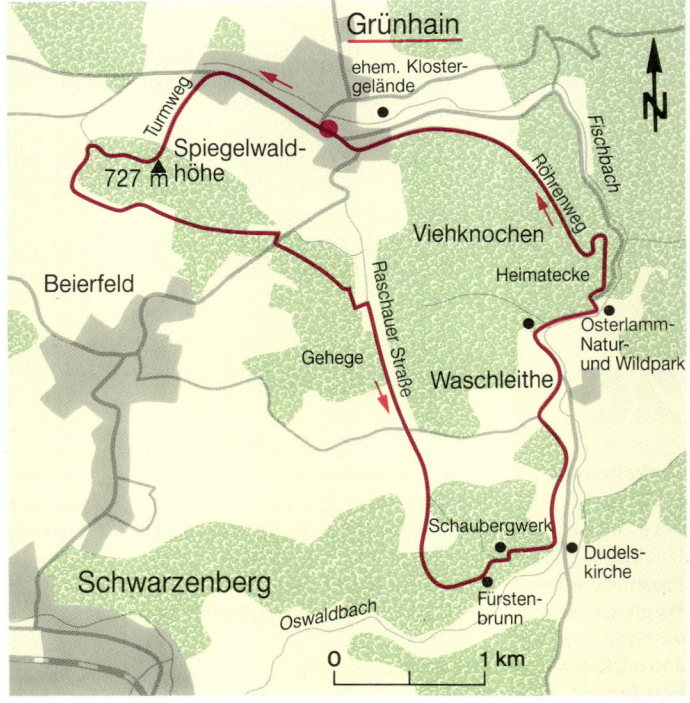

Kaufungen geraubten Prinzen Albert durch einen Köhler erfolgte. Neben dem Fürstenbrunn die »Köhlerhütte«. – Erz- und Marmorbergwerk *Herkules Frisch Glück:* Schaubergwerk. – In *Waschleithe* wurde Seifenbergbau (Erzwäsche) betrieben. Seit 1961 Naherholungszentrum; in der *Schauanlage Heimatecke* am Seifenbach werden geschnitzte Miniaturen erzgebirgischer Sehenswürdigkeiten gezeigt. – An der Gaststätte »Osterlamm« (1992 Wiederbewirtschaftung geplant) der *Natur- und Wildpark* (wie die »Heimatecke« von Mai bis Oktober geöffnet).

Tourenbeschreibung Wir wandern durch die *Auer Straße* von *Grünhain* und kommen dabei unterhalb des Marktes an der Nikolauskirche vorbei. Nach 0,8 Kilometern, gegenüber einem Teich, geht es links zwischen Feldern den *Turmweg* aufwärts zum *Spiegelwald* (zur Linken der Scheibenberg und der Pöhlberg) und zur *Spiegelwaldhöhe* (727 m). Am Zaun der ehemaligen Ferieneinrichtung entlang, dann rechts mit der Zufahrtsstraße wieder hinab zum Waldrand. Hier links abwärts. Die Route folgt anfangs dem Westrand (Blick auf das Schwarzwassertal), weiter unten dann dem Südrand des *Spiegelwaldes* [grüne Strichmarkierung]). Im Wald nutzt sie einen schmalen, mitunter ziemlich zugewachsenen Weg (gelbe Strichmarkierung), der uns parallel zum Bahndamm die *August-Bebel-Straße* in Höhe des ehemaligen Bahnhofes von Beierfeld erreichen läßt. 40 Meter unterhalb zweigen wir links ab, durchqueren ein Birkenwäldchen und treffen nach 800 Metern auf die *Raschauer Straße.* In diese rechts einbiegend. Links das Waldstück Viehknochen, rechts das Gehege; dann blicken wir über das Breite Feld hinweg nach Südwesten auf das Schwarzwasser- und Mittweidatal.

400 Meter unterhalb der Kreuzung mit der Verbindungsstraße Beierfeld – Waschleithe verlassen wir die Raschauer Straße halbrechts mit dem *Kutschenweg* (rote Strichmarkierung). Er führt über ein Feld hinweg, dann im scharfen Linksbogen durch den Wald abwärts zum *Fürstenbrunn* mit der Gaststätte Köhlerhütte. Vor Ort mündet unsere Tour in den »Wanderweg Erzgebirge – Vogtland« (Kennzeichnung roter Strich) ein. Ihm folgen wir nun die nächsten 3 Kilometer und kommen nach 200 Metern wieder zur *Raschauer Straße* am Lehr- und Schaubergwerk »Herkules Frisch Glück«. Nun rechts hinab ins *Oswaldtal* nach *Haide,* einem Ortsteil Waschleithes. Jenseits des Baches, an der Talstraße, die Reste der Oswald- oder Dudelskirche. Wir aber wenden uns links der *Alten Straße* zu, die entlang des rechten Oswaldgehänges verläuft. Durch die Siedlung zur *Beierfelder Straße* und diese hinunter nach *Waschleithe.*

Links geht es die *Talstraße* am Oswaldbach aufwärts. Nach 500 Metern kommen wir an der *Heimatecke* vorüber. Weiter oberhalb befindet sich zur Rechten die Gaststätte Osterlamm und der Natur- und Wildpark. Hier setzen wir unsere Wanderung halblinks auf dem *Röhrenweg* fort. Diese anfangs in Kehren am *Ebenberg* aufwärts führende Forststraße verläßt die rechte Talseite des Oswaldbaches und schwenkt inmitten des Waldstücks *Viehknochen* auf das rechte Gehänge des Fischbaches um. Danach senkt sie sich allmählich nach *Grünhain*. Der Röhrenweg trifft auf die *Schwarzenberger Straße;* diese nach rechts und zur Bushaltestelle an der *Zwönitzer Straße* im Kern des Städtchens.

21 Geyer – Tannenberg – Frohnau – Annaberg-Buchholz

Verkehrsmöglichkeiten Buslinien T-1 Plauen – Annaberg-Buchholz; T-151 Zwickau – Fichtelberg; T-412 Chemnitz – Crottendorf; T-432 Thum – Annaberg-Buchholz; T-440 Ehrenfriedersdorf – Geyer; T-441 Ehrenfriedersdorf – Erlabrunn.
Parkmöglichkeiten Auf dem Markt von Geyer.
Wegmarkierung Als Abschnitt des »Wanderweges Erzgebirge-Vogtland« rote Strichmarkierung; Wanderwegweiser.
Tourenlänge 10,5 Kilometer.
Wanderzeit 3 Stunden.
Höhenunterschiede Jeweils etwa 250 Meter An- und Abstiege, meist sehr steil.
Wanderkarte 1:50000 Kompass-Wanderkarte Nr. 1060 Mittleres Erzgebirge.
Anmerkungen Abwechslungsreiche, oft aussichtsreiche Wanderung. Anstrengend im Bereich zweier steiler Anstiege. – Gute Wanderwege. – Einkehrmöglichkeiten in Tannenberg, Frohnau und Annaberg-Buchholz.
Wissenswertes *Geyer* wurde als Bergmannssiedlung im 14. Jahrhundert gegründet. Abbau von Silber-, Zinn- und Kupfererzen. Sehenswürdigkeiten: Wachtturm (Heimatmuseum), Wehrkirche St. Laurentius, der Lotterhof, der Schützehof, Grab Evan Evans auf dem alten Friedhof, Postdistanzsäule; Naturdenkmal Binge. – Tannenberg: Paßklausenturm, St. Christophorus-Kirche. – Das Terrain des *Schreckenberges* (649 m) zählt zu den geschichtsträchtigsten Bergbaulandschaften des Erzgebirges (Silbererzabbau). Als Folge davon entstand 1496 am gegen-

überliegenden Sehmahang die »Neustadt am Schreckenberge«; seit 1501 *St. Annaberg* (weiteres siehe Tour 22). – Die *Markus-Röhling-Fundgrube* gilt als eine der ältesten Schächte des Bergbaureviers. Im ehemaligen Huthaus ist heute eine Traditionsgaststätte untergebracht. – *Frohnauer Hammer:* 1436 errichtet; seit 1925 ist dieser Eisenhammer ein Technisches Museum. Gegenüber befinden sich die eine Schnitzausstellung beherbergende Volkskunstgalerie und das 1697 erbaute Herrenhaus im Fachwerkstil mit der gemütlichen Gaststätte.

Tourenbeschreibung Vom Omnibusbahnhof führt die Route links durch die *Ehrenfriedersdorfer Straße* aufwärts, biegt dann nach 100 Metern rechts in den *Bingeweg* ein. Dieser bringt uns zur *Binge*. Ausblick auf Klinovec (Keilberg; 1244 m) und Fichtelberg (1214 m). Wir kehren zum »Wanderweg Erzgebirge-Vogtland« zurück, der sich an der Weggabelung halbrechts fortsetzt. Hier, an der Höhe 640 (Geyersberg), herrliches Panorama. Norden: Schlegelberg (697 m); Nordosten: Sauberg bei Ehrenfriedersdorf, Franzenshöhe (703 m); Südosten: Hirtstein (891 m), Jeleni hora (Haßberg; 994 m) in Böhmen, Annaberg mit Pöhlberg (832 m). Beim Weitermarsch erscheint im Süden neben Keil- und Fichtelberg der Scheibenberg (807 m).

Wir halten auf die Birkengruppe zu (jetzt wieder Kennzeichnung und Ausschilderung!) und betreten das den *Knochen* (639 m) bedeckende Waldstück. Der Wanderweg fällt links zu

Zu Tour 21, 23 **Das Herrenhaus mit der Gaststätte am Frohnauer Hammer**

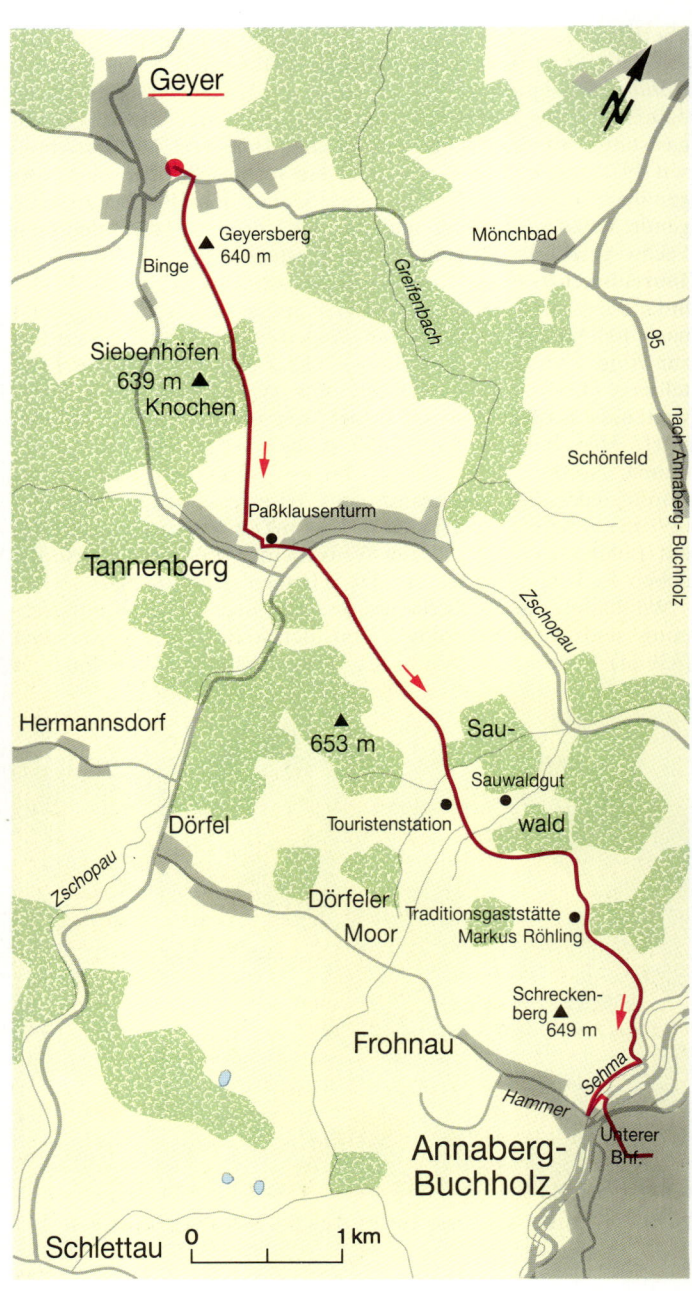

einer Waldecke und führt über Wiesen steil hinunter nach *Tannenberg*. Unten kommen wir am *Paßklausenturm* vorüber. Dann überquert unsere Tour die Zschopau sowie die Hauptstraße und verläuft steil am rechten Flußgehänge aufwärts. Weiter oben in eine Landwirtschaftsstraße übergehend. An einem einzelnen Gehöft beginnt die Straße zu fallen und führt durch den *Sauwald*. Anschließend wird die zur Gemeinde Dörfel gehörende Touristenstation tangiert. Hinter einem Ausläufer des Sauwaldes schwenkt die Route erneut in südliche Richtung um und gelangt in das frühere Bergbaurevier am *Schreckenberg* (649 m). Der anfängliche Wiesenweg bringt uns durch ein Fichtenwäldchen zur Traditionsgaststätte »Markus Röhling«. An der folgenden Wegteilung nutzen wir den geradeaus führenden Weg. Entlang der Nord- und Ostseite des *Schreckenberges* steil hinab zur *Sehmatalstraße* von *Frohnau* im *Hüttengrund*. 400 Meter flußaufwärts steht der *Frohnauer Hammer*.

Um hinauf nach Annaberg-Buchholz zu gelangen, biegen wir 50 Meter vor dem Frohnauer Hammer links in den *Gärtnerweg* ein. Er unterquert die Bahnlinie und mündet in die *Hermannstraße* der Kreisstadt. Der Omnibusbahnhof befindet sich östlich davon in der *Adam-Ries-Straße*.

22 Annaberg-Buchholz – Pöhlberg – Geyersdorf – Königswalde – Annaberg-Buchholz

Verkehrsmöglichkeiten Bahnlinie 420 Chemnitz – Bärenstein; mehr als 20 Buslinien.
Parkmöglichkeiten Im innerstädtischen Bereich an der Wolkensteiner Straße, am Kirchplatz und an der Robert-Blum-Straße/Ernst-Roch-Straße (im Juni Gelände der »Annaberger Kät«).
Wegmarkierung Siehe Tourenbeschreibung; mitunter Wanderwegweiser.
Tourenlänge 17 Kilometer. **Wanderzeit** 4½ bis 5 Stunden.
Höhenunterschiede Insgesamt etwa 420 Meter, davon etwa 230 Meter vom Annaberger Markt hinauf zum Pöhlberg und etwa 170 Meter von Königswalde zum Stadtteil Kleinrückerswalde.
Wanderkarte 1:50000 Kompass-Wanderkarte Nr. 1059 Westerzgebirge.
Anmerkungen Infolge der zwei kräftigen Steigungen, aber auch der Dauer der Tour, anstrengende Wanderung, jedoch mit

großartigen Aussichten; nur im unmittelbaren Bereich des Pöhlberges von Wald umgeben. Gute Wegebeschaffenheit, oft Mitbenutzung von Landwirtschaftsstraßen. Einkehrmöglichkeiten im »Berghotel Pöhlberg«, in Königswalde und in Annaberg-Buchholz. Landschaftsschutzgebiet »Pöhlberg«, hier auch Flächennaturdenkmale.

Wissenswertes *Annaberg-Buchholz,* bedeutendste Stadt des oberen Erzgebirges. Die reichen Silbererzfunde am Schreckenberg führten 1496 zur Gründung Annabergs (siehe Tour 21), 1497 zur Gründung der Siedlung Buchholz. Mitte des 16. Jahrhunderts Einführung der Spitzenklöppelei; weltberühmt die Posamentenindustrie; im 16. Jahrhundert lebte in Annaberg der Rechenmeister Adam Ries. Sehenswürdigkeiten: St. Annenkirche (bedeutendste Hallenkirche Obersachsens), Bergkirche St. Marien, Rathaus, »Erzgebirgsmuseum«. In Buchholz: St. Katharinenkirche, Flügelaltar in der Begräbniskapelle. – *Königswalde:* bemerkenswerte Dorfkirche.

Tourenbeschreibung Vom *Markt* folgen wir der stark ansteigenden *Großen Kirchgasse* und kommen an der gewaltigen St. Annenkirche vorüber. Am *Köselitzplatz* mit der blauen Strichmarkierung die *Ernst-Roch-Straße* weiter zur *Robert-Blum-Straße* (B 95). Diese sowie die anschließende Industriebahn überqueren und danach die *Pöhlbergstraße* entlang des Stadtwaldes (hier gibt es auch einen kleinen Tierpark) aufwärts. Nach 1,1 Kilometern, gegenüber dem ehemaligen Basaltsteinbruch

Zu Tour 22 **Blick vom Pöhlberg-Rundgang auf den Erzgebirgskamm**

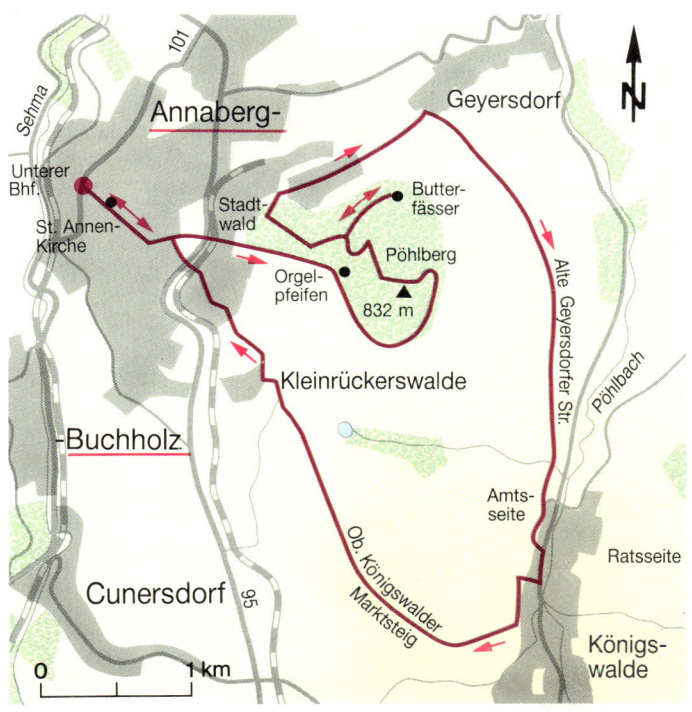

(»Orgelpfeifen«), zweigt von ihr der *Pöhlberg-Rundgang* ab. Aussicht in südliche Richtung auf den Erzgebirgskamm zwischen dem Velke Špičák (Preßnitzer Spitzberg; 965 m) und dem Auersberg (1019 m), später auf Jeleni hora (Haßberg; 994 m) und Hirtstein (891 m), sowie auf Königswalde. An der bewaldeten Ostseite der Erhebung, 400 Meter nach der Abfahrtsstrecke (Skilift), verlassen wir im spitzen Winkel den Rundgang und gewinnen unter steilem Anstieg nach 0,5 Kilometern erneut die *Pöhlbergstraße* und im Anschluß daran das *Pöhlberghaus* (Berghotel mit Aussichtsturm). Hier auf dem Gipfel nordwärts; dann die kurvenreiche Strecke der früheren Bobbahn hinunter, abermals zum Rundgang (auf ihm hat man nach rechts die Möglichkeit eines Abstechers zu den »Butterfässern« (Basaltsäulen). Geradeaus weiter abwärts, dabei wieder auf die blaue Wegkennzeichnung treffend (ihr folgen wir bis Geyersdorf). An einem einzelnen Grundstück rechts zur *Pöhlbergsiedlung*. Danach auf einem Feldweg nach *Geyersdorf*. Hier zweigt unsere Wanderung in den ersten rechts abgehenden Fahrweg ein *(Alte Geyersdorfer Straße)*. Dieser führt halbhoch am Osthang Pöhlberges südwärts nach *Königswalde*. Anfangs mit der *Geyersdorfer Straße* an der Peripherie des Dorfes (Amtsseite) entlang. Schließlich mündet sie in die *Lindenstraße*. Wir nutzen diese 600 Meter und biegen dann rechts ab zur *Siedlung Neue Zeit*, wo der gelb markierte *Obere Königswalder Marktsteig* beginnt. Zunächst durch das Gelände der Agrargenossenschaft, bringt uns dieser Fahrweg zwischen Feldern aufwärts zur Höhe 707,6 (rechts der mächtige Pöhlberg, links Bärenstein, Klinovec [Keilberg], Fichtelberg und Scheibenberg) und kurz danach zum Annaberger Ortsteil *Kleinrückerswalde* (3,2 km). Über den *Lönsweg* und die *Alte Poststraße* erreichen wir die *Robert-Blum-Straße* (B 95). Geradeaus hinab zu dem von unserem Anmarsch her bekannten *Köselitzplatz* und weiter zum Markt von *Annaberg*.

23 Unterer Bahnhof Annaberg-Buchholz (Frohnau) – Siebensäure – Fichtelberg – Kurort Oberwiesenthal

Verkehrsmöglichkeiten Bahnlinien 420 Chemnitz – Bärenstein; 424 (Schmalspur) Kurort Oberwiesenthal – Cranzahl (hier umsteigen und mit der Bahnlinie 420 zurück bis Unterer Bahnhof Annaberg-Buchholz.
Parkmöglichkeiten Unweit des Bahnhofes, am Frohnauer Hammer.
Wegmarkierung Vom Frohnauer Hammer bis zum Fichtelberg roter Strich (Kreiswanderweg Annaberg-Buchholz); ständig Wanderwegweiser.
Tourenlänge 25,5 Kilometer.
Wanderzeit 6½ bis 7 Stunden.
Höhenunterschiede Mehr als 850 Meter Anstiege (davon 325 m vom Abzweig Gifthüttenstraße bis zum Fichtelberggipfel) und etwa 500 Meter Abstiege (davon 322 m vom Fichtelberg bis zum Bahnhof Oberwiesenthal).
Wanderkarte 1:50000 Kompass-Wanderkarte Nr. 1059 Westerzgebirge; teilweise auch 1:30000 Fichtelberg und Klinovec (Tourist-Verlag).
Anmerkungen Bis zum Fichtelberg durchweg Höhenwanderung (Firstenweg). Zunächst sehr aussichtsreich, dann fast immer Wald (insgesamt etwa 65% Anteil), der mit zunehmender Höhenlage starke Schäden aufweist. Die bis zum Gipfel großar-

tig gekennzeichnete Tour ist infolge ihrer Dauer und im letzten Drittel aufgrund des starken An- und Abstieges beschwerlich. Mit geringfügigen Ausnahmen gute Wegeverhältnisse, vielfach Landwirtschafts- und Forststraßen. Landschaftsschutzgebiet »Fichtelberg«. Einkehrmöglichkeiten im Gasthaus Neu-Amerika, in der Gaststätte Siebensäure, auf dem Fichtelberg und im Kurort Oberwiesenthal.

Wissenswertes *Annaberg-Buchholz* siehe Tour 22. – *Frohnauer Hammer* siehe Tour 21. – Mit *First-* oder *Firstenweg* bezeichnet man grundsätzlich Höhenwege. Diese wurden einst im Zuge der Kolonisation des Erzgebirges angelegt. – *Siebensäure,* ein etwa 10000 Jahre altes Hochmoor, ist heute vollständig trockengelegt. Bis nach dem 2. Weltkrieg Abbau von Torf. – *Fichtelberg* siehe Tour 25. – *Kurort Oberwiesenthal* ist mit 914 Metern die höchstgelegene Stadt Sachsens und auch Deutschlands; zugleich das bedeutendste Touristen- und Wintersportzentrum des Erzgebirges. Westlich des Marktes (mit der Postdistanzsäule von 1730 inmitten der gepflegten Anlagen), in der Karlsbader Straße das Ski- und Heimatmuseum.

Tourenbeschreibung Vom *Unteren Bahnhof Annaberg-Buchholz* verläuft ein Fußsteig hinauf zur *Bruno-Matthes-Straße*. Sie noch 100 Meter bergan, dann links den *Frohnauer Kirchsteig* hinab. Er mündet hinter der Bahnunterführung in den *Gärtnerweg* von *Frohnau,* dieser wiederum links in die *Sehmatalstraße*. Links aufwärts und am *Frohnauer Hammer* vorüber. 100 Meter oberhalb, am Ende des Parkplatzes (+ Bushaltestelle), beginnt der zum Kreiswanderweg Annaberg-Buchholz deklarierte *Firstenweg*. Mit einem Fußweg wird die *Hauptstraße* erreicht; diese 30 Meter nach links und weiter zur *Turnvater-Jahn-Straße,* von der nach 50 Metern die *Alte Poststraße* abzweigt. Sie stellt schließlich einen steilen, vergrasten Fußsteig dar, der uns zur Höhe bringt. Nach Überschreitung eines Querweges, unternehmen wir links einen Abstecher zur *Teufelskanzel* (664 m), (Aussicht auf Annaberg-Buchholz, Pöhlberg [832 m] sowie das untere Mittelerzgebirge zwischen Dreibrüderhöhe [689 m] und Franzenshöhe [703 m]. In Blickrichtung der Schreckenberg [649 m]).

Zurück zum Firstenweg, überqueren wir mit ihm nach 400 Metern den *Dörfler Weg* von *Buchholz* und gelangen zur *Alten Schlettauer Straße* (Buchenstraße). Nach weiteren 300 Metern gewinnt der jetzt in der Karte als *Kohlweg* eingetragene *Firstenweg* den Westrand des *Buchholzer Stadtwaldes*. Bald prächtiger Ausblick: Im Süden Fichtelberg (1214 m) und Klinovec (Keilberg; 1244 m), im Westen Spiegelwald (727 m), Morgenleithe

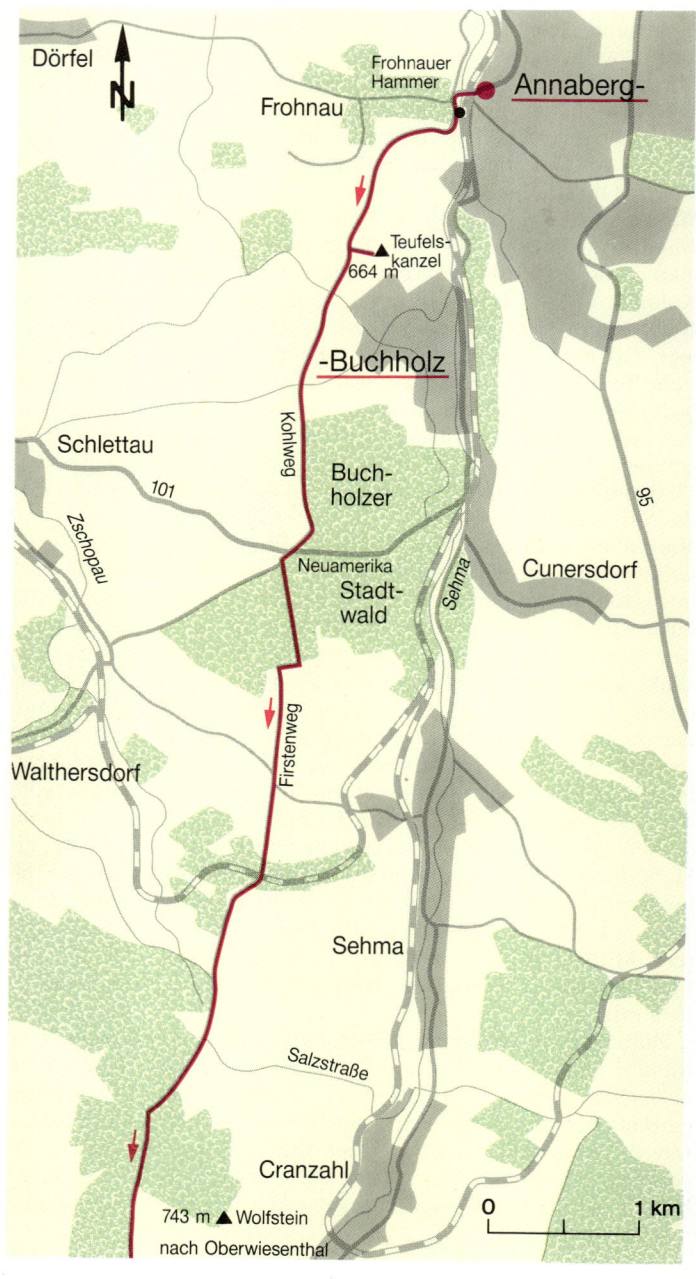

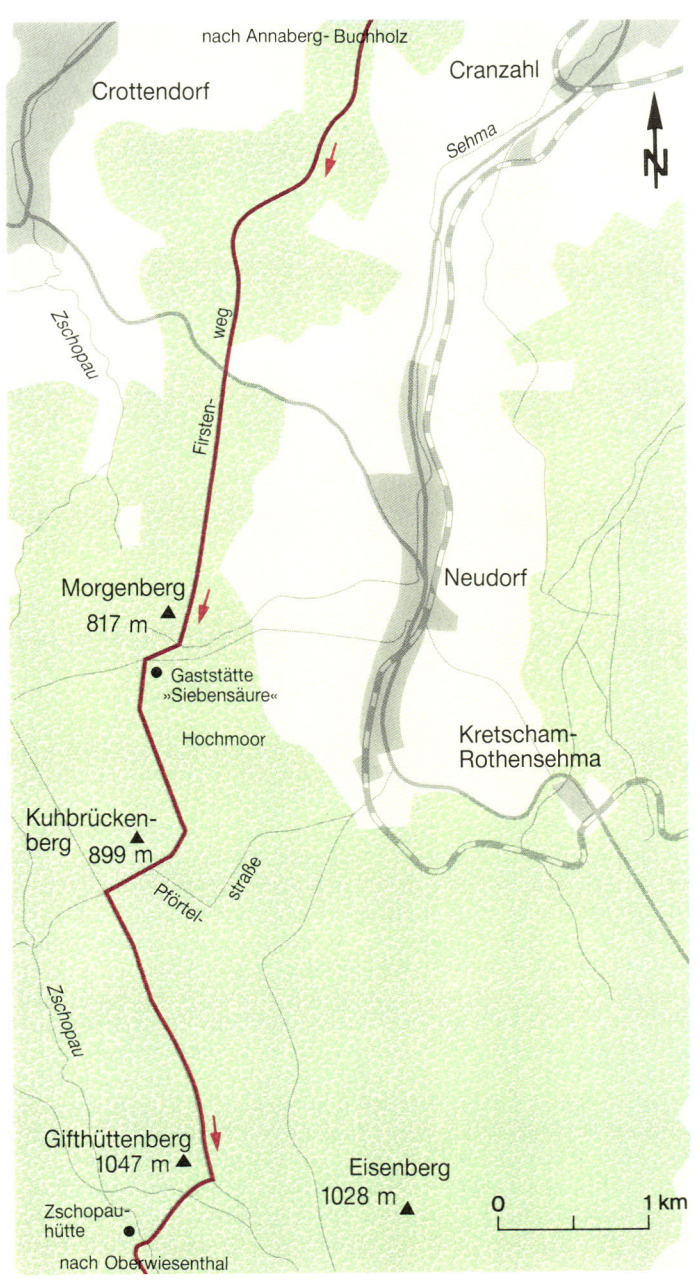

(814 m), Auersberg (1019 m), Scheibenberg (807 m), Pumpspeicherwerk Markersbach.

Die Route fällt zum Gasthaus Neu-Amerika (gehört zu Schlettau) an der B 101. Gegenüber von der Fahrstraße nach 30 Metern links ab und nach 100 Metern erneut in den *Buchholzer Stadtwald*. Jenseits davon halbrechts einen Feldweg weiter, der auf eine mit Platten ausgelegte Landwirtschaftsstraße trifft. Im Anschluß an die Kreuzung der Verbindungsstraße Sehma – Walthersdorf senkt sie sich zur Bahnlinie und führt danach im leichten Auf und Ab an einem Waldstreifen entlang. Dann in den Wald hinein, den wir bis dicht vor Oberwiesenthal nicht mehr verlassen. Nach 4,5 Kilometern wird die Landstraße überquert und am Morgenberg (817 m) vorüber, nach weiteren 2,2 Kilometern die einsam gelegene Gaststätte Siebensäure an der *Torfstraße* erreicht. An ihrer Westseite zweigt links der *Kuhbrückenweg* ab. Er tangiert zunächst das *Hochmoor Siebensäure*. Weiter oben, an einer Schutzhütte, wandern wir halbrechts zu der *Pförtelstraße*. Unter leichtem Gefälle geradeaus; nach 350 Metern links in die *Gifthüttenstraße*. Allmählicher Anstieg mit Aussicht von dem überdachten Ruheplatz am Gifthüttenberg (1047 m). Von rechts nach links: Velke Špičák (Preßnitzer Spitzberg; 965 m), Jeleni hora (Haßberg; 994 m), Hirtstein (891 m), Bärenstein (898 m), Pöhlberg (832 m) mit Annaberg-Buchholz, dahinter Augustusburg, Greifensteinmassiv (732 m).

Nach 100 Metern verlassen wir die Gifthüttenstraße. Auf Schneise steil hinauf zu einer fünffachen Wegspinne; hier über die *Ausrücke* und halblinks den *Hirschfalzweg* weiter. Dieser überquert nach 400 Metern an der *Zschopauhütte* das Bachbett der unweit von hier entspringenden Zschopau. Nach 120 Metern in den mitunter stark ausgespülten *Reitsteig*. Wir erreichen den *(Vorderen) Fichtelberg* (1214 m). Zwischen dem Fichtelberghaus und der Wetterwarte endet der rot markierte *Firstenweg*.

Seitlich der Bergstation der Fichtelberg-Schwebebahn führt der *Fremdensteig* den Südosthang hinab zur *Eckbauerhütte*. An ihr verlassen wir die blaue Wegekennzeichnung und nehmen über den *Dr.-Jäger-Steig* (an der Schutzhütte abwärts) den Steilabstieg durch den vom Hüttenbach gebildeten *Schönjungferngrund*. Am Auslauf der 102 Meter langen Großen Fichtelbergschanze (1974 eingeweiht) aus dem Wald hervor und rechts dem Zugang zu den Schanzen folgend; letztlich bleiben sie aber rechterhand liegen. Wir gehen über die Wiesen im Bogen zur *Karlsbader Straße* des *Kurortes Oberwiesenthal*. Diese links ab und nach 0,4 Kilometern zum *Markt*. Durch die *Schulstraße* und *Bahnhofstraße* hinunter zum *Bahnhof* (davor auch die Busendstelle »Warte«).

Zu Tour 23 **Die letzten paar Meter auf dem Firstenweg zum Gipfel des Fichtelberges**

24 Scheibenberg (Stadt) – Scheibenberg – Scheibenberg (Stadt)

Verkehrsmöglichkeiten Bahnlinie 450 Zwickau – Annaberg-Buchholz. Buslinien T-415 Annaberg-Buchholz – Aue; T-417 Annaberg-Buchholz – Scheibenberg; T-419 Annaberg-Buchholz – Zwönitz; T-436 Thum – Kurort Oberwiesenthal.
Parkmöglichkeiten Im Umkreis des Marktes, an der zum Scheibenberg hinaufführenden Bergstraße (Stadtpark) oder am Bahnhof.
Wegmarkierung Zur Bergbesteigung der rote Strich des »Wanderweges Erzgebirge – Vogtland«, für den Oberen Rundgang auf dem Bergplateau der gelbe Strich sowie das Symbol eines Laubbaumes, für den Unteren Rundgang der grüne Strich sowie das Symbol eines Fliegenpilzes; Wanderwegweiser.
Tourenlänge 5 Kilometer (Tour beginnt und endet an der Bushaltestelle »Markt«) oder 6,5 Kilometer (Tour beginnt und endet am Bahnhof).
Wanderzeit 1¾ bzw. 2¼ Stunden.
Höhenunterschiede Maximal etwa 210 Meter, davon 182 Meter für den Aufstieg vom Bahnhof (623 ü.NN) zur Berggaststätte Scheibenberg (805 m; höchster Punkt des Scheibenberges 807 m). Der Markt selbst liegt etwa 670 Meter hoch.
Wanderkarte 1:50000 Kompass-Wanderkarte Nr. 1059 Westerzgebirge.
Anmerkungen Anstrengende Kurztour mit reizvollen Aussichten vom Scheibenberg. Steiniger Abstieg vom Gipfel zum Unteren Rundgang (entsprechendes Schuhwerk). Einkehrmöglichkeiten in der Stadt Scheibenberg und in der »Berggaststätte«. Landschaftsschutzgebiet »Scheibenberg«.

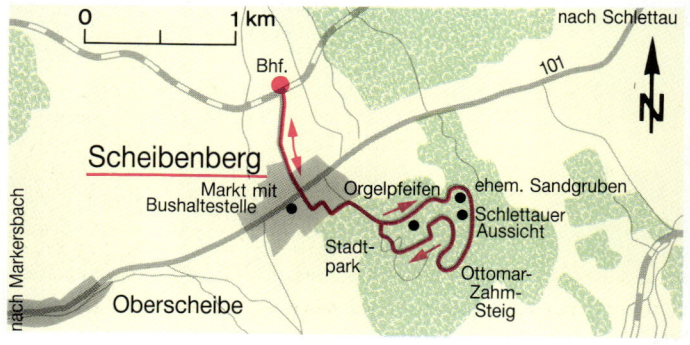

Zu Tour 24 **Die »Orgelpfeifen« des Scheibenberges**

Wissenswertes Die *Bergstadt Scheibenberg* wurde 1522 gegründet. Von 1638–88 lebte hier Pfarrer Christian Lehmann (1611–88), der Herausgeber des »Historischen Schauplatzes des oberen Erzgebirges«, das als bestes aller älteren Quellenwerke über das Gebirge gilt (Grabmal in der 1559–71 errichteten Stadtkirche St. Johannis). – *Scheibenberg* (807 m): Naturdenkmal »Orgelpfeifen« an der Nordwestseite mit 40 Meter hohen und fast 3 Meter starken sechskantigen Basaltsäulen.

Tourenbeschreibung Fängt unsere Wanderung am *Bahnhof Scheibenberg* an, so wandern wir schräg gegenüber den pappelgesäumten Fußweg, danach die *Bahnhofstraße* bergan zum *Markt* von Scheibenberg (Haltestelle mehrerer Buslinien). Zur St. Johanniskirche hinauf, an ihr links herum und mit der oberhalb verlaufenden *August-Bebel-Straße* links zur *Bergstraße*, die unter steilem Anstieg am Stadtpark entlangführt. Im Bereich der ersten Kehre geradeaus die Terrassentreppen. Schließlich in einen querenden Promenadenweg einbiegen und weiter aufwärts zur Berggaststätte. 80 Meter links davon liegt am Höhenrand über den *Orgelpfeifen* die Stadtaussicht (von links nach rechts Bermsgrün, Raschau, Schwarzenberg, der Spiegelwald, Grünhain, der Schatzenstein, Elterlein, der Geyersche Wald, Hermannsdorf und Greifensteinmassiv). Hier beginnt der *Obere Rundgang*. Von der *Stadtaussicht* im Nordwesten weiter zur

Schlettauer Aussicht im Osten (Blick auf Hermannsdorf, Ehrenfriedersdorf, Dörfel, Schlettau, Annaberg, den Pöhlberg, Cunnersdorf und Walthersdorf) und zum Aussichtspunkt *Morgensonne* im Südosten (Blick auf Schlettau, den Pöhlberg, Walthersdorf, den Bärenstein, Crottendorf und den Fichtelberg).

100 Meter nach der Morgensonne verlassen wir den Oberen Rundgang und steigen den *Ottomar-Zahm-Steig* durch ein Meer von Basaltblöcken hinab zum *Unteren Rundgang;* diesem links folgen und am Osthang des Scheibenberges dahin. 150 Meter vor der nördlichen Waldspitze aufgepaßt! Hier biegt die markierte Wanderstrecke in einen Nebenweg ein; genau 90 Meter folgen und mit einem Pfad auf dem Terrain der ehemaligen Sandgruben den Hang hinauf. Anschließend am Fuße der Orgelpfeifen entlang. Der nun breite Weg trifft an der ersten Kehre der *Bergstraße* (zuvor links die Sprungschanze) wieder auf die Anstiegsroute. Hinab zur Stadt, gegebenenfalls weiter zum Bahnhof.

25 Bahnhof Bärenstein – Bärenstein (Berg) – Kretscham-Rothensehma – Rotes Vorwerk – Fichtelberg

Verkehrsmöglichkeiten Bahnlinie 420 Chemnitz – Bärenstein. Vom Fichtelberg nach Oberwiesenthal mit der Schwebebahn (und zu Fuß in 500 Metern zum Bahnhof bzw. zur Busendstelle »Warte«) oder mit der Buslinie A des Oberwiesenthaler Stadtverkehrs; Rückfahrt nach Bärenstein mit der Buslinie T-441 Kurort Oberwiesenthal – Annaberg-Buchholz bis zur Haltestelle »Bärenquell GmbH« (und 500 Meter zu Fuß bis zum Bahnhof) oder mit der Schmalspurbahnlinie 424 Kurort Oberwiesenthal – Cranzahl und hier in die Bahnlinie 420 (siehe oben) umsteigen.
Parkmöglichkeiten Im begrenzten Umfange am Bahnhof Bärenstein.
Wegmarkierung Bis kurz nach dem Roten Vorwerk die blaue Strichmarkierung maßgebend (mit Ausnahme des Aufstiegs zum Gipfel des Bärensteins); Wanderwegweiser.
Tourenlänge 16 Kilometer.
Wanderzeit 4 bis 4½ Stunden.
Höhenunterschiede Etwa 770 Meter Anstiege, davon 191 Meter vom Bahnhof Bärenstein zum Gipfel des Bärensteins und etwa 240 Meter (auf 1,2 km Länge) von der Vierenstraße beim Roten Vorwerk zum Plateau des Fichtelberges (Himmelsleiter). Etwa 260 Meter Abstiege.

Wanderkarte 1:50000 Kompass-Wanderkarte Nr. 1059 Westerzgebirge; teilweise 1:30000 Fichtelberg und Klinovec (Tourist-Verlag).
Anmerkungen Größtenteils Waldwanderung, die eigentlich nur am Anfang und am Ende durch die Steilanstiege beschwerlich ist. – Unsere gut markierte Tour verläuft vielfach auf Forstwegen, aber auch Wiesen- und Waldpfade sowie steinige Wege kommen vor. – Erstrangige Aussichtspunkte Bärenstein (leider ist noch der Turm gesperrt!) und Fichtelberg. – Ruhebänke im Bereich des Bärensteins und im Fichtelberggebiet. – Einkehrmöglichkeiten auf dem Bärenstein, in Kretscham-Rothensehma und auf dem Fichtelberg.
Wissenswertes *Ort Bärenstein* ab dem 19. Jahrhundert vielseitige Textilindustrie; nach dem 2. Weltkrieg Uranbergbau im Pöhlbachtal; im Juni 1991 wurde der Grenzübergang nach Vejprty (Weipert) für Fußgänger und Radfahrer wiedereröffnet. – Der *Bärenstein* (898 m) ist der höchste der drei ähnlich gestalteten Basaltberge des sächsischen Erzgebirges (Pöhlberg, Scheibenberg); Berggasthaus mit Aussichtsturm. – *Talsperre Cranzahl:* Trinkwasserspeicher, hauptsächlich für die Kreisstadt Annaberg-Buchholz. – Der *Fichtelberg* (Vorderer Fichtelberg 1214 m; Hinterer Fichtelberg 1206 m) ist die höchste Erhebung des sächsischen Erzgebirges. Fichtelberghaus mit Aussichtsturm. Seit 1916 steht auf dem sehr rauhen Fichtelberg (nur 119 schneefallfreie Tage im Jahr, häufig Nebel und Stürme) eine meteorologische Station; Fichtelbergschanzen im unteren Schönjungferngrund, Rennrodelbahn seitlich des oberen Teils der Himmelsleiter, Sessel- und Skilifte, bedeutendes Wintersportgebiet. 1175 Meter lange und einen Höhenunterschied von 305 Metern aufweisende Fichtelberg-Schwebebahn.
Tourenbeschreibung Wir folgen rechts der *Bahnhofstraße* in Richtung Kühberg. Nach 180 Metern geht es mit der blauen Markierung einen Fußsteig am linken Pöhlbachgehänge steil hinauf zur B 95, die in der Ortslage von *Bärenstein* Annaberger Straße heißt. Diese 120 Meter nach links (dabei an der Bushaltestelle vorüber – siehe oben) und rechts einen Pfad aufwärts zur Zufahrtsstraße des Betriebes »Bärenquell GmbH«. Hier links ab zur sogenannten *Kuhgasse,* an deren nächsten Krümme wir mit einem Weg am Waldrand weiter wandern. Nach Querung der Abfahrtspiste wird im Bereich der zweiten Bank (etwa 100 Meter vor Erreichen der »Bergstraße« und bei vorläufiger Abkehr von unserer Markierung) rechts abgebogen; steil ansteigender Pfad, mit Kreuzung der Bergstraße, zum Gipfel (Turm nicht zugängig). Aussicht vom westlichen Rand des Plateaus (150 Meter

von der »Berggaststätte« entfernt: Talsperre Cranzahl, Neudorf, Cranzahl und Crottendorf, Auersberg [1019 m], Scheibenberg [807 m] sowie in südlicher bis östlicher Richtung Bärenstein und Vejprty [Weipert], Klinovec [Keilberg; 1244 m] und Fichtelberg [1214 m], Velke Špičák [Preßnitzer Spitzberg; 965 m] und Jeleni hora [Haßberg; 994 m]).

Vom Gipfel des *Bärensteins* entweder denselben steilen Weg zurück; aufgrund der Ausblicke besser: die in Kurven verlaufende *Bergstraße* hinab und in 550 Metern zum Waldrand. Nunmehr wieder mit der blauen Markierung, wandern wir halbrechts über die Wiese auf ein einzelnes Gehöft zu (Wanderwegweiser Oberwiesenthal). Anschließend trifft unsere Route auf den *Kleppermühlenweg,* in den rechts eingebogen wird. Eintritt in Fichtenhochwald bis Kretscham-Rothensehma. Der Kleppermühlenweg tangiert die Schutzzone der Talsperre Cranzahl (von ihr ist aber fast nichts zu sehen) und bringt uns nach Querung zweier Talsperrenzuläufe zur *Torfstraße*. Ihr südwärts folgen, erst am rechten, später am linken Ufer aufwärts. Bis zum *Sternweg* steigt sie an, danach fällt sie allmählich nach *Kretscham-Rothensehma*. In diesem Ortsteil von Hammerunterwiesenthal gehen wir links die *Karlsbader Straße* 120 Meter aufwärts und zweigen jenseits der Schmalspurbahnlinie rechts in den *Flößzechenweg* ab. Erneut Eintritt in Fichtenhochwald.

Unser Weg fällt leicht ins *Stümpelbachtal,* mündet aber am jenseitigen Höhenrand in den quer verlaufenden Flügel B. Diesem 50 Meter rechts folgen; dann links den *Bärenfangweg* weiter (Wanderwegweiser »Fichtelberg«). Er überschreitet nach 0,6 Kilometern die Eisenbergstraße (rechterhand überdachter Rastplatz) und nach weiteren 350 Metern unter starker Steigung den *Stümpelweg.* Dann umgeht der *Bärenfangweg* den Gipfel des Eisenberges (1028 m) in einem ausgedehnten Bogen und kommt am *Stümpelfelsen* vorüber. (Ausblick beim Anstieg in nördlicher Richtung auf der Höhe auch weit nach Osten über den Erzgebirgskamm mit Měděnec [Kupferhübel; 910 m], Velke Špičák [Preßnitzer Spitzberg; 965 m], Jeleni hora [Haßberg; 994 m] und Hirtstein [891 m]).

Der Bärenfangweg fällt zum *Roten Vorwerk* hinab. Rechts die *Riedelstraße* weiter; nach 100 Metern treffen wir am Ferienheim »Waldeck« auf die *Vierenstraße.* Dieser 80 Meter geradeaus folgen zu einer sechsfachen Wegteilung. Hier verlassen wir den blau markierten Hauptwanderweg und steigen den zweiten Weg von links, die steile *Himmelsleiter* (im Winter Abfahrtspiste mit Skilift), hinauf zum 1214 Meter hohen *Fichtelberg* (1,2 km). Das Panorama, besonders vom Aussichtsturm des Fichtelberghauses, ist überwältigend und reicht an klaren Tagen bis zu 200 Kilometern.

Vom Plateau mit der Fichtelberg-Schwebebahn oder dem Bus hinunter zum *Kurort Oberwiesenthal.*

Zu Tour 25 **Auf dem Bärenstein**

26 Rittersgrün – Tellerhäuser – Ehrenzipfel – Rittersgrün

Verkehrsmöglichkeiten Buslinien T-330 Aue – Rittersgrün; T 331 Tellerhäuser – Rittersgrün.
Parkmöglichkeiten In der Zollstraße.
Wegmarkierung Zwischen Altpöhlaer Straße und Tellerhäuser grüner Punkt in weißem Kreis; selten Wanderwegweiser.
Tourenlänge 16,5 Kilometer.
Wanderzeit 4½ Stunden.
Höhenunterschiede Insgesamt etwa 480 Meter. Anstieg von Rittersgrün bis Altpöhlaer Straße (etwa 310 m) und Steilanstieg vom Höllbach zur Klöppelstraße (102 m). Starkes Gefälle von der Altpöhlaer Straße zum Höllbach (etwa 105 m) und westlich des Kaffenberges nach Ehrenzipfel (280 m).
Wanderkarte 1:50000 Kompass-Wanderkarte Nr. 1059 Westerzgebirge.
Anmerkungen Zu 85% Waldwanderung, zwischendurch beschwerliche Abschnitte. Mehr als zwei Drittel der Route sind zerfurchte und vergraste Wege bzw. Pfade, die bei Nässe entsprechendes Schuhwerk erfordern. Einkehrmöglichkeit in Tellerhäuser (»Schneiders Gasthof«).
Wissenswertes *Rittersgrün* erstreckt sich auf 7 Kilometer Länge im Tal des Pöhlwassers. Attraktion des Ortes ist das auf dem ehemaligen Bahnhof Oberrittersgrün eingerichtete Kleinbahnmuseum. – Mit 921 m ü. NN gilt *Tellerhäuser* als die am höchsten gelegene Gemeinde Sachsens und Ostdeutschlands. Ferienort; starke Verbreitung der Rindenschnitzerei.
Tourenbeschreibung Von der *Bushaltestelle Halbmeiler Straße* in *Rittersgrün* (sie liegt eigentlich an der »Zollstraße«) wandern wir die *Karlsbader Straße* ortseinwärts und biegen nach 100 Metern rechts in die *Kunnersbachstraße*. Sie überquert das Pöhlwasser und folgt dem *Kunnersbach* aufwärts. Oberhalb des Freibades tritt die nunmehrige Forststraße als *Kunnersbachweg* in den Fichtenhochwald ein. Bei Höhe 802,3 im Waldstück *Burkertsleithe* gabelt sich die Wegführung; während der Kunnersbachweg links umschwenkt, gehen wir halbrechts und an einer Schutzhütte vorüber. Anschließend führt die Tour allmählich hinauf zum *Kunnersbrunnweg*, den man nach 1 Kilometer an einer beiderseits eingezäunten Schonung erreicht. Ihm wird links gefolgt. Nach 1,3 Kilometern mündet er im Bereich des Dreiberges (958 m) in die *Altpöhlaer Straße*. Hier im spitzen Winkel sofort rechts ab. Nun in Windungen hinab zum *Höllbach*. Jenseits davon in einer Rechts-Links-Krümme ebenso stei-

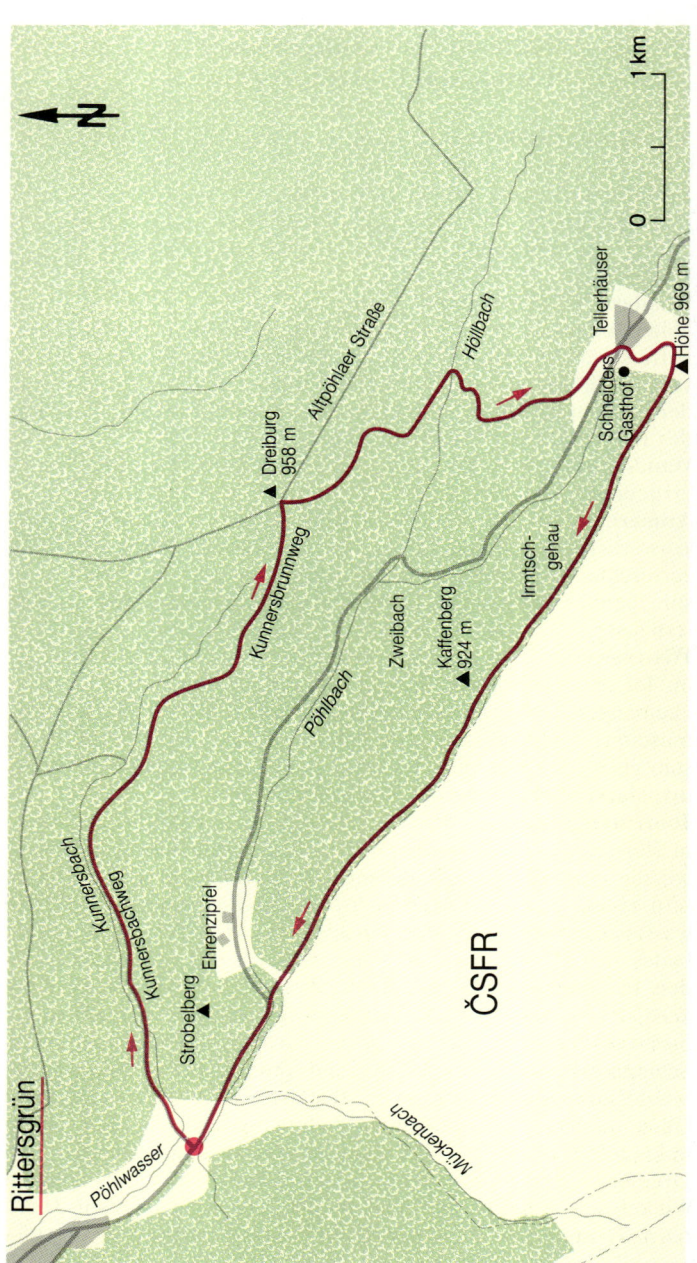

ler Anstieg. Oben überquert er die Klöppelstraße und setzt sich als *Rachelweg* zunächst durch Wald, später über Wiesen hinab nach *Tellerhäuser* fort.

Wenige Schritte auf der *Oberwiesenthaler Straße,* dann rechts *Am Grenzhang* hinauf. Dabei gleich an Schneiders Gasthof vorüber. Der am Forsthaus rechts abzweigende, blau markierte Klingerbachweg interessiert uns nicht. Wir steigen bis zu den beiden letzten Häusern an der Höhe 968,8 aufwärts. Hier rechts den Feldweg ab. Nach 250 Metern, am kleinen Sportplatz, betreten wir mit dem *Irmtschgehau* erneut Wald und gelangen nach 0,5 Kilometern direkt an die deutsch-tschechische Grenze. Dieser folgen wir 4,5 Kilometer. Der Weg (oft nur noch als das Gras niedergetretene Spur) führt anfangs im leichten Auf und Ab am *Kaffenberg* (924 m) dahin, dann steil hinunter zum Rittersgrüner Ortsteil *Ehrenzipfel.* Im Tal angekommen auf der Landstraße entlang des *Pöhlwassers* nach *Rittersgrün* (0,9 km), wo unsere Tour 150 Meter hinter dem Ortseingang, an der Bushaltestelle, endet.

27 Kurort Oberwiesenthal – Boži Dar (Gottesgab) – Jáchymov (St. Joachimsthal) – Klinovec (Keilberg) – Kurort Oberwiesenthal

Verkehrsmöglichkeiten Bahnlinie 424 Cranzahl – Kurort Oberwiesenthal; Buslinien T-151 Zwickau – Fichtelberg; T-210 Chemnitz – Kurort Oberwiesenthal; T-411 Annaberg-Buchholz – Kurort Oberwiesenthal; T-429 Annaberg-Buchholz – Kurort Oberwiesenthal; T-436 Thum – Kurort Oberwiesenthal; T-436 Thum – Kurort Oberwiesenthal; T-1000 Chemnitz – Karlovy Vary.
Parkmöglichkeiten Annaberger Straße (unweit des Bahnhofes).
Wegmarkierung Siehe Tourenbeschreibung; Wanderwegweiser.
Tourenlänge 28,5 Kilometer.
Wanderzeit 4½ Stunden bis Jáchymov; 8½ Stunden (einschließlich Sesselliftbenutzung) bis Oberwiesenthal zurück.
Höhenunterschiede Ingesamt etwa 950 Meter, davon wird der steilste Anstieg (428 m) mit dem Sessellift bewältigt.
Wanderkarte 1:30000 Fichtelberg und Klinovec (Tourist-Verlag) oder die deutsch-tschechische Touristenkarte 1:100000 Erzgebirge (Tourist-Verlag/Kartografie, n.p., Praha).

Anmerkungen Anstrengende Ganztageswanderung mit enormen Steigungen und Gefällstrecken. Auf dem Gebiet der ČSFR waldreich; in den Kammlagen rauchgeschädigte Forste. Mit Ausnahme einer abenteuerlichen Wegstrecke von 2 Kilometern Länge durch das Božidarské rašeliniště (Gottesgaber Torfmoor; festes Schuhwerk erforderlich!) zum größten Teil gute Wanderwege mit oft ordnungsgemäßer Kennzeichnung/Ausschilderung. Einkehrmöglichkeiten in Boži Dar (Gottesgab), in Jáchymov (St. Joachimsthal), im Unterkunftshaus auf dem Klinovec (Keilberg) und im Kurort Oberwiesenthal. Für den Grenzübertritt ist der Reisepaß erforderlich. Die Lanovka (Sessellift) zum Klinovec verkehrt täglich, außer montags, von 8.00–16.00 Uhr.

Wissenswertes *Kurort Oberwiesenthal* siehe Tour 23. – *Naturschutzgebiet Zechengrund:* Der Name erinnert an den bereits im 16. Jahrhundert vor allem auf Silber, Eisen, Bleiglanz und Kobalt betriebenen Bergbau. Die eigenartigen geländeklimatischen Verhältnisse haben eine artenreiche Pflanzendecke hervorgerufen, so daß die Bergwiesen im Sommer einem bunten Teppich gleichen. – *Boži Dar (Gottesgab)* ist mit 1028 Metern die höchstgelegene Stadt des Erzgebirges und Mitteleuropas. Geburtsort von Anton Günther (1876–1937), dem bekanntesten Erzgebirgssänger und -dichter, Schöpfer der Liedpostkarte als wesentlichste Verbreitungsform der erzgebirgischen Mundartlieder. Er liegt auf dem Friedhof an der Nordwestecke des Ortes begra-

Zu Tour 26 **Am Rachelweg nach Tellerhäuser**

ben. – Das *Naturschutzgebiet Božidarské rašeliniště* (Gottesgaber Torfmoor) ist eines der größten und schönsten Hochmoore des Erzgebirges; typische Pflanzenwelt. – *Jáchymov* (St. Joachimsthal): 1516 infolge reicher Silbererzfunde gegründet; 1521 freie Bergstadt und bald schon nach Prag und Kutmá Hora (Kuttenberg) drittgrößte Stadt des Königreiches Böhmen. Die von 1519–1670 geprägten Guldengroschen, »Joachimsthaler« genannt, waren namensgebend für Taler und Dollar. 1896 entdeckte der französische Physiker Henri Becquerel in der hier für die Farbgewinnung geförderten »Pechblende« (Uranerz) die natürliche Strahlung und 1898 seine Assistentin Marie Curie-Sklodowska zusammen mit ihrem Mann Pierre Curie das chemische Element Radium. Bedingt durch die ergiebigen radioaktiven Quellen in den ehemaligen Silberzechen entwickelte sich St. Joachimsthal in kurzer Zeit zum ersten Radiumbad der Welt. Sehenswert sind die Dekanalskirche, das Renaissancerathaus und die das Städtische Museum beherbergende ehemalige königliche Münzstätte. – *Klinovec* (Keilberg; 1244 m): höchster Gipfel des gesamten Erzgebirges; Unterkunftshaus (mit Hotel), Skigelände mit mehreren Liften.

Tourenbeschreibung Vom *Bahnhof* führt die Route zunächst hinauf zur *Bahnhofstraße* und weiter durch die *Schulstraße* zum *Markt* von *Oberwiesenthal*. Dann westwärts die *Karlsbader Straße* hinaus. Unter Abkürzung einer mächtigen Krümme aufwärts zum Ferienhotel »Am Fichtelberg«, dann am Ende des dazu gehörenden Parkplatzes hinab zur Ortsumgehungsstraße (B 95). Diese überqueren und weiter auf der ebereschengesäumten Alten Poststraße Chemnitz – Karlsbad. Sie tritt an der *Halbmeilensäule* in das *Naturschutzgebiet Zechengrund* ein. Allmählicher Anstieg (3,5 km) zum 1087 Meter hoch gelegenen *Klinovec-Fichtelberg-Sattel* und damit zur Grenzübergangsstelle am *Neuen Haus* (früher ein Gasthof).

Auf dem Territorium der ČSFR (hier heißt das Erzgebirge Krušné hory) verläuft die Tour entlang der Fernstraße Nr. 25 in Richtung Karlovy Vary (Karlsbad) und erreicht nach 700 Metern *Boži Dar* (Gottesgab). Rechterhand das Hotel Zeleny dům (Grünes Haus). Wir gehen die Hauptstraße bis zur Krümme am Ortsausgang hinunter und zweigen vor dem letzten Haus rechts, danach gleich wieder links ab. Dem Wegweiser »Plešivec« (Pleßberg – 1027 m hoher Gipfel) und dem mit grünem Diagonalstrich markierten Naturlehrpfad folgend, betreten wir das *Naturschutzgebiet Božidarské rašeliniště* (Gottesgaber Torfmoor). In seiner Mitte erhebt sich der basaltische Špičák (Gottesgaber Spitzberg; 1115 m), auf den unser, infolge des sumpfigen Unter-

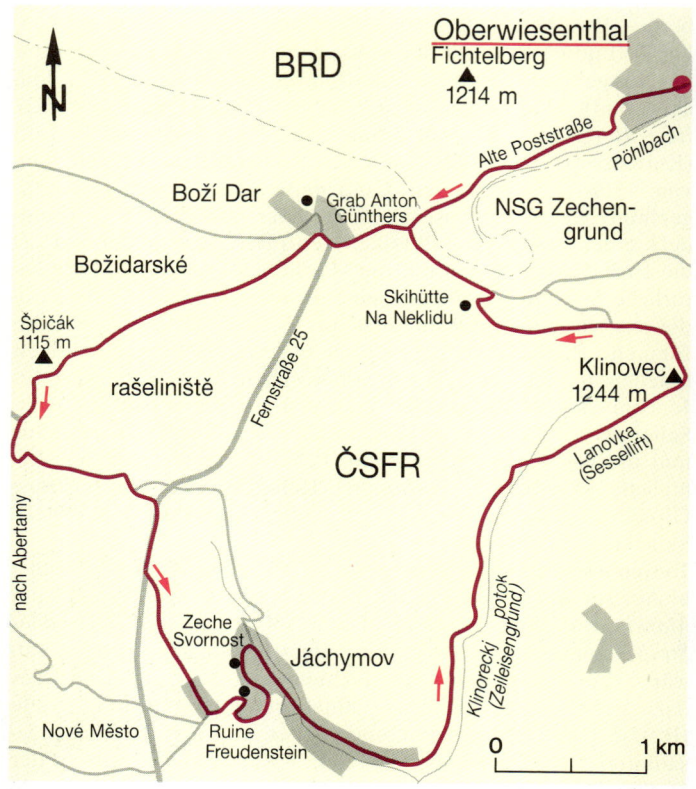

grundes mit Holzbohlen ausgelegter Weg direkt zuhält. Dort, wo der Naturlehrpfad – entgegen der weiteren Strecke – rechts abbiegt, sollte man von einer kleinen Anhöhe aus Rückschau halten.

Die nächsten 2 Kilometer, bis unmittelbar an den Fuß des Špičák, gestalten sich zur komplizierten, abenteuerlichen Wegstrecke, da die Holzbohlen teilweise zugewachsen oder im sumpfigen Untergrund versunken sind. Aber keine Angst, Trampelpfade links und rechts oder ab und zu ein Sprung auf feste Grasnarben ermöglichen das Durchkommen. Am folgenden Wegweiser »Plešivec« ist das schlimmste überwunden. Unsere Wanderung umgeht den verwachsenen Špičák und wendet sich am Rand einer Bergwiese genau südwärts. Nochmals über feuchtes Terrain, trifft sie nach allmählichem Abstieg auf den rot markierten Wanderweg Boži Dar – Plešivec. Während sich dieser weiter unten auf einem breiten Forstweg rechts fortsetzt, wandern wir entgegengesetzt, überqueren den *Elias-Bach* und erreichen durch Hochwald nach 1 Kilometer die von Abertamy (Abertham) kommende Landstraße. Auf ihr ostwärts bis zur Einmündung in die Fernstraße 25, an der eine Straße nach Mariánská (Mariasorg) – Merklin (Merkelsgrün) abzweigt. Sie nutzen wir, biegen aber nach etwa 1 Kilometer, in einer Senke, halblinks in einen Waldweg ein. Er bringt uns nach *Nové Město* (Neustadt). Am Potraviny (Lebensmittelgeschäft) führt ein steiler Fußweg hinab zur Dorfstraße, wo ebenfalls ein blau gekennzeichneter Wanderweg einmündet. Deren zahlreichen Kurven müssen wir folgen, um an der Ruine des *Freudensteins* und der *Zeche Svornost* (Concordia) vorüber zur Hauptstraße (= Fernstraße 25) von *Jáchymov* (St. Joachimsthal) zu gelangen.

Unsere Wanderung folgt der Hauptstraße mehr als 2 Kilometer talwärts und biegt dann in Höhe des Sanatoriums »Dr. František Běhounek« links in die *Trida Rudé Armády* ein, die im *Klinovecký potok*, dem Zeileisengrund, aufwärts führt. Der gelben Strichmarkierung folgend, gelangen wir nach 3,5 Kilometern zur Talstation der *Lanovka* (Sessellift).

Nach 14 Minuten Fahrtzeit ist der Gipfel des 1244 Meter hohen *Klinovec* (Keilberg) erreicht. Vom Aussichtsturm, den man von der Gaststätte des Unterkunftshauses aus besteigt, bietet sich ein großartiges Panorama.

Den Klinovec verlassen wir mit dem rot markierten Wanderweg in Richtung Boži Dar. Dieser trifft schon bald auf die Zufahrt zum Gipfel, zweigt aber nach 150 Metern in den Wald ab. Jenseits davon bringt er uns nach etwa 1 Kilometer zur *Skihütte Na Neklidu* (An der Unruhe) an der Abfahrtspiste nach Jáchymov (mehrere Skilifte).

Wir wenden uns vom Wanderweg ab und gehen rechts zur Klinovec-Straße hinüber (100 m). Sie abwärts, wird nach 15 Minuten die *Grenzübergangsstelle* am *Neuen Haus* erreicht. Für den noch 3,5 Kilometer langen Rückmarsch nach Oberwiesenthal wählen wir erneut die Alte Poststraße durch den Zechengrund.

Westerzgebirge

Das sich als kleinster Abschnitt des Gebirges darbietende Westerzgebirge reicht vom Schwarzwasser-Mulde-Taltrakt im Osten bis zur Schöneckstufe im Westen. Hier, wie auch an der Nahtlinie zu dem sich nach Südwesten hin anschließenden Elstergebirge, handelt es sich um eine reine Naturraumgrenze zum Vogtland, die im Gegensatz zur historisch-territorial gewachsenen Grenze steht. Nordwärts ist zunächst die westliche, dann die nördliche Kontaktzone des Kirchberger Granitgebietes als Grenze zum Vogtländischen anzusehen. Die Höhe des Kammes liegt im Westerzgebirge bei etwa 950 Meter und damit über dem Durchschnitt der beiden anderen Teile des Erzgebirges.

Die wesentlichsten Merkmale des Westerzgebirges sind:
1. Vorherrschende Gesteinsformationen sind die Granite und Phyllite (Urtonschiefer). Im westlichen Phyllitbereich kommen eine Reihe bemerkenswerter Quarzitklippen vor. Es fehlen die großen Kammhochflächen.
2. Die ein ziemlich starkes Gefälle aufweisenden Flüsse haben hohe Abflußmengen und begünstigten die Errichtung von Talsperren. Insbesondere durch die erst im letzten Jahrzehnt fertiggestellte Talsperre Eibenstock spielt das Westerzgebirge in Sachsen eine erstrangige Rolle als Trinkwasserreservoir.
3. Klimatisch am stärksten maritim beeinflußt, denn es erhält durch sein hohes Aufragen gegenüber den vorherrschenden Westwinden großflächig die meisten staubedingten Niederschläge (durchschnittlich über 1000 mm). Hohe Schneesicherheit in den Kammlagen bis weit in das Frühjahr hinein.
4. Der Waldanteil beträgt in den unteren Lagen 20–30%, in den mittelhohen Lagen 65–80% und in den Kammlagen über 95%. Damit ist das Westerzgebirge der waldreichste Abschnitt des Gebirges. Der Bestand ist im großen und ganzen nur gering schadstoffgeschädigt.
5. Die im 12./13. Jahrhundert einsetzende Kolonisation drang, bedingt durch die natürlichen Gegebenheiten, nur bis in die mittelhohen Lagen vor. Erst im 15./16. Jahrhundert griffen Erzbergbau und Holznutzung, einschließlich der Flößerei, entlang der Täler oder gezielt in die Kammlagen ein, ohne diese je voll zu erschließen. Als Bergbauballungsgebiete etablierten sich der Schneeberger Raum (Silber-Kobalt-Nickel-Formation, nach 1945 Uran) sowie verursacht durch das Uranfieber der Wismut nach dem 2. Weltkrieg Johanngeorgenstadt und das Terrain um den Schneckenstein.

6. Mit Ausnahme des Ostsaumes (Schneeberg, Aue, Schwarzenberg) kennzeichnet das Westerzgebirge eine auffällige Stadtarmut sowie eine nur punkthafte und spezifische Industrialisierung. Das Verkehrsnetz ist verhältnismäßig gering ausgebaut.
7. Trotz großer landschaftlicher Schönheit und Waldreichtum ist es, von einigen Schwerpunkten abgesehen, eigentlich wenig erschlossen. Besonders zu nennende Ausflugsziele sind das Auersberggebiet mit der Talsperre Sosa, Klingenthal-Mühlleithen (vor allem zur Winterszeit), der Schneckenstein und neuerdings die Talsperre Eibenstock.

Die im Anschluß beschriebenen 6 Rund- und 3 Streckenwanderungen möchten zum Kennenlernen dieses Gebirgsabschnittes beitragen.

28 Stein – Prinzenhöhle – Raum – Hartenstein – Stein

Verkehrsmöglichkeiten Bahnlinie 450 Zwickau – Schwarzenberg; Buslinien T-141 Zwickau – Langenbach; T-146 Oelsnitz – Hartenstein; T-157 Zwickau-Planitz – Langenbach.
Parkmöglichkeiten Vor dem Bahnhof Stein-Hartenstein.
Wegmarkierung Siehe Tourenbeschreibung; Wanderwegweiser.
Tourenlänge 13 Kilometer.
Wanderzeit 3½ Stunden.
Höhenunterschiede Insgesamt etwa 280 Meter. Steiler Anstieg aus dem Muldental zum Knoblauchfelsen, steiler Abstieg von der Meisterei zur Stadt Hartenstein.
Wanderkarte Zum Teil 1:50000 Kompass-Wanderkarte Nr. 1059 Westerzgebirge.
Anmerkungen Leichte Tour, die größtenteils durch Wald führt. Einige Wege sind vergrast, so daß bei Nässe entsprechendes Schuhwerk erforderlich ist. Einkehrmöglichkeiten im »Forsthaus Prinzenhöhle«, im Gasthof »Zur grünen Tanne« in Raum und in der »Bahnhofsgaststätte« Stein-Hartenstein; etwas abseits der Tour auch in Hartenstein selbst.
Wissenswertes *Burg Stein:* Im alten Teil der Burg vielbesuchtes Burg- und Heimatmuseum. – *Prinzenhöhle:* Alter angefangener Bergbaustollen, in dem sich im Juli 1455 die Ritter Mosen und Schönfels mit dem durch Kunz von Kaufungen geraubten sächsischen Prinzen Ernst versteckt gehalten hatten (zum Prinzenraub siehe auch Tour 20). – Im Beuthaer Ortsteil *Raum* befindet sich

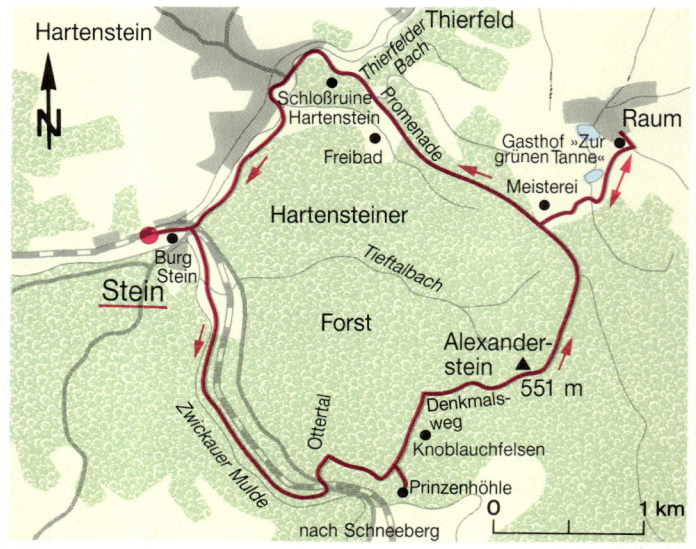

der Gasthof »Zur grünen Tanne«. Schöner Fachwerkbau. – *Hartenstein:* Auf dem Marktplatz Denkmal des Lyrikers Paul Fleming, der in Hartenstein 1609 zur Welt kam, und das Gasthaus »Weißes Roß«, das 1624 in der heutigen Form in fränkischem Fachwerk aufgebaut wurde.

Tourenbeschreibung Aus dem Bahnhof tretend, gehen wir nach links und kommen nach 100 Metern zur *Burg Stein.* Westlich davon biegt ein mit rotem Strich gekennzeichneter Wanderweg links von der Straße ab, überquert den *Thierfelder Bach* und unterquert gemeinsam mit der Bahnlinie die Straßenbrücke. Die reizvolle Route verläuft die nächsten 2,5 Kilometer, zum Teil als Pfad, zwischen der Zwickauer Mulde und dem Schienenstrang flußaufwärts bis zur *Muldentalstraße.* Wir gehen 80 Meter nach links und steigen mit einem breiten Weg durchs *Ottertal* hinauf zum *Forsthaus Prinzenhöhle,* inmitten herrlichen Buchenwaldes. Unweit von hier befindet sich die Schachtanlage 371, die mit 1000 Meter tiefste Uranerzgrube Europas (für angemeldete Führungen freigegeben). 200 Meter östlich des Ausflugslokals liegt die eigentliche Prinzenhöhle.

Von dem zur Höhle führenden Kletterpfad zweigt an seiner höchsten Stelle der grün markierte Wanderweg ab, auf dem wir

Zu Tour 28 **Burg Stein**

zur Höhe des *Knoblauchfelsens* (492 m) gelangen. Unmittelbar danach wird der Lößnitzer Weg (blaue Kennzeichnung) überschritten und einem vergrasten Fußsteig gefolgt. Dieser mündet nach 500 Metern in den breiten *Denkmalsweg* ein, der uns vorbei am *Alexanderstein* (551 m) zur *Paulusackerstraße* bringt. In diese links abzweigend, kommen wir nach 300 Metern aus dem Wald heraus und sehen bald zur Rechten die Häuser der Meisterei. Von diesem Standort aus empfiehlt sich mit dem ersten Feldweg ein Abstecher in 1,1 Kilometern hinüber nach *Raum* zum altehrwürdigen *Gasthof Zur grünen Tanne* (dazu kann man auch die im Bogen verlaufende Landstraße benutzen = 1,25 Kilometer).

Zurück zur *Meisterei,* führt gegenüber erneut ein Weg in den *Hartensteiner Forst* hinein, um sich schon kurz danach zu teilen. Wir folgen dem rechten Weg (gelbes Dreieck), passieren eine Scheune und wandern den mit *Hohen Hahn* bezeichneten Hang steil abwärts. Später wird in den breiteren, von Laubbäumen flankierten *Fürsten- oder Dreibrückenweg* abgebogen, der oberhalb des Hartensteiner Freibades *Promenade* heißt und auf die *Lößnitzer Straße* nahe der Ruine des Schlosses Hartenstein trifft. Wir gehen den *Schloßberg* (396 m) hinunter zur *Niederstadt* von *Hartenstein.* Auf der Talsohle des *Thierfelder Baches* bleibend, verläßt die Tour die Lößnitzer Straße. Sie führt mal links, mal rechts des Gewässers, entlang der östlichen Peripherie von Hartenstein, durch einen Wald- und Wiesengrund zur *Muldentalstraße* sowie nach deren Kreuzung zum *Bahnhof Stein-Hartenstein* zurück.

29 Schneeberg – Filzteich – Lindenau – Griesbach – Keilberg – Oberschlema – Gleesberg – Schneeberg

Verkehrsmöglichkeiten Buslinien T-1 Plauen – Annaberg-Buchholz; T-359 Aue – Strandbad Filzteich; T-360 Zwickau – Aue; T-365 Aue – Schneeberg; T-370 Aue – Schönheide; T-371 Aue – Carlsfeld; T-372 Aue – Eibenstock; T-385 Schwarzenberg – Plauen. Zusätzlich einige Buslinien von den Vororten und von Aue.
Parkmöglichkeiten Auf dem Marienplatz, östlich des Marktes.
Wegmarkierungen Zwischen Schneeberg und dem Filzteich sowie vom Osthang des Gleesberges bis nach Schneeberg roter Strich. Vom Filzteich bis zur Goldenen Höhe an der B 93 blauer

Strich. Sonstige Wegmarkierungen siehe Tourenbeschreibung; im Bereich der markierten Strecken oftmals Wanderwegweiser.
Tourenlänge 21 Kilometer.
Wanderzeit 5½ bis 6 Stunden.
Höhenunterschiede Etwa 450 Meter. Starke Anstiege zum Filzteich (etwa 130 m) und von Oberschlema zum Gleesberg (etwa 160 m); steiler Abstieg vom Gleesberg ins Schlematal von Schneeberg (etwa 170 m).
Wanderkarte 1:50 000 Kompass-Wanderkarte Nr. 1059 Westerzgebirge.
Anmerkungen Infolge ihrer Dauer, besonders aber durch den starken Wechsel zwischen Steigung und Gefälle im letzten Drittel anstrengende Tour. Mehr als die Hälfte der Wanderung verläuft entlang von Straßen, die aber meist schwach frequentiert sind. Nur wenig Wald (knapp ¹/₃ der Strecke), dafür aussichtsreich. Einkehrmöglichkeiten am Filzteich, im Gasthaus »Goldene Höhe«, auf dem Keil- und Gleesberg und in Schneeberg.
Wissenswertes *Schneeberg:* 1471 gegründet; der hiesige Silberbergbau war weit und breit berühmt; jedoch haben sich später die Lagerstätten an Nickel-, Kobalt- und Wismuterzen als umfangreicher erwiesen. Nach dem Zweiten Weltkrieg war die Stadt durch die Uranerzförderung der Wismut das bedeutendste Bergbauzentrum des Erzgebirges. Heute ist sie nur noch ein beachtlicher Gewerbestandort. Hauptsehenswürdigkeiten: St.-Wolfgangs-Kirche, Museum für bergmännische Volkskunst im barocken Borthenreutherhaus; Lehrpfad durch das Schneeberg-Neustädtler Bergbaurevier mit Schachtanlagen verschiedener Bergbauepochen. Schneeberg ist die Hochburg des weihnachtlichen Brauchtums im Erzgebirge; hier finden das »Fest des Lichtes und der Freude« sowie das »Schneeberger Turmsingen« statt.

Der 1483–85 für den Bergwerksbetrieb angelegte *Filzteich* gilt nach dem Greifenbach-Stauweiher (Geyerscher Teich) als die älteste Talsperre des Erzgebirges; heute Strandbad. – Der Schlemaer Ortsteil *Oberschlema* war von 1918 bis zum 2. Weltkrieg ein berühmtes Radiumbad. Der nachfolgende Wismut-Bergbau führte zu seiner Vernichtung. Bis 1996 ist die Wiedererrichtung des Kurbades vorgesehen.

Tourenbeschreibung Beginnend an der *Bushaltestelle Warte,* überqueren wir den *Markt* von *Schneeberg* und biegen mit der roten Strichmarkierung rechts in die *Obere Zobelgasse* ein. Vorbei am Museum für bergmännische Volkskunst und anschließend steil die *Untere Zobelgasse* hinab ins *Tal des Griesbaches.* Hier nur wenige Schritte auf der *Dr.-Otto-Nuschke-Straße* nach

links und dann mit dem *Laubegäßchen* (Treppen) zur *Forststraße*. An der Einmündung der *Stiftstraße* treffen wir auf den *Bergbaulehrpfad* durch das einstige Schneeberg-Neustädtler Revier. Gleich links befindet sich die »Fundgrube Eiserner Landgraf«. Nach 50 Metern wird halblinks in die *Pochwerksstraße* abgezweigt. Über den *Lindenauer Bach* und im *Hüttengrund* aufwärts. Beim Anstieg zum Hohen Gebirge kommen wir an der *Alten Silberschmelzhütte*, der *Fundgrube Morgenstern*, der *Fundgrube Sauschwart* und nach Einmündung in die *Filzteichstraße* an der Halde der Fundgrube Schindler, an dem von Eichen flankierten St.-Anna-Denkmal sowie mit Abstand an der Fundgrube Daniel vorüber. Auf der Höhe ist rechts nach weiteren 750 Metern der *Filzteich* (Eintrittsgeld erforderlich, da Strandbad) erreicht.

Nun mit Kennzeichnung blauer Strich setzen wir vom Buswendeplatz aus unsere Tour westwärts fort und tangieren das Erholungszentrum. Die dafür dienende Anliegerstraße schwenkt später nach rechts und geht in einen Weg über. Jetzt am Waldrand entlang und schließlich halbrechts über das Feld. Dabei zuerst einem Trampelpfad, dann einem teilweise geschotterten Weg folgen; hinunter nach *Lindenau*. Durch das Dorf abwärts bis zum Landwarenhaus, an dem die Route links einbiegt. An der nordwestlichen Peripherie von Lindenau weiter und nach 600 Metern zum *Forstteich*, den ein Campingplatz umgibt. Hier rechts ab zur Landstraße Lindenau – Griesbach, der die Tour auf den nächsten 1,5 Kilometern folgen wird. Sie passiert den *Stockteich*, durchquert einen Ausläufer des *Wiesenburger Waldes* und trifft am Gasthaus »Goldene Höhe« auf die B 93 (vorläufig Ende der Markierung!). Gegenüber führt die *Teichstraße* abwärts zum Schneeberger Stadtteil *Griesbach*. 150 Meter unterhalb der Straßenkrümme links weg mit einem Fahrweg nach *Waldesruh* (schulische Einrichtung). Weiter durch den *Keilbergwald* und an den *Griesbacher Wasserleitungsteichen* vorüber zum *Ziegelteich* (0,6 km); hier mit der gelben Strichmarkierung rechts zur flachen Kuppe des *Keilberges* (557 m) hinauf.

Wir wandern die *Keilbergstraße* abwärts und überschreiten die Landstraße Schneeberg – Langenbach. Dann, unter Abkehr von der ausgewiesenen Route, schräg über das Feld zu einem Querweg; auf diesem rechts fort. Schon bald kreuzt er die Landstraße Schneeberg – Hartenstein und führt im Linksbogen zum *Silberbach* hinunter, dessen Tal von inzwischen bewachsenen Halden des Wismut-Bergbaus geprägt ist. Erst am linken, später mit einer Betonstraße auf dem rechten Ufer talwärts. Diese schwenkt bei Eintritt in das *Schlematal* rechts um und gewinnt als *Mühlenstraße* den *Zechenplatz* von *Schneeberg*. Hier über den *Schlemabach*. Rechts wird der *Friedensstraße* gefolgt, nach 100 Metern hinauf zur *Auer Straße* (B 169) gegangen. Links einbiegend, sind wir sofort in *Oberschlema*, das nahtlos an Schneeberg anschließt. Unsere Route muß die verkehrsreiche Bundesstraße 350 Meter bis an die Tankstelle heran nutzen, um einen Aufgang Richtung Gleesberg zu finden. Schräg hinauf und nach 200 Metern links hinüber zur *Schulstraße* (der Friedhof bleibt zur Rechten); diese ebenfalls aufwärts. Nach 100 Metern Wegteilung; links treffen wir nach 450 Metern auf den rot markierten »Wanderweg Erzgebirge-Vogtland«, der nun mit unserer Tour bis zum Ziele identisch ist. An der Ost- und Südseite des *Gleesberges* steil und in Windungen aufwärts. Den Gipfel (593 m) bestimmt eine Gaststätte und der *Köhlerturm*.

Der steile Abstieg erfolgt auf der Westseite des Berges zum Schlematal hin. Dabei bietet sich beim Austritt aus dem Wald ein faszinierender Blick auf das »Gehäng«, den ältesten Teil Schneebergs und die mächtige St.-Wolfgangs-Kirche. Dorthin führt auch unser Wanderweg, nachdem er unten die *Kobaltstraße* überquert und sich halbrechts der *Steingasse* zugewendet hat. Im Anschluß an das Bauwerk geht es die *Kirchgasse* hinab zum *Markt,* wo sich der Ring unserer Tour schließt.

30 Aue – Bockau

Verkehrsmöglichkeiten Bahnlinie 440 Chemnitz – Blauenthal mit den Bahnhöfen Aue und Bockau; Aue liegt an mehr als 30 Buslinien. Von Bockau ist die Rückfahrt mit den Buslinien T-351, T-354, T-366 und T-367 nach Aue möglich.
Parkmöglichkeiten Im innerstädtischen Bereich von Aue unter anderem am Bahnhof (unter der »Bahnhofsbrücke«).
Wegmarkierungen Roter Strich als Teil des »Wanderweges Erzgebirge-Vogtland« (er verläßt unsere Route nach 3,5 km) und entlang des Floßgrabens durchweg der grüne Strich; Wanderwegweiser.
Tourenlänge 12 Kilometer.
Wanderzeit 3 Stunden.
Höhenunterschiede Knapp 90 Meter Anstieg, davon entfallen etwa 50 Meter auf die Innenstadt von Aue.
Wanderkarte 1:50000 Kompass-Wanderkarte Nr. 1059 Westerzgebirge.
Anmerkungen Leichte, sehr waldreiche Wanderung. – Der romantische Floßgrabenweg ist weitestgehend gut begehbar. Einkehrmöglichkeit im »Rechenhaus« Bockau.
Wissenswertes Das in einem tiefen Talkessel an der Mündung des Schwarzwassers in die Zwickauer Mulde liegende *Aue* gilt als der älteste Ort des Westerzgebirges (1296 erwähnt). Bedingt durch die verkehrsgünstige Lage begann um die Mitte des 19. Jahrhunderts die Entwicklung zum wichtigsten Industriestandort der Region; nach dem 2. Weltkrieg neben Schneeberg auch Mittelpunkt des Uranbergbaues. – *Zwickauer Mulde* siehe Tour 36. – Der unter Denkmalschutz stehende *Schneeberger Floßgraben* (1556–59 errichtet) verläuft vom Rechenhaus Bockau über Aue nach Schlema. Auf ihm wurde bis 1874 mit Muldenwasser das für Schneebergs Gruben, Schmelzhütten und Öfen dringend be-

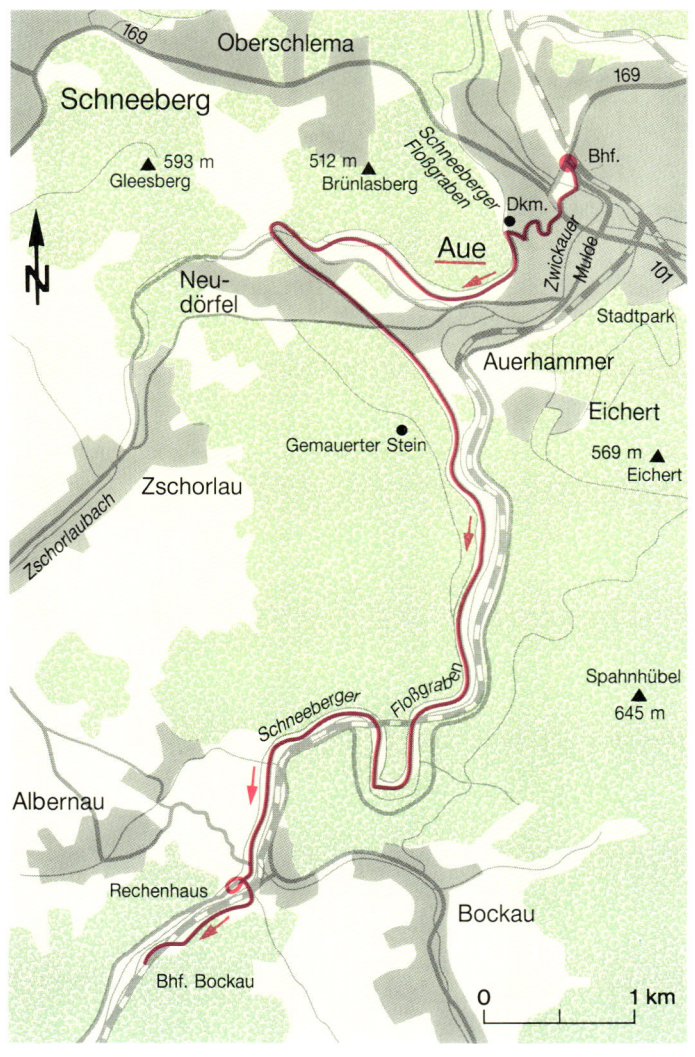

nötigte Holz geflößt. – Im *Rechenhaus* von Bockau wohnte der Rechenwärter, der das Holz am Muldenwehr mit dem Rechen in den Floßgraben dirigierte; Ausflugsgaststätte. – *Bockau* ist berühmt durch den Anbau der Angelikawurzel (Engelwurz), aus dem Likör und Arzneimittel hergestellt werden. Neben der Bahnstation im Muldental das Schindlerswerk (Spezialfabrik für ultramarinblaue Farbe).

Tourenbeschreibung Vom *Bahnhof* durch die Bahnunterführung (Richtung Stadt) zur *Bahnhofstraße,* danach rechts mit der *Poststraße* über die *Zwickauer Mulde* (hier kommen von links diejenigen Wanderer, die mit dem Bus angekommen und am nahen Postplatz ausgestiegen sind). Halbrechts wandern wir die *Schillerstraße* weiter und sind nach Überquerung der zweiten Querstraße, der *Goethestraße* (B 101), am *Stadtpark* angelangt. Jetzt wird für uns die rote Strichmarkierung des »Wanderweges Erzgebirge-Vogtland« maßgebend. Wir steigen durch die Grünanlagen hinauf zur *Käthe-Kollwitz-Straße,* nutzen an deren Ende ein kleines Stück die *Gellertstraße* und erreichen über die Treppen am *OdF-Denkmal* den *Schneeberger Floßgraben.*

Der künstliche Wasserlauf, dem unsere Tour mit dem *Floßgrabenweg* talaufwärts folgt, ist stellenweise von Gräsern und Moos überwuchert, mitunter sogar verlandet. Er verläuft anfangs in einem großen Bogen um den Brünlasberg (512 m) herum. Während später der »Wanderweg Erzgebirge-Vogtland«

Zu Tour 30 **Das Rechenhaus von Bockau**

über Wiesen zum Gleesberg (593 m) emporsteigt, überqueren wir kurz danach den *Zschorlaubach*. 200 Meter nach Richtungsänderung gen Südosten wird die *Zschorlauer Straße* gequert und die Tour an der aussichtsreichen Peripherie des Auer Stadtteiles *Neudörfel* fortgesetzt. Bald gewinnen wir die steilen Waldhänge im Tal der Zwickauer Mulde. Gleich zu Beginn ist unsere Hangseite vom *Gemauerten Stein* bis hinab zum Fluß mit Granittrümmern übersät. Vorbei an der mächtigen *Floßgrabenbuche*. Stollenmundlöcher und eine Halde entstammen dem Zschorlauer Bergbau. Dann folgen Graben und Weg einer weiten Flußschleife.

Kurz vor *Bockau* gestaltet sich das Tal lieblicher und von Wiesen begrenzt. Unter der Muldenbrücke der B 283 hindurch, kommen wir nach 150 Metern zum *Rechenhaus*. Rechts geht es hinauf zur Bundesstraße und mit ihr über die eben erwähnte Brücke. Am anderen Muldenufer sofort rechts in die *Bahnhofstraße* abzweigen. Nach 850 Metern sind wir am Bahnhof von *Bockau* angelangt.

31 Schwarzenberg – Conradswiese – Morgenleithe – Jägerhaus – Antonsthal

Verkehrsmöglichkeiten Bahnlinie 450 Zwickau – Johanngeorgenstadt bzw. Annaberg-Buchholz mit den Bahnhöfen Schwarzenberg und Antonsthal; Buslinien T-211 Chemnitz – Schwarzenberg; T-330 Aue – Rittersgrün; T-334 Aue – Johanngeorgenstadt; T-337 Crandorf – Schwarzenberg; T-342 Grünhain – Schwarzenberg; T-343 Grünhain – Schwarzenberg; T-376 Aue – Schwarzenberg; T-385 Plauen – Schwarzenberg; T-415 Annaberg-Buchholz – Aue. T-441 Ehrenfriedersdorf – Erlabrunn.
Parkmöglichkeiten Günstig an der Karlsbader Straße, an der Ecke Straße der Einheit/Grünhainer Straße und an der Geschwister-Scholl-Straße (hinter dem Rathaus).
Wegmarkierung Siehe Tourenbeschreibung; oft Wanderwegweiser.
Tourenlänge 19,5 Kilometer. **Wanderzeit** 5 bis 5½ Stunden.
Höhenunterschiede Über 560 Meter Anstiege (davon 179 m von der Conradswiese zur Morgenleithe) und etwa 470 Meter Abstiege (zwischen Jägerhaus und Antonsthal beträgt der Höhenunterschied 261 m).
Wanderkarte 1:50000 Kompass-Wanderkarte Nr. 1059 Westerzgebirge.

Abkürzung 2,5 Kilometer, wenn gleich von der Gaststätte »Zur Morgenleithe« über die Siedlung Hinterhenneberg zur Morgenleithe gegangen wird.

Anmerkungen Landschaftlich sehr reizvolle Wanderung mit etwa 70% Waldanteil und häufigem Wechsel von Steigung und Gefälle; durch die Einbeziehung einiger Sehenswürdigkeiten Schwarzenbergs auch kulturhistorisch interessant. Meistens gute Wanderwege; mitunter Benutzung von Forststraßen und im Stadtgebiet Schwarzenbergs von Anliegerstraßen. Landschaftsschutzgebiet »Oberes Westerzgebirge« und Naturschutzgebiet »Conradswiese«. Einkehrmöglichkeiten in Schwarzenberg, in der Gaststätte »Zur Morgenleithe« sowie im »Jägerhaus«; im Sommer an den Wochenenden auch auf der Morgenleithe.

Wissenswertes *Schwarzenberg:* »Perle des Erzgebirges«. Im 13. Jahrhundert angelegt. In der Umgebung früher reiche Lager an Eisenerzen, die verhüttet wurden (Eisenhämmer). Sehenswert: Schloß mit dem Museum »Erzgebirgisches Eisen und Zinn«, St. Georgenkirche, historischer Stadtkern. – Die *Conradswiese* ist ein 37 Hektar großes Naturschutzgebiet. Die Gemeinde *Antonsthal* entstand durch Gründung der Antonshütte (1831). Aus dieser ging 1865 eine Holzschleiferei und später die heutige Papierfabrik hervor. In Verbindung mit dem Wismutbergbau entstand nach dem Kriege am rechten Schwarzwassergehänge der Ortsteil *Antonshöhe,* bekannt durch sein Kneipp-Sanatorium. – Im Tal des Halsbaches gab es schon seit 1713 einige Silber- und Bleigruben. An diesen Bergbau erinnert noch das *Technische Schaudenkmal Silberwäsche,* in dem die damalige Produktionsweise der Erzaufbereitung, wie Pochen, Waschen und Scheiden (Schütteln), dem Besucher vorgeführt werden.

Tourenbeschreibung Aus dem *Bahnhof* tretend, gehen wir über den Vorplatz zur *Bahnhofstraße*. Diese rechts ab und nach 170 Metern (gegenüber dem »Olympia- Theater«) die Treppen hinauf zu den Promenadenanlagen des *Totensteins*. Von zwei Aussichtspunkten, von der Kanzel, dann am Pilz, bietet sich ein malerischer Anblick von Schloß und Stadt Schwarzenberg. Drüben am anderen Ufer ragt der Ottenstein (474 m) empor.

Nunmehr den *Steinweg* hinunter zum innerstädtischen Bereich Schwarzenbergs, der am *Unteren Tor* erreicht wird. An den *Unteren Markt* schließt sich bergan der *Obere Markt* mit dem Rathaus an. Hier links mit der *Oberen Schloßstraße* zur St. Georgenkirche und dem Schloß. Vor dem Gotteshaus Abzweig des *Kirchsteiges* (blaue Strichmarkierung); er bringt uns hinab zur *Vorstadt,* dem ältesten Industriegebiet der Stadt. Danach mit

der am Fluß entlang führenden *Uferstraße* nach 200 Metern zur *Erlaer Straße*. Gegenüber durch den *Rockelmannpark* steil hinauf zur *Bermsgrüner Straße,* die am Ernst-Schneller-Denkmal überquert wird. Unsere Tour setzt sich auf dem *Kratzbeersteig* fort, biegt nach 400 Metern rechts in den *Pappelweg* ein und gewinnt an der Rockelmannschänke die *Eibenstocker Straße*. Wir umgehen mit dieser und dem nach 250 Meter links abzweigenden, allmählich ansteigenden *Bockauer Weg* das Schwarzenberger Wohngebiet Heide. Oben ist die Morgenleithe zu sehen, aus deren Bewaldung der Aussichtsturm hervorlugt. Der Fahrweg senkt sich jetzt und läßt uns nach Überschreiten des *Ratsbaches* die Gaststätte »Zur Morgenleithe« (im Volksmund Poller-Mann genannt) erreichen. Hier wandern wir rechts hinab zur *Schwarzenberg-Bockauer-Straße* und folgen ihr in westliche Richtung. Beim Eintritt in den Wald (wo auch die blaue Strichmarkierung in Richtung Lauter abzweigt, so daß vorläufig der grüne Strich für die Tour maßgebend wird) ist sie für den öffentlichen Verkehr gesperrt. Jenseits des *Griesbaches* steigt die Schwarzenberg-Bockauer-Straße durch Buchenwald zu einem Wegekreuz an (750 m); hier links erneut mit der blauen Markierung weiter. Nach 200 Metern durchqueren wir das Anwesen *Conradswiese*.

Der Wanderweg steigt nach dem zweiten Weiher halbrechts zur *Morgenleithe* (814 m) hinauf. Vom Aussichtsturm (16 m hoch) hat man ein großartiges Panorama.

Vom Gipfel 70 Meter zurück, dann links den *Turmweg* abwärts. Nach 450 Metern zu einem Querweg und mit ihm rechts in 150 Metern zur *Spinne,* einer sechsfachen Wegteilung, an der der Wanderweg von der Gaststätte »Zur Morgenleithe« über Hinterhenneberg zur Morgenleithe von links auftrifft (siehe

Punkt Abkürzungen!). Hier wird rechts in den *Lauterer Grenz-flügel* eingebogen (bis zum Jägerhaus jetzt nur noch die blaue Strichmarkierung), dem wir 1,2 Kilometer folgen, um uns danach linkerhand dem *Alten Jägerhäuser Weg* zuzuwenden. Zunächst durch Fichtenhochwald, dann zusammen mit einem von rechts kommenden, grün gekennzeichneten Wanderweg halblinks über den *Halsbach*. Leicht aufwärts zum *Aue-Jägerhäuser Flügel*. Nach 200 Metern kommen wir zum *Jägerhaus* an der Kreuzung mit der Landstraße Schwarzenberg – Sosa.

Gegenüber folgen wir jetzt der Straße nach Steinheidel durch die Bermsgrüner *Siedlung Jägerhaus*. Am Waldrand angelangt (550 m), zweigen wir links ab. Bis zum Ziel ist ab sofort die rote Strichmarkierung zuständig. Unsere Route tritt wieder in den Wald ein, schwenkt nach 300 Metern links um und nimmt nach abermals 170 Metern erneut eine östliche Richtung ein. Am

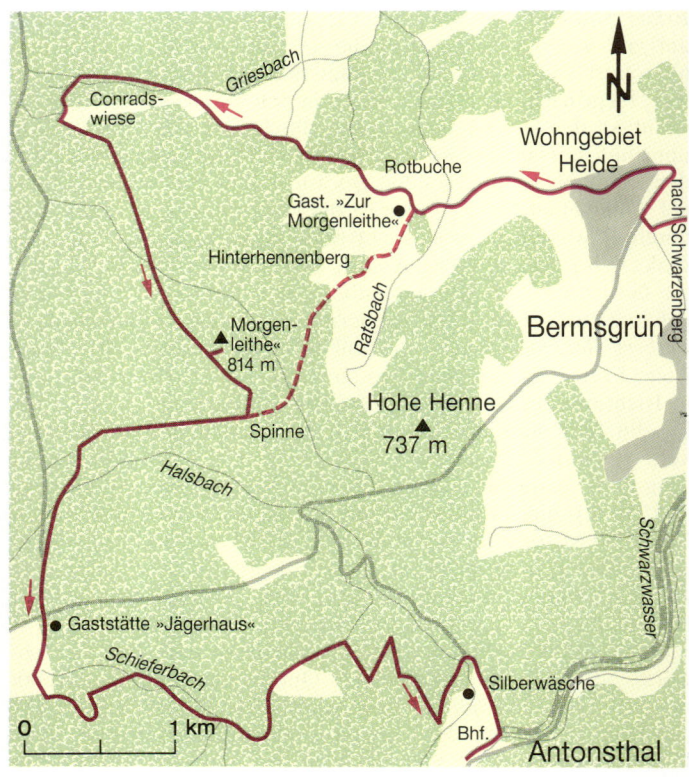

Schieferbach abwärts (links sind in einiger Entfernung Felsklippen zu sehen) bis zum quer verlaufenden *Mittelweg,* einer bituminierten Forststraße. Wieder leicht ansteigender Streckenabschnitt. Später wendet sich die Wanderung unter mehrmaligem Richtungswechsel Waldwegen zu und fällt an der Nordseite des *Magnetenberges* (684 m) steil hinunter ins *Halsbachtal,* das am Ortseingang von *Antonsthal* erreicht wird. Mit der *Jägerhäuser Straße* an der Silberwäsche vorbei und hinab zur *Talstraße* am Schwarzwasser. Diese rechts an der Papierfabrik entlang, so daß wir nach 150 Metern am *Bahnhof* sind.

32 Blauenthal – Sosa – Auersberg – Wildenthal – Blauenthal

Verkehrsmöglichkeiten Bahnlinie 440 Chemnitz – Blauenthal; Buslinien T-351 Aue – Schönheide; T-354 Aue – Schöneck; T-355 Eibenstock – Schwarzenberg; T-366 Aue – Sosa.
Parkmöglichkeiten Am Bahnhof, besser aber an der Zimmersacher Straße.
Wegmarkierung Von Blauenthal bis Großer Stern roter Strich, vom Großen Stern bis Auersberg grüner Strich, blauer Strich vom Auersberg nach Wildenthal; oft Wanderwegweiser, nur im Tal der Großen Bockau anfangs ohne Ausschilderung.
Tourenlänge 20,5 Kilometer.   **Wanderzeit** 5½ Stunden.
Höhenunterschiede Insgesamt etwa 580 Meter; steiler Anstieg (212 m auf 1,4 km) vom Großen Stern zum Gipfel des Auersberges, starkes Gefälle von hier nach Wildenthal (etwa 300 m auf 2,5 km Wanderstrecke).
Wanderkarte 1:50000 Kompass-Wanderkarte Nr. 1059 Westerzgebirge.
Anmerkungen Reizvolle Wanderung mit hohem Waldanteil (über 75%), infolge der Dauer und der Bewältigung des Auersberges anstrengend. Einkehrmöglichkeiten in Sosa und Wildenthal; »Berghotel Auersberg« soll ausgebaut werden. Landschaftsschutzgebiet »Auersberg« und Naturschutzgebiet »Großes Bockautal«.
Wissenswertes *Blauenthal:* Herrenhaus (Barockbau mit Knüppelwalmdach und viereckigem Uhrturm von 1654) und Hauptportal (1677). – *Talsperre Sosa:* Staut die kleine Bockau im Höllengrund. Die Sperrmauer ist 60 Meter hoch und 200 Meter lang. – *Naturschutzgebiet Tal der Großen Bockau:* verkörpert mit seiner Mischung aus Rotbuche, Gemeiner Fichte, Weiß-

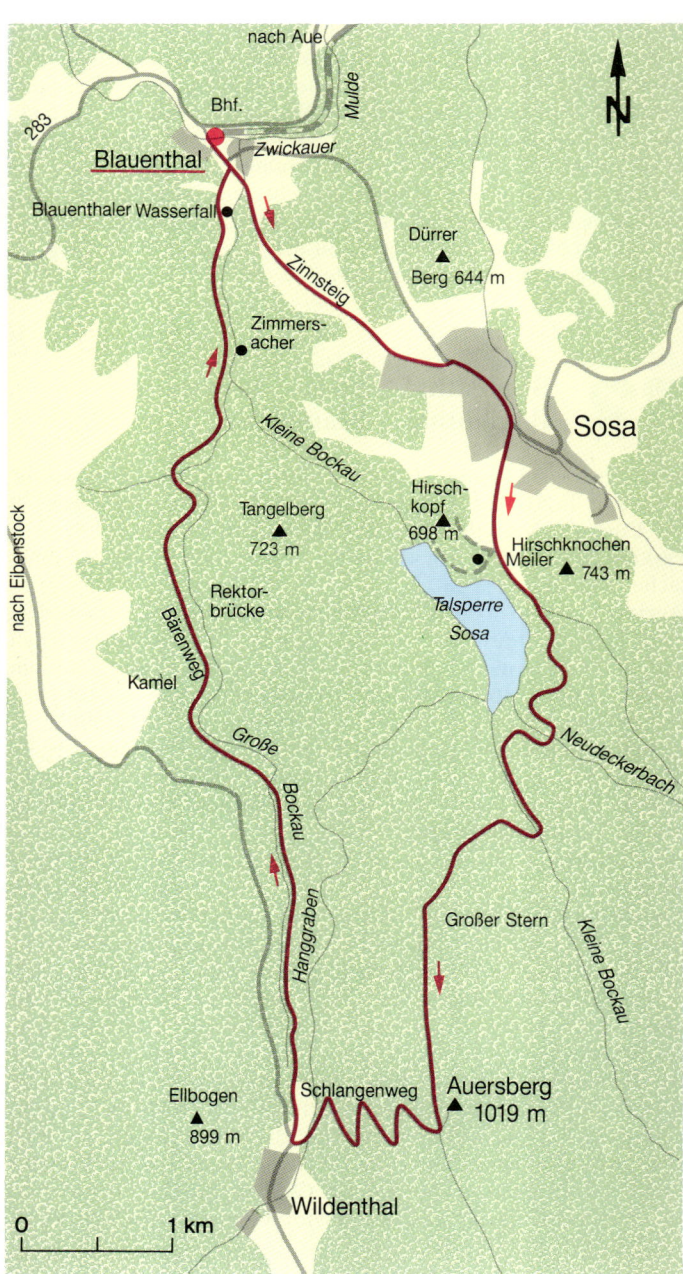

tanne, Berg- und Spitzahorn, Gemeiner Esche und Eberesche den ehemals typischen Erzgebirgswald.

Tourenbeschreibung Vom *Bahnhof Blauenthal* (zugleich Bushaltestelle) zur *Hauptstraße* und mit dieser links über die *Zwikkauer Mulde*. Nach 120 Metern folgen wir geradeaus der *Zimmersacher Straße,* nach 100 Metern (am Parkplatz) links zum rot markierten *Zinnsteig*. Er steigt steil an und führt auf der Höhe oberhalb eines von den *Hofeteichen* eingenommenen Wiesentälchens dahin. Mit dem *Eibenstocker Weg* zur *Hauptstraße* von *Sosa*. Dort leicht abwärts, danach dem *Sosabach* folgend bis zur *Luthereiche* gegenüber der Kirche. Hier rechts die *Auersberger Straße* aufwärts, die nach Verlassen des Dorfbereiches von einem Fußweg begleitet wird. Am Parkplatz für die Gaststätten »Meiler« und »Köhlerhütte« geht links eine Waldstraße ab. Diese verläuft entlang des Ostufers der *Talsperre Sosa*. Sie überwindet das Tälchen des *Neudeckerbaches* und fällt zur *Kleinen Bockau* hinab. An ihr talaufwärts. Nach 500 Metern Wegteilung; halbrechts weiter, über den Bach und unter Anstieg nach 1,1 Kilometern zum *Großen Stern* (Schutzhütte). An dieser fünffachen Wegteilung folgt unsere Tour links dem schnurgeraden Mittelflügel und steuert direkt auf den Aussichtsturm des *Auersberges* (1019 m; herrliche Rundsicht) zu.

Gegenüber dem Turmeingang folgen wir dem Mittelflügel die südliche Gipfelseite hinab (er bildet hier die Bergzufahrt), biegen nach 170 Metern (linkerhand der Parkplatz) rechts in den blau markierten *Schlangenweg* ein. Dieser führt steil hinunter nach *Wildenthal*. Die Route biegt rechts in die *Hauptstraße* ein, folgt aber nach 80 Metern geradeaus dem *Sosaer Weg*. Nach 100 Metern gehen wir halblinks weiter und begleiten bis zum Ziel die *Große Bockau*. Eintritt in das gleichnamige Naturschutzgebiet. Nach 2,5 Kilometern wechselt die Forststraße auf das linke Ufer des Baches über. Es erscheint die Felsengruppe Kamel. Ein schmaler Wiesentalabschnitt beginnt dort, wo wir unweit der *Rektorbrücke* den blau markierten Bärenweg kreuzen. Danach folgt eine Engtalstrecke. An ihrem unteren Ausgang mündet rechts die kleine Bockau ein. 300 Meter weiter talwärts passieren wir das Ferienheim mit Gaststätte Zimmersacher und gewinnen nach 1,2 Kilometern die Ortslage von Blauenthal. Vor dem Sägewerk stürzt linkerhand der *Blauenthaler Wasserfall* herab. Durch die *Zimmersacher Straße* zum Ausgangspunkt zurück.

33 Johanngeorgenstadt – Erlabrunn – Steinbach – Hochmoor Kleiner Kranichsee – Oberjugel – Unterjugel – Johanngeorgenstadt

Verkehrsmöglichkeiten Bahnlinie 450 Zwickau – Johanngeorgenstadt; zugleich halten am Bahnhof, dem Ausgangspunkt der Tour, die Buslinien T-334 Aue – Johanngeorgenstadt und T-347 Antonsthal – Johanngeorgenstadt.
Parkmöglichkeiten Im begrenztem Umfang am Bahnhof.
Wegmarkierung Siehe Tourenbeschreibung; außer im Schwarzwassertal Wanderwegweiser.
Tourenlänge 21 Kilometer.   **Wanderzeit** 5½ Stunden.
Höhenunterschiede Insgesamt etwa 500 Meter; überwiegend allmähliche An- und Abstiege.
Wanderkarte 1:50000 Kompass-Wanderkarte Nr. 1059 Westerzgebirge.
Anmerkungen Trotz ihrer Länge bequeme, durch die Sehenswürdigkeiten Steinbachtal und Kleiner Kranichsee sehr reizvolle Wanderung mit zwei Dritteln Waldanteil. Hauptsächlich im Schwarzwassertal feuchter und vergraster Weg (entsprechendes Schuhwerk erforderlich); zwischen Oberjugel und Johanngeorgenstadt (Bahnhof) durchgängige Straßenmitbenutzung (überwiegend nur Anliegerverkehr). Landschaftsschutzgebiet »Obe-

Zu Tour 33   **Im Hochmoor Kleiner Kranichsee**

res Westerzgebirge« und Naturschutzgebiet »Kleiner Kranichsee«. Einkehrmöglichkeiten »Täumerhaus« Erlabrunn, in Steinbach und in der Gaststätte »Henneberg«.

Wissenswertes *Johanngeorgenstadt:* Jüngste der erzgebirgischen Bergstädte (1654 gegründet); neben Silber, Zinn, Eisen fand man Wismut, Kobalt, Arsen und Schwefelkies. Die 1946 zum Zwecke der sowjetischen Atomrüstung verstärkt einsetzende Uranerzförderung führte zum Abbruch fast der gesamten Altstadt (als Folge der Absenkung des Bodens) und zur Neuanlegung auf der Höhe (Mittelstadt und Neustadt). Im Stadtteil Wittigsthal wurde im Sommer 1991 die grenzüberschreitende Fußgänger- und Bahnverbindung zum tschechischen Ort Potůčky (Breitenbach) wiedereröffnet, auch befindet sich hier das im Stollen »Frisch Glück« eingerichtete Schaubergwerk »Glöckl«. – Der *Kleine Kranichsee* ist das einzige Kammhochmoor des sächsischen Erzgebirges mit gut erhaltenem, freiem Moorkern (Torftiefe bis 6 m).

Tourenbeschreibung Aus dem *Bahnhof Johanngeorgenstadt* tretend, folgen wir links der *Pachthausstraße*. Nach 300 Metern über die Bahnbrücke und anschließend nochmals halbrechts über Bahngleise. Dann, am Rande des Stadtteiles *Pachthaus*, sofort links ab. Bald im leichten Auf und Ab am rechten Hang des Schwarzwassers dahin. Hinab zum *Seifenbachtalweg* im Stadtteil *Steigerdorf* und mit diesem rechts nach 150 Metern zur Einmündung des *Seifenbachtales.* Während hier die Fahrstraße rechts umknickt, geradeaus aufwärts mit dem *Johanngeorgenstädter Weg* bis zur ersten Weggabelung; dort halblinks weiter und zunächst etwa 10 Meter über dem Schwarzwasser dahin. Später senkt sich unser Weg zur Talsohle und trifft in einem Waldstück unterhalb der Ansiedlung Georgenthal auf den *Heuschuppenweg* (blaue Strichmarkierung). Mit diesem zur *Schwarzenberger Straße* von *Erlabrunn,* an der jenseits der Steinbachmündung die Gaststätte »Täumerhaus« steht.

Gegenüber setzt sich unsere blau gekennzeichnete Route auf dem *Graupnerweg* fort. Nach 0,6 Kilometern links an dem Landkreis-Krankenhaus vorbei und etwas oberhalb davon direkt am Steinbach entlang. Beiderseits bald wieder Wald. Am Ende der Geraden links mit der nunmehrigen *Steinbachtalstraße* über die *Kellerbrücke* und nach abermals 0,5 Kilometern zur *Kellerschleiferei.* Davor befindet sich eine wichtige Wegkreuzung; wir entscheiden uns für den am linken Ufer aufwärts führenden, mit grünem Diagonalstrich ausgewiesenen *Naturlehrpfad* (er beginnt 100 Meter westlich der Brücke). Dabei treffen wir auf halbem Wege auf die Teufelssteine.

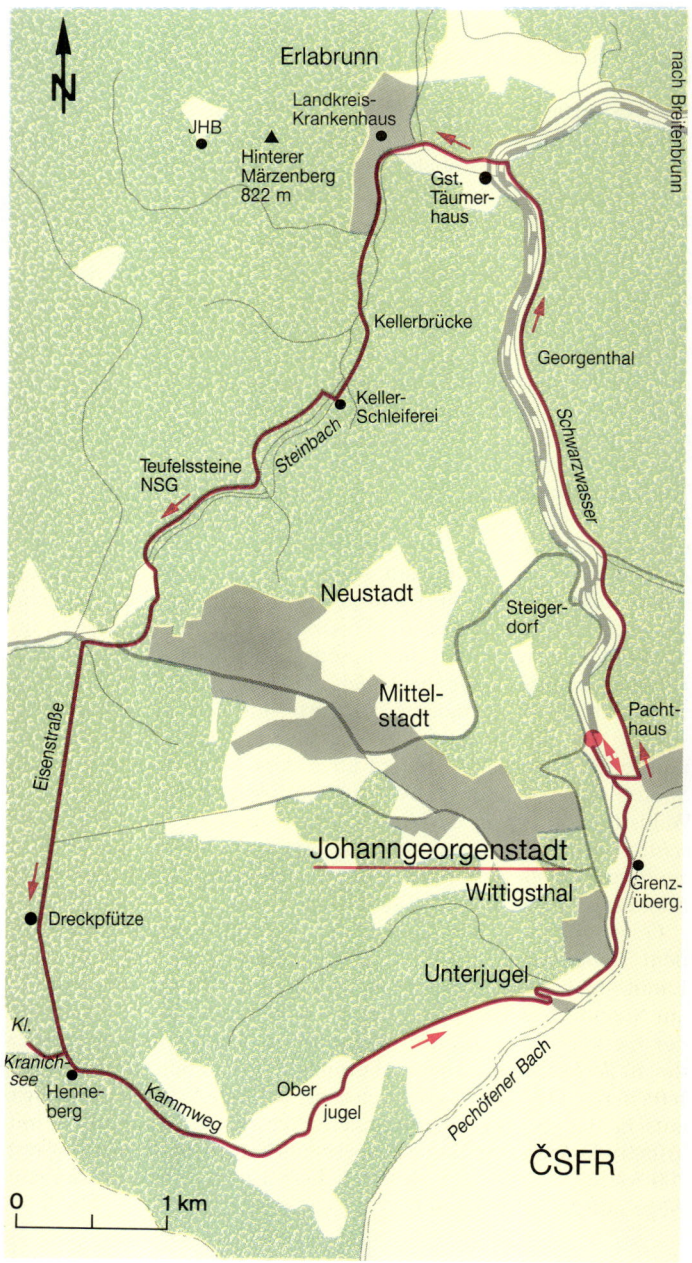

Nach 2,3 Kilometern steigen wir über die *Schimmelwiese* hinauf zur *Steinbachtalstraße*. Rechts ab und in 650 Metern zum Johanngeorgenstädter Stadtteil *Steinbach*. Hier die *Eibenstocker Straße* hinunter, jedoch nach 250 Metern links die *Eisenstraße* ab. Diese verläuft schnurgerade aufwärts zum Wegekreuz an der *Dreckpfütze*. Ab hier bis zum Ziel mit der grünen Strichmarkierung; die Eisenstraße fällt allmählich. Nach 0,8 Kilometern Abzweig zum Hochmoor *Kleiner Kranichsee*. Dieser kann nur 300 Meter weit auf einem hinter der Raithalde beginnenden Knüppeldamm bis zum hölzernen Aussichtsgerüst (von oben reizvoller Überblick) begangen werden.

Zurück zur *Eisenstraße*. Rechts erreichen wir nach 100 Metern *Henneberg* (Gaststätte). Dann auf dem *Kammweg* jetzt in südöstlicher Richtung leicht abwärts. Nach 1,3 Kilometern endgültig aus dem Wald heraus und im Linksbogen zum anmutig gelegenen *Oberjugel*. Am ehemaligen »Erbgericht« des Johanngeorgenstädter Stadtteiles links mit der *Jugeler Straße* auf dem linken Höhenrand des die deutsch-tschechische Grenze bildenden *Pechöfener Baches* dahin, schließlich steil abwärts zum Ausgang des *Lehmergrundes* und zum Stadtteil *Unterjugel*. Talwärts wird nach 0,6 Kilometern die *Wittigsthaler Straße* im gleichnamigen Stadtteil erreicht. Mit dieser bis zu der nach knapp 1 Kilometer rechts abzweigenden *Pachthausstraße;* dabei tangieren wir das Schaubergwerk »Glöckl« und den Grenzübergang. Nach weiteren 0,8 Kilometern schließt sich am *Bahnhof* unser Rundkurs.

34 Eibenstock – Wolfsgrün – Neidhardtsthal – Hundshübel – Unterstützengrün – Kuhberg – Schönheide – Eibenstock

Verkehrsmöglichkeiten Buslinien T-64 Rodewisch – Johanngeorgenstadt; T-67 Plauen – Eibenstock; T-270 Chemnitz – Klingenthal; T-346 Carlsfeld – Eibenstock; T-351 Aue – Schönheide; T-354 Aue – Schöneck; T-355 Schwarzenberg – Eibenstock; T-371 Aue – Carlsfeld; T-372 Aue – Eibenstock; T-373 Aue – Eibenstock.
Parkmöglichkeiten In den angrenzenden Straßen vom Platz des Friedens.
Wegmarkierung Siehe Tourenbeschreibung; mitunter Wanderwegweiser.
Tourenlänge 29,5 Kilometer. **Wanderzeit** 7½ bis 8 Stunden.

Höhenunterschiede Insgesamt etwa 650 Meter; mit geringen Ausnahmen allmähliche An- und Abstiege, dafür aber im ständigen Wechsel.
Wanderkarten 1:50000 Kompass-Wanderkarte Nr. 1059 Westerzgebirge und 1:50000 Vogtland-Aschberggebiet (Tourist-Verlag).
Anmerkungen Anstrengende Ganztageswanderung, die landschaftlich sehr reizvoll und abwechslungsreich ist. Zum größten Teil gute Wanderwege; fast die Hälfte der Strecke verläuft entlang von Straßen mit unterschiedlicher Verkehrsintensität. Landschaftsschutzgebiet »Talsperre Eibenstock«. Einkehrmöglichkeiten in Wolfsgrün, Hundshübel, Neulehn (Ortsteil von Stützengrün), auf dem Kuhberg und in Schönheide Ost; ein Imbiß ist auch am Talsperren-Blick möglich.
Wissenswertes *Eibenstock:* Vom 16.–18. Jahrhundert bedeutende Bergstadt, dann Hauptsitz des Tamburierens (Sticken mit der Häkelnadel); markante Stadtkirche. – *Wolfsgrün:* Hammerherrenhaus von 1654. – Die 1974–86 errichtete *Talsperre Eibenstock,* das »Erzgebirgische Meer«, ist die größte Talsperre Sachsens. – *Stützengrün:* Zentrum des sogenannten Bürstenländchens (Herstellung von Bürsten, Besen und Pinseln aller Art).
Tourenbeschreibung Mit dem grünen Diagonalstrich eines Naturlehrpfades folgen wir ab dem *Platz des Friedens* von *Eibenstock* zunächst der *Muldenhammer Straße.* Nach 170 Metern wird rechts in die zum *Bühl* (652 m) aufwärts führende Straße eingebogen. Oben geradeaus den bewaldeten Nordhang hinab und seitlich am Ferienhotel »Am Bühl« vorüber. Der anschließende Feldweg wird bis an den unteren Rand einer begrünten Schutthalde genutzt. Hier rechts in den Wald hinein und nach 250 Metern über die B 283. Weiter abwärts durch das alte Bergbaugelände *Die Grün* mit der *Schwarzen Binge.* An der Wegteilung in der Senke beginnt und endet der eigentliche Naturlehrpfad »Rund um den Gerstenberg«. Nach 140 Metern verlassen wir ihn mit dem halbrechts abgehenden roten Wanderweg (diese Markierung begleitete uns zusätzlich schon geraume Zeit). Er gewinnt schon bald den Waldrand und fällt über Wiesen hinab nach *Wolfsgrün.* Vor der Flußbrücke links in die *Neidhardtsthaler Straße.* Vorbei am ehemaligen *Bahnhof Wolfsgrün* und unter Uferwechsel noch 1,6 Kilometer zum Blauenthaler Ortsteil *Neidhardtsthal.* Am einstigen »Gasthof zum Eisenhammer« rechts in die *Dorfstraße* und weiter auf dem *Leichenweg.* Anstieg bis zur Waldecke, an der wir auf den mit rotem Strich gekennzeichneten »Wanderweg Erzgebirge-Vogtland« treffen. Auf ihm bis zum Kuhberg. Über die Höhe hinweg, erreichen wir

nach 500 Metern seitlich des fast verlandeten *Marienteiches* die Spitzkehre der neuen *Hundshübler Straße*. Diese aufwärts und nach 0,9 Kilometern zum *Talsperren-Blick*.

Wir folgen der Straße noch 170 Meter und steigen hinab zum *Marienweg*. Dieser verläuft halbhoch am Ufer der Talsperre und schwenkt in einen buchtenreichen Seitenarm *(Rohrbach)* ein. Schließlich mündet er in den *Mühlsäuresteig*. Links ab und am Rand einer Eigenheimsiedlung zur B 169 am Ortseingang von *Hundshübel*. Über die *Vorsperre Kalte Lohe,* dann durch den unteren Teil des Dorfes und, unter Kürzung des Straßenverlaufs, hinauf zum Oberdorf. Hier links in die *Hauptstraße* Richtung Kirche. Dann rechts durch die *Dorfstraße*. Nach 200 Metern zweigt halblinks die *Grundstraße* ab, die uns, in Fortsetzung als Weg, durch ein Waldtälchen erneut zur Talsperre hinabbringt. Den Uferausbuchtungen folgend ins *Weißbachtal*. Über den Wasserlauf und nach 180 Metern steil am rechten Gehänge aufwärts. Oben lassen wir den Wald zurück und gelangen an Gärten vorbei nach *Unterstützengrün*. Vor Ort mit der *Bergstraße* um eine ehemalige Gaststätte herum; dann Anstieg zum 1,2 Kilometer entfernten *Neulehn*. Durch die *Schulstraße* und nach 1,1 Kilometern links in den *Neuheider Weg*. Hinauf zur *Schönheider Straße,* von der schräg gegenüber ein Feldweg zum Parkplatz am Fuße des *Kuhberges* abzweigt. Von hier aus bringt uns der *Turmweg* auf den 795 Meter hohen Gipfel. Vom Aussichtsturm bietet sich ein prächtiger Blick.

Wir steigen an der Südostseite des Kuhberges ab. Mit der blauen Strichmarkierung steil eine Schneise an den Holzmasten der Fernmeldeleitung hinunter, bis zu einem schräg abwärts führenden Weg; diesen halblinks weiter und nach 230 Metern auf den quer verlaufenden Rundweg um den Kuhberg. Von diesem zweigt nach 160 Metern wiederum ein Weg ab, der bald den Waldrand erreicht. Den nunmehrigen Wiesenweg weiter und an Eigenheimen vorüber zur Buswendestelle Schönheide-Neuheide. Links durch *Neuheide* (jetzt als Schönheide Nord bezeichnet) auf der gleichnamigen Straße abwärts. Nach 1,2 Kilometern sind wir an der *Schneeberger Straße* im Ortsteil *Schwarzwinkel* angekommen. Rechts über den *Filzbach,* dann nach 100 Metern links durch die *Siedlung Schwarzwinkel.* Es schließt sich ein Feldweg an, der uns parallel zur verkehrsreichen Stützengrüner Straße (am anderen Filzbachufer) direkt nach *Schönheide* bringt. Dort über die 100 Meter oberhalb von der Hauptstraße abzweigende *Straße der Einheit* sowie mit dem sich jenseits der Höhe fortsetzenden baumbestandenen Weg ins Tal der *Zwikkauer Mulde*. Am Landhotel Carlshof trifft unsere Route auf die *Eibenstocker Straße* und damit auf die blaue Wegemarkierung. Mit der von rechts einmündenden B 283 nun entlang der *Vorsperre Schönheiderhammer*. Nach etwa 1 Kilometer, im Bereich des *Rockensteins,* zweigen wir halbrechts in die *Alte Schönheider Straße* ab. Sie steigt kräftig an und umgeht den *Krinitzberg*. An der Forstsiedlung wird der Ortseingang von *Eibenstock* und die *Auerbacher Straße* erreicht. Diese überquert das *Krinitzbächel* und fällt ins *Stadtbachtälchen.* Jetzt halblinks die *Schönheider Straße* aufwärts und an den Rathaus-Grünanlagen sowie der Stadtkirche vorüber zur *Schneeberger Straße*. In letztere links einbiegend, gelangen wir nach 300 Metern wieder zum *Platz des Friedens.*

35 Carlsfeld – Hochmoor Großer Kranichsee – Aschberg – Klingenthal

Verkehrsmöglichkeiten Von Eibenstock (Bushaltestelle Platz des Friedens): Buslinien T-346 oder T-371 nach Carlsfeld; von Klingenthal: Buslinie T-270 nach Eibenstock.
Parkmöglichkeiten In den Seitenstraßen des Eibenstocker Platz des Friedens.
Wegmarkierung Bis zur Einmündung des Schwerdtweges in den Kammweg blauer Strich (mit Ausnahme des Zugangs zum Hochmoor Großer Kranichsee, der ohne Markierung ist), von da bis Klingenthal roter Strich (überwiegend als Bestandteil des »Wanderweges Erzgebirge-Vogtland«); oft Wanderwegweiser.
Tourenlänge 19,5 Kilometer.
Wanderzeit 5 bis 5½ Stunden.
Höhenunterschiede Etwa 330 Meter Anstiege (davon etwa 90 m von Carlsfeld zur Talsperre Weiterswiese) und etwa 600 Meter Abstiege (der Höhenunterschied zwischen dem Aschberg und Klingenthal beträgt etwa 380 m).
Wanderkarte 1:50 000 Vogtland-Aschberggebiet (Tourist-Verlag).
Anmerkungen Bis zum Aschberg einsame Waldwanderung, dann bis Klingenthal sehr abwechslungsreiche Tour; aber durch Abstiege sehr anstrengend. Überwiegend gute Wanderwege,

Zu Tour 35 **Am Grenzweg vom Aschberg nach Klingenthal**

mitunter Mitbenutzung von Fahr- und Forststraßen. Landschaftsschutzgebiet »Oberes Westerzgebirge« und Naturschutzgebiet »Großer Kranichsee«, Schutzhütte am Abzweig Flößweg. Einkehrmöglichkeiten in Carlsfeld, »Sporthotel Waldgut« sowie »Aschbergschänke« am Aschberg und in Klingenthal.

Wissenswertes *Carlsfeld:* 1678 als Hammer- und Hüttenwerk (Bergbau auf Eisen) gegründet; barocke Dreifaltigkeitskirche im Stile des Petersdomes in Rom. – Hochmoor *Großer Kranichsee:* (davon 1/3 in Deutschland, hier unter Naturschutz). typische Flora. – *Klingenthal:* Ist neben Markneukirchen und Schöneck einer der Hauptorte des »Musikwinkels«, fabrikmäßige Herstellung von Mundharmonikas und Akkordeone. Seit Juli 1991 wieder Grenzübergang zur ČSFR. Barocke Pfarrkirche »Zum Friedefürsten«, der größte achteckige Zentralbau Sachsens.

Tourenbeschreibung In *Carlsfeld* von der Buswendeschleife auf der *Hauptstraße* bis zur markanten Dreifaltigkeitskirche. Hier einen Fußweg neben der *Wilzsch* weiter zur *Talsperrenstraße;* mit der blauen Strichmarkierung über den Bach und an seinem linken Gehänge aufwärts. Am *Gasthaus Talsperre* treten wir in den Wald ein, der die nächsten 11 Kilometer (bis zum Aschberg) nicht mehr verlassen wird. In südwestlicher Richtung auf dem Sachsenberger Weg am westlichen Ufer der *Talsperre Weiterswiese* vorüber. Nachdem am hinteren Ende des Stausees die *Wilzsch* überquert wurde, erreichen wir die Wanderschutzhütte am abzweigenden *Flößweg* und nach weiteren 400 Metern den ebenfalls links abzweigenden Zugangsweg zum Hochmoor *Großer Kranichsee.* An seinem Rand muß er jedoch gegenwärtig enden (250 m), da der alte Knüppeldamm eine Begehung nicht mehr zuläßt.

Zurück zum Hauptweg. Nach 650 Metern tritt die Tour direkt an die deutsch-tschechische Grenze heran, die bis kurz vor dem Ziel unser Begleiter ist. Nunmehr auf dem *Kammweg,* zur Linken der verlandete *Schwarze Teich.* An den Kammweg schließt sich der *Schwerdtweg* an. Er verläuft südlich der Kuppe des Kleinen Rammelsberges (950 m) vorüber. Am 935 Meter hoch gelegenen Sattel des Großen Rammelsberges (963 m) führt der Schwerdtweg halblinks fort. Er überwindet die Quellmulde des *Heroldsbaches* und bringt uns hinauf zu einem weiteren Kammweg.

Die Route weist ab sofort in südliche Richtung. Mit der roten Strichmarkierung verlassen wir nach 450 Metern den Kammweg und wenden uns halblinks zur Jugendherberge auf dem *Aschberg;* der eigentliche Gipfel (936 m) liegt auf dem Gebiet der ČSFR. Steil führt der *Grenzweg* abwärts.

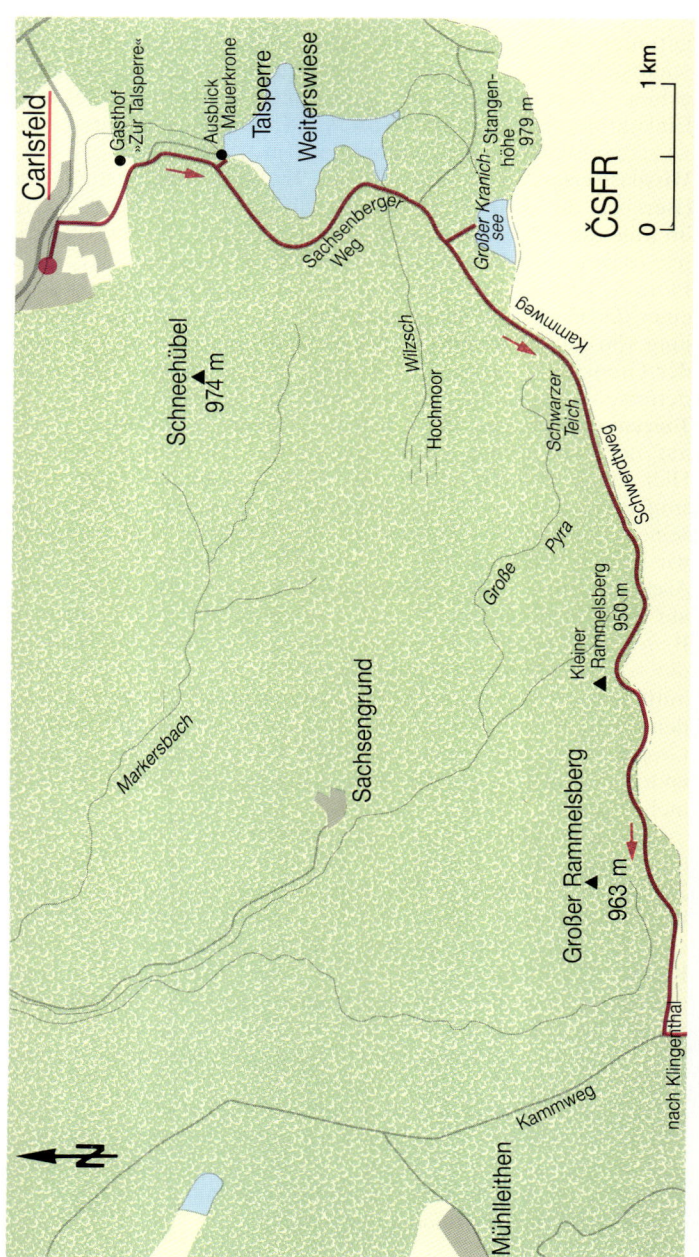

Der Grenzweg trifft direkt auf das *Sporthotel Waldgut*. Hier 50 Meter nach rechts, dann gegenüber der »Aschbergschänke« im spitzen Winkel die *Grenzstraße* durch *Obersachsenberg* hinunter zur Buswendeschleife. An dieser halblinks dem *Kammweg* folgen. Dieser steigt zunächst an und verläuft auf dem Höhenrücken. Bevor sie ins Quittenbachtal hinabsteigt, verlassen wir die Fahrstraße rechts mit dem *Höhenweg*. Er beschreibt zwischen Wiesenflächen einen Linksbogen, kreuzt den *Pudelmützweg* und durchquert nach den *Waldhäusern* einen Forst. Später ostwärts am Wiesenrain entlang zur Siedlung *Kamerun*. Kurz danach Weggabelung; halbrechts weiter und an der Südwestseite des *Körnerberges* (739 m) steil abwärts zur *Auerbacher Straße* (B 283) von *Klingenthal*. 40 Meter nach rechts, dann links mit der *Unteren Marktstraße* zur Bushaltestelle auf dem *Marktplatz*.

36 Rautenkranz – Morgenröthe – Mühlleithen – Schneckenstein – Muldenberg – Hammerbrücke – Jägersgrün – Rautenkranz

Verkehrsmöglichkeiten Buslinien T-71 Tannenbergsthal – Sachsengrund; T-137 Zwickau – Klingenthal; T-270 Chemnitz – Klingenthal; T-354 Aue – Schöneck.
Parkmöglichkeiten Entweder an der Schönheider Straße (nahe Bushaltestelle) oder in der Bahnhofstraße (0,4 km von der Routenführung entfernt).
Wegmarkierung Siehe Tourenbeschreibung; oft Wanderwegweiser.
Tourenlänge 31 Kilometer.
Wanderzeit 8 bis 8½ Stunden.
Höhenunterschiede Insgesamt etwa 650 Meter. Größter Anstieg vom Tal der Großen Pyra in Morgenröthe bis zum Rundteil (167 m), stärkstes Gefälle von Schneckenstein bis Muldenberg (knapp 190 m).
Wanderkarte 1:50000 Vogtland-Aschberggebiet (Tourist-Verlag).
Anmerkungen Ganztageswanderung, durch häufigen Wechsel zwischen Steigung und Gefälle beschwerlich. Zu mehr als ⅔ verläuft sie direkt durch Wald. Wanderwege von unterschiedlicher Qualität (auch einige vergraste Abschnitte – bei Nässe entsprechendes Schuhwerk!), zwischendurch Mitbenutzung von Straßen unterschiedlicher Verkehrsfrequentierung. Mit Ausnahme des

Zu Tour 36 **Der Schneckenstein**

Abschnittes zwischen Rautenkranz und Morgenröthe ordentliche Markierung bzw. ständig Wanderwegweiser. Landschaftsschutzgebiet »Oberes Göltzschtal«, Naturschutzgebiet um den Schneckenstein und einige Flächennaturdenkmale. Einkehrmöglichkeiten in Mühlleithen, Schneckenstein, Muldenberg, Rißbrücke, Jägersgrün und Rautenkranz.

Wissenswertes *Rautenkranz:* 1937 wurde hier Siegmund Jähn, der erste deutsche Fliegerkosmonaut, geboren. In diesem Zusammenhang gibt es im ehemaligen Bahnhofsgebäude eine Raumfahrtausstellung. – *Mühlleithen:* Bedeutendes Wintersportdomizil, u. a. findet hier alle zwei Jahre das Internationale Damenskirennen »Kammlauf« statt. – *Schneckenstein* (890 m): Früher Topasgewinnung für das »Grüne Gewölbe« in Dresden, der Schatzkammer des sächsischen Kurfürsten, aber auch für die englische Königskrone wurden Topase verarbeitet. – Die *Zwikkauer Mulde* nimmt ihren von herrlichen Talabschnitten gekennzeichneten Lauf durch weite Teile Westsachsens. – Die *Rißfälle* gelten als die einzigen Wasserfälle des Vogtlandes.

Tourenbeschreibung Von der Bushaltestelle »Ferienheim Frischhütte« in *Rautenkranz* zunächst 150 Meter die *Schönheider Straße* zurück bis zur Muldenbrücke. Diese sowie anschließend den Schienenstrang überschreiten, dann geradeaus die *Carlsfelder Straße* bergan.

Am Waldrand biegt unsere Route rechts ab und gewinnt nach 200 Metern die *Wildbahn,* einen breiten Forstweg. Ihn wandern wir südostwärts und kommen dabei schon nach knapp 400 Metern an dem links der Wegstrecke etwas versteckt liegenden *Waldsee* vorüber. Der Wildbahn wird insgesamt 2,5 Kilometer, bis dicht vor einer Einzäunung auf der rechten Wegseite, gefolgt, dann durch ein Kerbtälchen am *Zinnberg* hinab zur *Pyratalstraße* von *Morgenröthe* gegangen. Auf ihr talwärts bis zum Abzweig der Zeughauser Straße (300 m); nun über die *Große Pyra* und durch *Zeughaus* steil aufwärts. Die Straße geht in einen beiderseits von Bergahorn gesäumten Weg über (ab hier rote Strichmarkierung), der weiter oben in den *Auerbacher Wald* eintritt. Unter fortgesetztem Anstieg kommen wir zum *Rundteil* (830 m; Schutzhütte) und treffen dabei auf die *Obersachsenberger Straße* (breiter Forstweg). In diese links einbiegen und ihr unter Überwindung einer Senke 1,5 Kilometer weit folgen. Auf der Höhe dann mit der gelben Strichmarkierung halbrechts. Nach 700 Metern wird *Mühlleithen* erreicht. Zunächst die *Waldstraße* entlang, nach 500 Metern links zum blau gekennzeichneten *Kammweg,* der uns zur B 283 bringt, (sie überschreitet vor Ort, an der *Kippe,* in 861 m Seehöhe den Gebirgskamm).

Jenseits der Bundesstraße setzt sich der Kammweg in nordwestliche Richtung parallel zum Waldrand fort. Später wird das am Kiel (943 m) gelegene *Winselburg* erreicht. Talwärts zieht sich eine Bergwiese mit Arnikabeständen (Flächennaturdenkmal). Wir kommen am *Auersbergblick* vorüber. Nach der nun folgenden *Schutzhütte am Kiel* haben wir mit 910 Metern die maximale Höhe unserer Route erreicht.

Der Kammweg beginnt zu fallen. Links sind anfangs die *Kielpingen* (wegen Absturzgefahr gesperrt!) auszumachen. Unterhalb davon, in einer Rechtskrümme, biegen wir links ab und betreten das Terrain um den Schneckenstein (890 m). Wenig später rechts und nach 200 Metern zum einzigen Topasfelsen Europas. Wenn das Tor der dem Schutz vor »Hobbymineralogen« dienenden Einzäunung geöffnet ist, können wir den *Schneckenstein* auf eigene Gefahr besteigen.

Zurück zum Wanderweg, der hier halblinks und nach 50 Metern zu einem breiteren Waldweg führt. Diesen 70 Meter abwärts, dann links oberhalb des Tannenbergsthaler Ortsteiles Schneckenstein zur Fahrstraße. Ihr folgen wir links bis zum Sportplatz (500 m). Nun rechts einen Weg am Fuße der Schneckenstein-Aussicht (873 m) entlang. Er schwenkt später links um und führt durch ein Waldgelände talwärts. Weiter unten (entgegen den falschen Eintragungen in der Wanderkarte) halbrechts fort und schließlich mit dem *Muldenweg* hinab zur *Klingenthaler Straße* am Ortseingang von *Muldenberg,* genau in Höhe der Sperrmauer der gleichnamigen Talsperre. Rechts ab; mit einer starken Linkskrümme der Straße hinunter zur *Zwickauer Mulde.* Jenseits des Flusses sollte man es dann nicht versäumen, zur Krone der Sperrmauer hinaufzusteigen (130 m).

Wir kehren zurück zur *Klingenthaler Straße,* verlassen diese gegenüber dem *Badesee Muldenberg* mit einem grün markierten Pfad, der anfangs am Wiesenhang verläuft. Dann quert er als Weg die Schönecker Straße und bringt uns am *Unteren Göltzschfloßgraben* entlang zur Landstraße neben dem *Bahnhof Muldenberg.* Über die Gleise und nach 100 Metern rechts ab. Ein vergraster Waldpfad folgt dem *Oberen Göltzschfloßgraben* nach *Rißbrücke* (1,5 km). Hier sollte man einen Abstecher zu den 200 Meter entfernten *Rißfällen* vorsehen.

Unsere zwischendurch mit gelbem Strich ausgewiesene Tour durchquert auf der *Grünbacher Straße* den Ortsteil *Rißbrücke.* Im Kreuzungsbereich mit dem Rißbrücker Weg wird ab nun die grüne Strichmarkierung bis dicht vor dem Ziel maßgebend. Die Grünbacher Straße mündet nach 1,2 Kilometern in die *Falkensteiner Straße* von *Hammerbrücke.* Ihr 85 Meter rechts folgen,

dann halblinks in einen Wiesenpfad. Er kreuzt die Bahnlinie und trifft als *Kannelgasse* auf die *Neue Straße* (Landstraße Jägersgrün – Muldenberg). Gegenüber setzt sich die Straße *Breite Wiese* fort. Sie überquert die Zwickauer Mulde und führt hinauf zum Ortsteil *Friedrichsgrün.* Oben die *Friedrichsgrüner Straße* links ab und nach 150 Metern rechts den Feldweg aufwärts zum *Auerbacher Wald.* An der ersten Wegspinne halblinks in 200 Metern zur gefaßten *Radiumquelle* am Abhang des Thierberges. Jetzt entweder zurück zur Wegspinne und auf dem grün markierten Wanderweg talwärts oder gleich ab der Quelle dem Pfad weiter folgen (führt später ebenfalls zur Hauptstrecke). Entlang des *Thierbachtales* erreichen wir dann *Jägersgrün.*

Unsere Wanderung, auch weiterhin durch grünen Strich gekennzeichnet, zweigt links in die *Auerbacher Straße* ab, nach Überquerung der Gleise sofort rechts zur *Dorfstraße.* Sie führt ein kurzes Stück an der Bahnlinie entlang, biegt dann links um. Unter Querung der Zwickauer Mulde und des Roten Flusses kommen wir um ein Gebäude herum zur Waldspitze. Nach rechts; es folgt ein kurzer steiler Anstieg. Schließlich wird die Siedlung am *Hohehausberg* tangiert, und hinab geht es wieder zur *Tannenbergsthaler Straße* im *Muldental.* Wir könnten nun links diese Straße bis zur knapp 1 Kilometer entfernten Bushaltestelle von Rautenkranz direkt gehen, nehmen jedoch bis zum Ziel einen reizvolleren, etwa 1 Kilometer längeren Umweg in Kauf. Dazu folgen wir ihr erst einmal in entgegengesetzter Richtung durch *Muldenhammer* bis zur Einmündung des *Wiesbachtales.* Dort wird die Bahnlinie überschritten und einem Waldweg am rechten Muldengehänge talwärts gefolgt. Dabei kommen wir am Waldrand von Rautenkranz nochmals an einer gefaßten Radiumquelle vorüber. Danach über die *Große Pyra,* weiter zur *Morgenröther Straße* und hinüber zur *Schönheider Straße* von *Rautenkranz* am linken Flußufer, wo sich die Bushaltestelle bzw. ein Parkplatz befindet.

Osterzgebirge

Das den größten Abschnitt des Gebirges darstellende Osterzgebirge erstreckt sich zwischen der Flöha sowie seiner südlichen Verlängerung, der Schweinitz, im Westen bis zur Gottleuba und Bahra im Osten (angrenzend an das Elbsandsteingebirge). Als nordöstlicher Eckpfeiler gilt der Tharandter Wald. Dagegen läßt sich seine Nordgrenze zwischen diesem und der Stadt Hainichen nicht eindeutig festlegen.

Die wichtigsten Kennzeichen des Osterzgebirges sind:

1. Im Gesteinsaufbau dominieren hauptsächlich Gneise, insbesondere die Graugneise oder Paragneise. Hinzu kommen zwischen Oberfrauendorf und Zinnwald auf einem 8–10 Kilometer breiten und 17 Kilometer langen Abschnitt Porphyre, die auch größere Teile des Tharandter Waldes bestimmen. Landberg, Wilisch, Luchberg, Geisingberg und Špičák (Sattelberg oder Schönwalder Spitzberg) stellen Erhebungen aus Basalt dar. Kreidesandsteine bilden u. a. den Untergrund der Dippoldiswalder Heide, des Tharandter Waldes und des Raumes Bad Gottleuba. Charakteristisch sind die enormen Hochflächenanteile, besonders in den unteren und oberen Lagen der Gneisregion.

2. Die ansonsten relativ einförmige Hochfläche wird durch eine Reihe von Flüssen aufgeschnitten, die mitunter tiefe Täler bilden, vor allem die beiden Weißeritzen, die Müglitz und die Gottleuba. Die zwei zuletzt genannten Gewässer prägt bei ergiebigen Regenfällen eine hohe Wasserführung, die wiederum auf die stark agrarisch genutzten und darum waldarmen Einzugsgebiete zurückzuführen ist und deshalb aufwendige Hochwasserschutzmaßnahmen erforderte. Durch die geringe Industrialisierung ist der Verschmutzungsgrad der Flüsse gering und bedingte die sukzessive Errichtung von sieben größeren Talsperren.

3. Das Klima wird von West nach Ost in zunehmendem Maße kontinentaler, was sich vor allem in abnehmenden Niederschlagsmengen zeigt; jedoch fallen einige Täler der Kammregion, z. B. um Rehefeld-Zaunhaus, durch ihre hohe Schneesicherheit auf.

4. Wenn man die begrenzten nährstoffarmen und darum zu 50–80% mit Wald bedeckten Porphyr- und Sandsteingebiete ausklammert, betragen die Waldanteile in den unteren Lagen 18–27%, in den mittelhohen Lagen 20–34% und in den oberen Lagen an die 80%. Das sind die niedrigsten Werte im Erzgebirge. Außerhalb der steilhängigen Täler bestehen

überwiegend nur bescheidene Waldgebiete. Die besonders in den Kammlagen vorherrschenden Fichtenforste sind im hohem Maße SO_2-geschädigt. Dagegen kennzeichnen die unteren Täler der Wilden Weißeritz, Roten Weißeritz und Müglitz sowie den Raum Olbernhau-Seiffen prächtige Bestände an Laubgehölzen, in der Hauptsache Buchen.
5. Die bäuerliche Landnahme erfolgte, beginnend im 12. Jahrhundert, von diesseits und jenseits des Erzgebirges aus und erschloß dabei seinen östlichen Abschnitt bis in die oberen Lagen. Der Bergbau konzentrierte sich in diesem Zusammenhang auf den Freiberger Raum, Altenberg-Zinnwald und das Seiffener Gebiet.
6. Im Gegensatz zum Mittleren Erzgebirge wird es durch eine geringe Stadtdichte und nur mäßige Verkehrserschließung geprägt. Mit Ausnahme von Freiberg bestehen nur wenige kleinere Industriestädte, wie Oederan, Rabenau, Schmiedeberg und Glashütte, und auch die Anzahl der Industriedörfer ist unwesentlich.
7. Wichtigstes Fremdenverkehrszentrum ist das Gebiet um Altenberg mit Zinnwald-Georgenfeld, Geising, Schellerhau, Rehefeld-Zaunhaus und den Kurorten Kipsdorf, Bärenburg und Bärenfels. Auch ist der Tharandter Wald, die Talsperre Malter, die Ecke um Seiffen-Cämmerswalde, Rechenberg-Bienenmühle, Frauenstein sowie die Kurorte Berggießhübel und Bad Gottleuba besonders zu nennen. Als erstrangiges Ausflugsziel präsentieren sich Schloß und Park Weesenstein.

Die anschließend vorgestellten 10 Rund- und 9 Streckenwanderungen möchten zu einer optimalen Erschließung des Osterzgebirges anregen.

37 Falkenau – Hetzdorf – Oederan – Karolinenhöhe – Falkenau

Verkehrsmöglichkeiten Bahnlinien 401 Glauchau – Freiberg; 425 Chemnitz – Neuhausen bzw. Marienberg; Buslinie T-228 Chemnitz – Dresden.
Parkmöglichkeiten Im Umkreis des Bahnhofes Falkenau Süd.
Wegmarkierung Vom oberen Ausgang des Höllengrundes bis Hetzdorf sowie von Oederan bis Drei-Börner-Grund blauer Strich, zwischen Hetzdorf und Oederan gelber und grüner Strich maßgebend; Wanderwegweiser.
Tourenlänge 15,5 Kilometer.   **Wanderzeit** 4 Stunden.
Höhenunterschiede Insgesamt etwa 360 Meter.

Wanderkarte Gegenwärtig nur Touristenkarte 1:120000 Mulde-Zschopau.

Anmerkungen Infolge Wechsel von Wald, offener Landschaft und mehreren Siedlungen reizvolle Wanderung, die oft An- und Abstiege aufweist. Wegeverhältnisse im Bereich des Höllengrundes und im Nordteil des Oederaner Waldes kompliziert, ansonsten gut. Einkehrmöglichkeiten in Oederan und Falkenau.

Wissenswertes Im *Zechengrund* wurde im 16./17. Jahrhundert und dann noch einmal im 18./19. Jahrhundert Bergbau, vor allem auf Blei- und Silbererze, betrieben. – *Oederan:* Bedeutendstes Bauwerk ist die Stadtkirche »Zu unserer lieben Frauen« mit einer Silbermannorgel; Heimatmuseum Pfarrgasse 1; im Stadtpark die Modelle erzgebirgischer Baudenkmäler zeigende Freilichtausstellung »Klein-Erzgebirge«. – Im Oederaner Stadtteil *Börnichen* befindet sich der zum früheren Rittergut gehörende Park mit prachtvollen alten Bäumen, darunter auch amerikanische Weymouthskiefern.

Tourenbeschreibung Vom *Bahnhof Falkenau Süd* geht es zunächst durch das Dorf nordwärts zur *Flöha* (1 km). Nach Über-

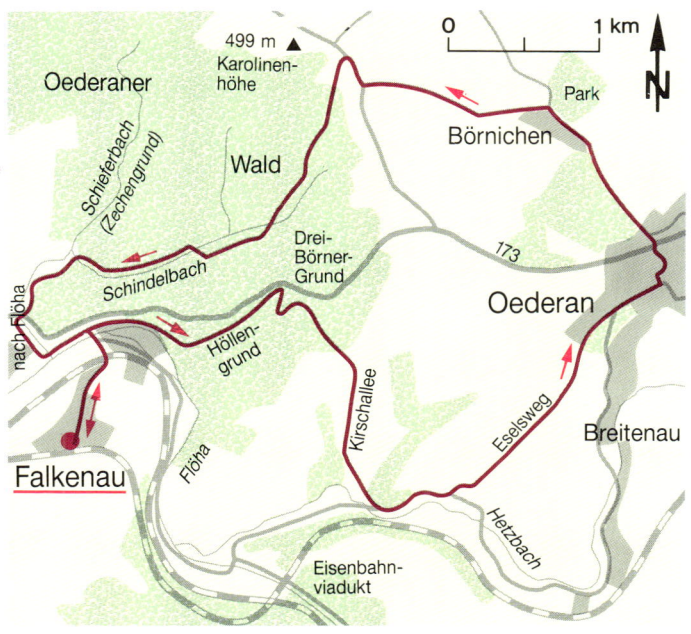

schreitung des Gewässers biegen wir rechts in den *Neuen Weg* ein, der am Steilgehänge des rechten Ufers aufwärts führt. Wir gelangen zum Eingang des *Höllengrundes*. Unsere anfangs am Höllengrund-Bach bergan führende Tour erreicht den die B 173 kreuzenden »Hauptwanderweg Ziegenrück – Heringsdorf« und folgt ihm nun nach rechts. Er tritt nach 500 Metern aus dem *Oederaner Wald* heraus und verläuft als *Kirsch-Allee* hinab in das Tal zum Breitenauer Ortsteil *Hetzdorf*. Wir wandern die Dorfstraße aufwärts und zweigen nach 400 Metern links in einen Wiesenpfad ab. Weiter oben geht er in den *Eselsweg* über. Wir gelangen nach *Oederan*. Mit dem *Brühl* treffen wir auf die *Lange Straße*. Sie links hinauf, über den *Altmarkt* und durch die *Große Kirchgasse* zum *Markt* (Rathaus; Haltestelle mehrerer Buslinien).

Jenseits davon steigen wir die *Frankenberger Straße* in nordwestliche Richtung aufwärts nach *Börnichen,* das im Norden vom Park des ehemaligen Rittergutes begrenzt wird. 120 Meter nach der bis an die Straße heranreichenden Spitze der Grünanlage wird links in den *Hausdorfer Weg* abgebogen. Dieser bringt uns nach 1,6 Kilometern hinauf zur *Hausdorfer Landstraße*. Wir folgen der Landstraße rechts 200 Meter und biegen, 250 Meter östlich der flachen Karolinenhöhe (499 m), links in einen vergrasten Weg ein. Links von der Birkenreihe entlang (Weide!) und erneut in den *Oederaner Wald* hinein. Es geht hinab in den *Drei-Börner-Grund*. Hier verlassen wir den markierten Hauptwanderweg, überqueren den *Schindelbach* und wandern an seinem rechten Ufer abwärts. Nach dessen Einmündung in den *Schieferbach* kommt unsere Tour am Falkenauer Freibad vorüber. 600 Meter danach wird die Dresdner Straße (B 173) gekreuzt und gegenüber der *Ernst-Thälmann-Straße* gefolgt. Links an der *Flöha* entlang, über die eingangs erwähnte Brücke ans andere Ufer und hinauf zum *Bahnhof Falkenau Süd*.

38 Freiberg – Halsbrücke – Krummenhennersdorf – Reinsberg – Zollhaus Bieberstein – Nossen

Verkehrsmöglichkeiten Bahnlinien 401 Glauchau – Freiberg; 410 Dresden – Plauen; 415 Holzhau – Freiberg; 45 Buslinien – für die Rückfahrt von Nossen, Markt sind die Linien R-418 Meißen – Freiberg, T-555 Nossen – Freiberg und T-556 Leipzig – Freiberg maßgebend.
Parkmöglichkeiten Am Bahnhof.
Wegmarkierungen Blauer Strich, im Bereich des Roten Grabens und in Halsbrücke kurzzeitig roter Strich; oft Wanderwegweiser.
Tourenlänge 26 Kilometer.
Wanderzeit 6½ Stunden.
Höhenunterschiede Etwa 250 Meter Anstiege und 400 Meter Abstiege.
Wanderkarte Gegenwärtig nur 1:120000 Touristenkarte Mulde-Zschopau.
Anmerkungen Leichte, bergbaugeschichtlich interessante Wanderung, die zwischen Krummhennersdorf und Nossen auch von großem landschaftlichen Reiz ist. Zum überwiegenden Teil gute Wanderwege mit ordnungsgemäßer Kennzeichnung. Einkehrmöglichkeiten in Halsbrücke, Reinsberg, Zollhaus Bieberstein und in Nossen.
Wissenswertes In *Freiberg* wird der Besucher auf Schritt und Tritt mit der Geschichte konfrontiert. Weiteres über die Stadt und ihre vielen Sehenswürdigkeiten siehe Publikationen von Freiberg-Information, Burgstraße 1. – Die 1841 angelegte *Reiche Zeche* mit dem letzten Förderturm des Freiberger Bergbaureviers ist seit 1913 teilweise Lehrgrube der hiesigen Bergakademie; jetzt auch Besucherbergwerk. – *Herders Ruhe:* Auf dem heute mit großen Eichen und Buchen bestandenen Haldengelände der Grube »Heilige Drei Könige« wurde der Oberberghauptmann Siegmund August Wolfgang Freiherr von Herder (1776–1838) – ein Sohn des großen deutschen Literaten – bestattet. – *Roter Graben:* 1613 zwischen Halsbach und Halsbrücke angelegt, Name vom brauneisenhaltigen Wasser. – *Halsbrücke* wird geprägt durch die »Saxonia AG«, die sich mit der Gewinnung und Verarbeitung von Edelmetallen beschäftigt. Auf dem Sandberg erhebt sich die Halsbrücker Esse. Der 140 Meter hohe Schornstein wurde 1888–89 zur Ableitung der giftigen Abgase des Halsbrücker Hüttenwerkes erbaut und galt viele Jahre als höchster der Erde. – *Krummhennersdorf* liegt an der alten

Zu Tour 38 **An der Halsbrücker Esse**

»Heer- und Handelsstraße« von Freiberg nach Meißen. Ehemaliges Rittergut mit Resten eines Parkes. Die »Grabentour« verdankt Namen und Entstehung dem Freiberger Silberbergbau. Zum Betreiben der Bergbaumaschinen mußte Wasser in einem 3557 Meter langen Kunstgraben aus der Bobritzsch herangebracht werden. Heute ist er teilweise sogar zugewachsen; jedoch zählt die »Grabentour« im gleichnamigen Landschaftsschutzgebiet zu den reizvollsten und beliebtesten Wanderungen Sachsens. – *Schloß Reinsberg* wird jetzt als erstklassiges Hotel genutzt. – Im *Schloß Bieberstein* ist heute eine Jugendherberge untergebracht. – *Zollhaus Bieberstein:* Einst Erhebung von Brücken- und Wegezoll an der alten »Heer- und Handelsstraße« von Freiberg nach Meißen; Gaststätte. – *Nossen:* Schloß mit sehenswertem Heimatmuseum.

Tourenbeschreibung Vom *Bahnhof* gelangen wir durch die *Bahnhofstraße* und *Poststraße* sowie dem innerstädtischen Grüngürtel an der *Hornstraße* und dem *Donatsring* nach 2 Kilometern zum eigentlichen Ausgangspunkt der Tour, der Kreuzung Meißener Ring/Halsbrücker Straße. Wir verlassen geradeaus mit dem bergan führenden *Tuttendorfer Weg* die Kreisstadt Freiberg. Nach einer Gartenanlage erscheint vor uns die *Reiche Zeche* (Förderturm). Bevor der Wanderweg die Halde umgeht, sollten wir links einen Abstecher zu *Herders Ruhe* unternehmen; die Begräbnisstätte des Oberberghauptmannes von Herder liegt inmitten eines Wäldchens.

Ein aussichtsreicher, anfangs ziemlich zugewachsener Feldweg (Achtung, auf Wegeführung und Markierung genau Obacht geben!) bringt uns in das *Tal der Freiberger Mulde*. Hier geht es mit dem Weg *Fuchsmühle* links ab, wobei uns bis Halsbrücke der *Rote Graben* begleitet. Links der Strecke erscheinen nacheinander die Mundlöcher des *Haupt-Stolln-Umbruchs* und des *Alten und Tiefen Fürsten Stollns.* Dann treffen wir auf die Straße Tuttendorf – Conradsdorf und folgen anschließend dem *Halsbrücker Weg.* An der *Unteren Ratsmühle* wird ein Fahrweg (Ratsmühlenweg) gekreuzt. Dann ist unser Gehänge bewaldet. Wo Graben und Weg wieder ins Freie kommen, nicht mit der blauen Strichmarkierung links aufwärts, sondern am Roten Graben weiter. Am Rand von *Halsbrücke* setzt sich der Wanderweg (rote Kennzeichnung maßgebend) nach Überschreitung des Roten Grabens als *Hüttengasse* fort, um zur *Hauptstraße* zu gelangen.

Die Strecke verläuft schräg gegenüber durch den *Bergmannsweg,* gewinnt aber unterhalb der »Saxonia AG« wieder die Hauptstraße. Nach Überquerung der *Freiberger Mulde* geht es im spitzen Winkel sofort rechts den *Sandberg* aufwärts. In 100

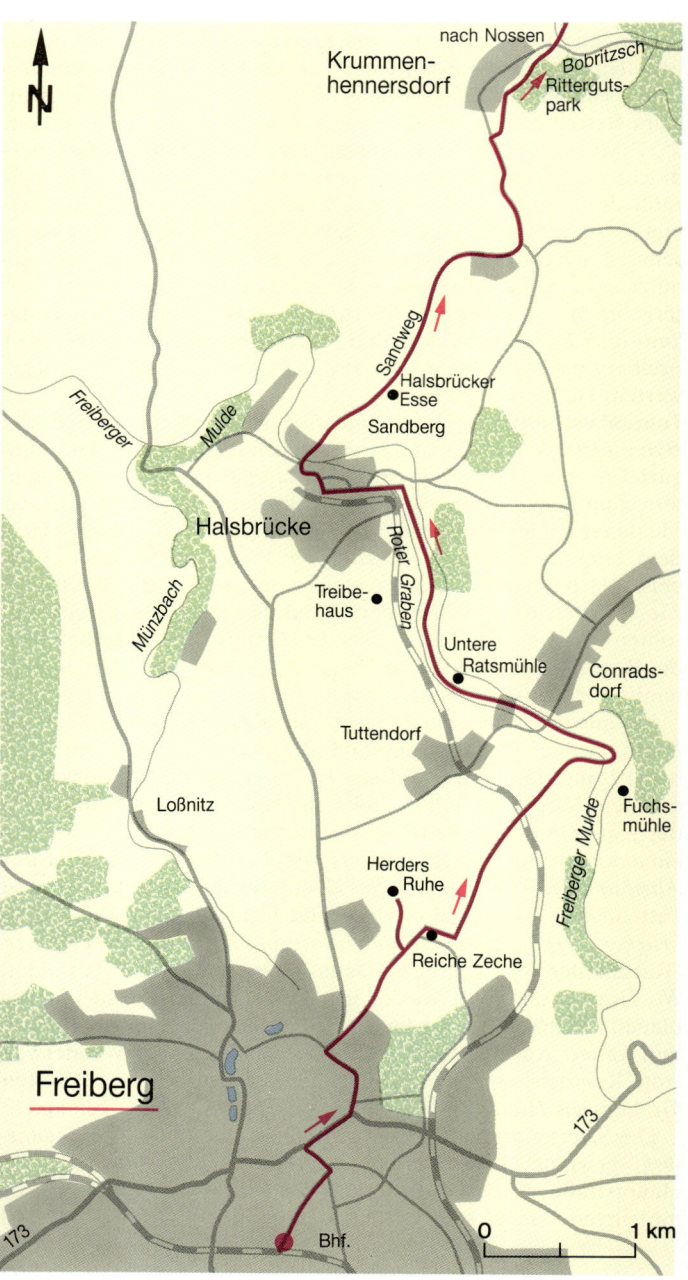

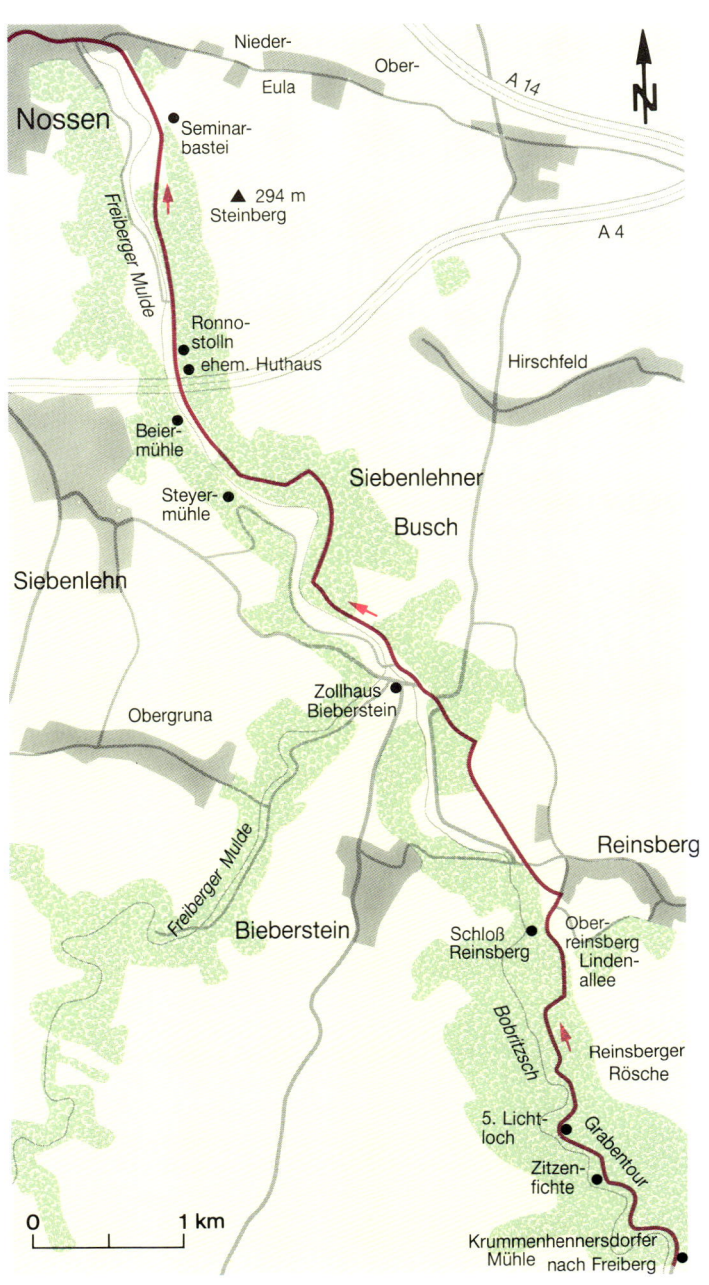

Meter Entfernung am Treibehaus und der Kaue des 8. Lichtloches vom Rothschönberger Stollen vorüber, erreichen wir die Höhe, auf der die *Halsbrücker Esse* steht. Wir folgen geradeaus dem *Sandweg*. An einer einzelnen Esche (Höhe 360,7) nach Osten umschwenkend, senkt sich der Weg nach *Krummenhennersdorf*. Die *Dorfstraße* hinab; nach 0,7 Kilometern – vor der Gaststätte »Bobritzschtal« (geschlossen) – rechts hinauf zur Kirche. Anschließend betreten wir durch ein Tor in der Umfassungsmauer den ehemaligen *Rittergutspark*. Steil abwärts und am früheren Herrenhaus vorbei, gelangt man erneut zur Dorfstraße. Mit ihr kurz danach über die *Bobritzsch* und nach weiteren 250 Metern zur *Krummenhennersdorfer Mühle,* an der die eigentliche *Grabentour* anfängt.

Der Wanderweg verläuft schon bald mittig zwischen dem Kunstgraben und der uns ständig zur Linken begleitenden Bobritzsch. Nach 400 Metern beginnt der erste Stollen, die *Felsenbachrösche*. Das zunächst noch breite Tal wird enger und ist schließlich beiderseits bewaldet. Der Weg überwindet eine Anhöhe und tritt in seinen romantischsten Abschnitt ein. Vorbei an den mächtigen Königsfichten erreicht man parallel zu einer offenen Grabentrasse die *Porzellanfelsenrösche*. Von hier lohnt sich 200 Meter nach links ein Abstecher zur über zweihundertjährigen *Zitzenfichte* mit ihren eigentümlichen Astansätzen.

An der schmalsten Stelle drängt sich der Pfad direkt an die Uferfelsen der Bobritzsch. Danach überqueren wir den Kunstgraben und wandern bergan zur Halde des 5. Lichtloches, das vor allem an den Resten des Schachtgebäudes erkennbar ist. Dem Flußbogen folgend, geht es vorbei an einer »Beiers Ruhe« genannten kleinen Felsgruppe zur *Buchenbornrösche* (hier nochmals ein felsiger Abschnitt des Wanderweges) und anschließend zur *Reinsberger Rösche,* wo der Kunstgraben verschwindet und erst unmittelbar am 4. Lichtloch des Rothschönberger Stollens in Niederreinsberg wieder zu Tage tritt. Auch die Grabentour verläßt das östliche Bobritzschufer. In 300 Metern hinauf zur 190 Jahre alten *Lindenallee*. Diese abwärts und am Rande von *Oberreinsberg* auf einem bituminierten Weg links hinüber zum *Schloß Reinsberg*. Von hier nordwärts zum Mittelpunkt des Oberdorfes am Gasthof »Zum Städtchen«, dann nach 100 Metern links ab und hinunter nach *Niederreinsberg*. Jenseits der Talstraße Siebenlehn – Mohorn die *Schmiedestraße* aufwärts. Sie geht später in einen Feldweg über. Er steigt zunächst an, fällt dann aber durch Wald wieder zur Talstraße, direkt an der Einmündung der von Hirschfeld kommenden Landstraße. Nach 200 Metern haben wir das *Zollhaus Bieberstein* erreicht.

An der Gaststätte rechts über die Bobritzsch und dann die Zufahrtsstraße zur »Papierfabrik Reinsberg« entlang. Dieser Betrieb wird umgangen. Nun im Tal der *Freiburger Mulde* durch den reizvollen *Siebenlehner Busch*. In Höhe der *Beiermühle* verengt sich das Tal (Blick zur Siebenlehner Autobahnbrücke). Wir unterqueren sie und kommen an dem *Ronno-Stolln* vorüber.

Unser Ufer wird bis Nossen durch bewaldete Steilhänge gebildet, deren markantester Punkt im Anschluß an Sportplatz und einen Teich die *Seminarbastei* darstellt. Beim früheren Lehrerseminar erreichen wir die Stadt *Nossen*. Vom *Seminarweg* links in die *Dresdner Straße* abzweigend, wird die *Freiberger Mulde* überquert und der Straßenverlauf hinauf zum Markt mittels einer steilen Fußgängerverbindung unterhalb des Schlosses abgekürzt.

39 Olbernhau – Olbernhau-Grünthal – Olbernhau-Hirschberg – Kurort Seiffen – Schwartenberg – Neuhausen

Verkehrsmöglichkeiten Bahnlinie 425 Chemnitz – Neuhausen mit den Bahnhöfen Olbernhau und Neuhausen; Buslinien R-364 Dresden – Olbernhau; T-207 Chemnitz – Olbernhau; T-245 Chemnitz – Olbernhau; T-451 Freiberg – Olbernhau; T-452 Olbernhau – Neuhausen; T-453 Olbernhau – Kurort Seiffen – Olbernhau; T-458 Haselbach – Olbernhau; T-497 Marienberg – Olbernhau; T-499 Annaberg-Buchholz – Olbernhau; zusätzlich einige Buslinien aus den Vororten.
Parkmöglichkeiten Unter anderem in der Bahnhofstraße.
Wegmarkierungen Zwischen Olbernhau und Aufstieg zum Schwartenberg roter Strich (zwischen Olbernhau-Hirschberg und Kurort Seiffen zusammen mit blauem Strich), sonst siehe Tourenbeschreibung; Wanderwegweiser.
Tourenlänge 20,5 Kilometer.
Wanderzeit 5½ Stunden.
Höhenunterschiede Etwa 520 Meter Anstiege (davon 170 m vom Kurort Seiffen zum Schwartenberg) und 450 Meter Abstiege (davon über 250 m vom Schwartenberg nach Neuhausen).
Wanderkarte 1:50000 Kompass-Wanderkarte Nr. 1060 Mittleres Erzgebirge.
Anmerkungen Verschiedene Geländeformen und der Wechsel zwischen Wald, Feld und Siedlung kennzeichnen die reizvolle Tour. In der Advents- und Weihnachtszeit bestimmt vor allem in

Seiffen erzgebirgisches Brauchtum das öffentliche Bild. Größtenteils gute Wanderwege, jedoch unterschiedliche Qualität in der Kennzeichnung und Ausschilderung. Erstrangiger Aussichtspunkt Schwartenberg. Einkehrmöglichkeiten im Kurort Seiffen, in der »Schwartenbergbaude« und in Neuhausen.

Wissenswertes *Olbernhau* erstreckt sich in einer Talweitung der Flöha, in der die Natzschung, die Biela, die Schweinitz, der Dörfelbach, der Bärenbach und der Rungstockbach münden (»Stadt der sieben Täler«). Vielfältiger Industriestandort, besonders berühmt die Spielzeugfabrikation. Am Marktplatz das »Haus der Heimat« (Museum) und die Pfarrkirche mit bemerkenswertem Altargemälde. – *Olbernhau-Grünthal, Saigerhütte* siehe Tour 14. – *Oberneuschönberg:* Direkt über der Natzschungmündung liegt die barocke Dorfkirche mit mächtigem hölzernem Tonnengewölbe und reicher Innenausstattung. – Der *Kurort Seiffen,* einst zur Ausbeutung von Zinnseifen gegründet, ist der weltweit bekannte Mittelpunkt der erzgebirgischen Spielwarenindustrie, deren Anfänge bis in das 16. Jahrhundert zurückreichen. Hier auch das »Erzgebirgische Spielzeugmuseum« und eine Schauwerkstatt; im Ortsteil *Heidelberg* ein Freilichtmuseum mit dem letzten Wasserkraft-Drehwerk (1758–60 erbaut) des Erzgebirges. Die 1776–79 in Form eines Achteckes entstandene Dorfkirche ist ein barocker Zentralbau mit hohem Zeltdach und Glockentürmchen. – *Neuhausen* siehe Tour 40.

Zu Tour 39 **Auf dem Schwartenberg**

Tourenbeschreibung Wir gehen die *Bahnhofstraße* von *Olbernhau* hinab, biegen nach 230 Metern links in den *Rübenauer Weg* ein. Dieser überquert die Bahnlinie, folgt ihr 350 Meter südostwärts und verläuft dann über Wiesen (im Winter Skigelände) und durch ein Waldstück steil bergan zum *Anton-Günther-Stein*. Nach 200 Metern wenden wir uns links hinab zum bisherigen Lehr- und Ferienheim des Forstwirtschaftsbetriebes Marienberg und dann durch Wald zum *Königsweg* (siehe Tour 14). In diesen links einbiegend; aber bereits nach 300 Metern, vor der spitzen Linkskrümme, das linke Ufer des Dörfelbaches abwärts (felsiges Terrain) zum *Dörfelteich*. Kurz danach wird das Ufer gewechselt; der Olbernhauer Stadtteil *Dörfel* ist erreicht. Schließlich zweigen wir 50 Meter unterhalb des in der ehemaligen Dörfelmühle untergebrachten Glaswerkes rechts vom Bruchbergweg ab und wandern entlang des Waldrandes an der Nordseite des *Bruchberges* (672 m) zum *Ullmanngut*. Nunmehr (kurzzeitig im Einklang mit dem Schluß der Wanderung 14) den *Heinrich-Heine-Weg* abwärts, dann rechts mit dem *Jagdweg* (gegenüber dem Bahnhof von Olbernhau-Grünthal) zur *Rothenthaler Straße*. An der *Saigerhütte Grünthal* vorbei, dann rechts, nach Überschreiten der Neuhausener Bahnlinie, in die *Grünthaler Straße* einbiegen. Unter Querung der Flöha gelangen wir nach 250 Metern zum Eingang des die Oberneuschönberger Straße bildenden *Hüttengrundes*. 80 Meter oberhalb zweigt rechts ein Fußweg ab, der uns weiter aufwärts zur malerischen Dorfkirche des Olbernhauer Stadtteiles *Oberneuschönberg* bringt.

Mit dem *Kirchweg* und der *Alten Straße* durchqueren wir Oberneuschönberg und treffen wieder auf die Talstraße (Zollstraße). Sie verläuft entlang der tschechischen Grenze und kreuzt nach 400 Metern die Bahnlinie (nahebei der Haltepunkt Oberneuschönberg) sowie die Flöha. Am Straßenabzweig nach Neuhausen und Deutschneudorf bzw. Seiffen im Stadtteil *Hirschberg* setzt sich unsere Tour geradeaus auf dem *Sachsenweg* fort und tritt bereits nach 500 Metern in den ausgedehnten *Hirschberger Forst* ein. Wir kommen zum Kurort Seiffen, dabei zunächst dem Lauf des Schweinitztales folgend, dann in das Seiffener Tal. Das Spielzeugdorf erreicht der *Sachsenweg* im Ortsteil *Grund*.

Wir gehen die Hauptstraße *Seiffens* 1,1 Kilometer aufwärts und kommen am Spielzeugmuseum vorüber. In der Mitte des Dorfes wird links der stark ansteigenden *Bahnhofstraße* gefolgt. Nach 170 Metern setzt sich die Route rechts durch die Straße *Am Schindelberg* und anschließend auf dem *Glashüttenweg* fort. Diese schmale Fahrstraße passiert die Seiffener Streusiedlung

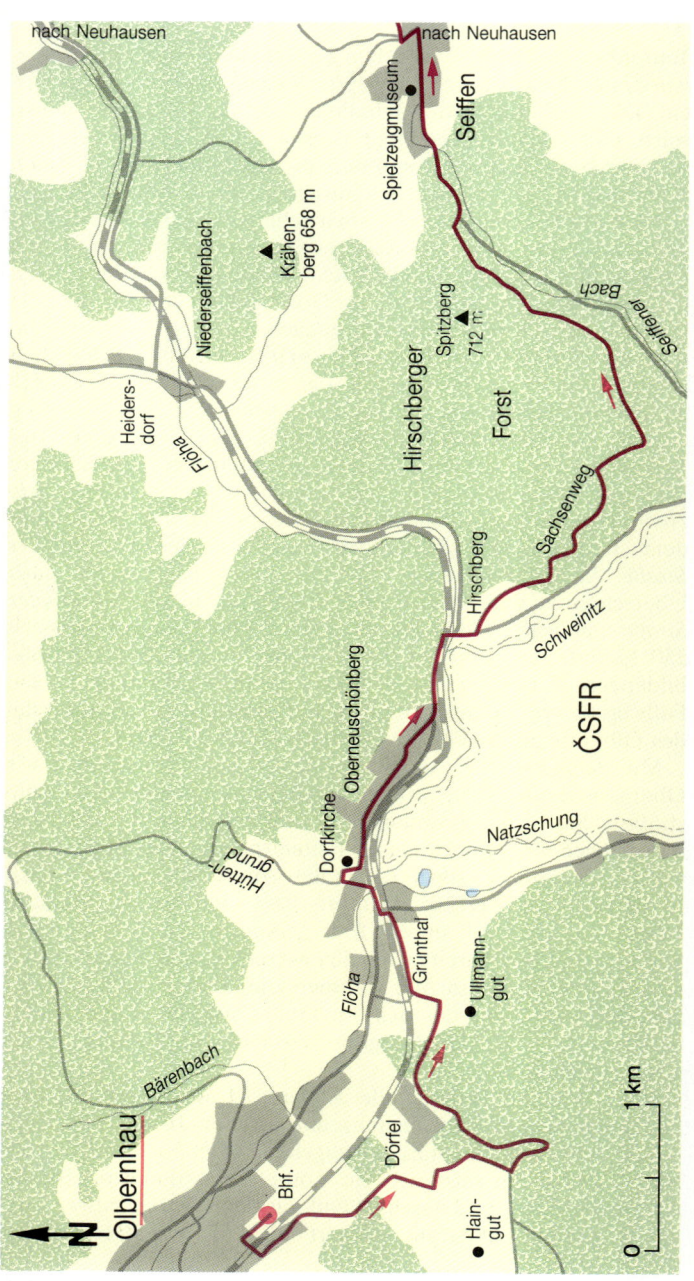

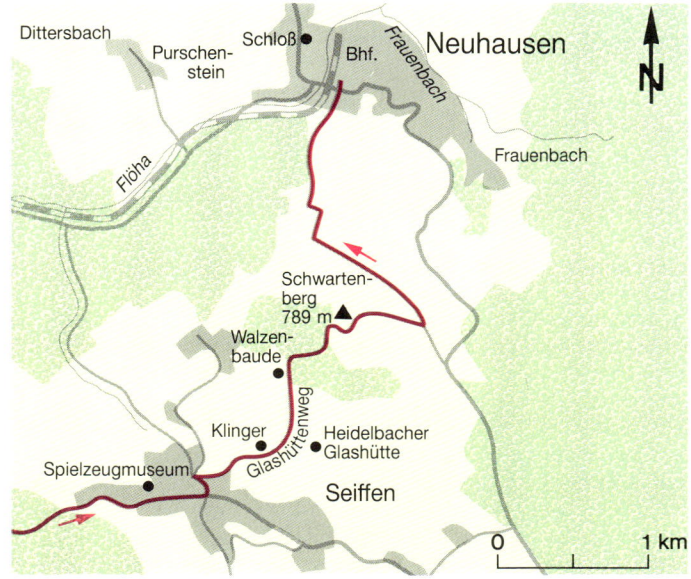

Klinger und führt zwischen Wiesen aufwärts zum Waldrand. Zur Linken befindet sich Ferienheim und Pension Walzenbaude. Nach 150 Metern verlassen wir den rot markierten »Wanderweg Erzgebirge-Vogtland« und erklimmen den 789 Meter hohen *Schwartenberg-Gipfel*.

Wir wandern die ebereschengesäumte Straße ostwärts hinunter, biegen dann vor dem Ende eines wiederaufgeforsteten Waldstücks (500 m) links in einen Feldweg ein. Zuweilen mit rotem Andreaskreuz markiert, senkt er sich allmählich entlang der Nordseite der Erhebung, tangiert mehrere Anwesen und quert schließlich auch wieder den an der Westseite des *Schwartenberges* vorbeiführenden, ebenfalls in Neuhausen das nächste Ziel suchenden »Wanderweg Erzgebirge-Vogtland« (siehe oben!). In Kehren kommen wir durch ein Kerbtal steil hinab in die Gemeinde *Neuhausen*. Deren Kern erreichen wir an der Nahtstelle von »Hauptstraße« und »Brüxer Straße«. Gegenüber bringt uns die »Bahnhofstraße« nach 120 Metern zur oberen Endstation der Linie Chemnitz – Neuhausen.

40 Neuhausen – Rauschenbach-Talsperre – Cämmerswalde – Neuhausen

Verkehrsmöglichkeiten Bahnlinie 425 Chemnitz – Neuhausen; Buslinien T-452 Olbernhau – Neuhausen; T-454 Freiberg – Deutschneudorf; T-468 Rechenberg-Bienenmühle – Neuhausen.
Parkmöglichkeiten Vor dem Bahnhof.
Wegmarkierung Sehr unterschiedlich – siehe Tourenbeschreibung; mitunter Wanderwegweiser.
Tourenlänge 15 Kilometer.
Wanderzeit 3½ bis 4 Stunden.
Höhenunterschiede Insgesamt etwa 250 Meter.
Wanderkarten 1:50000 Kompass-Wanderkarte Nr. 1060 Mittleres Erzgebirge oder 1:50000 Umgebung von Rechenberg-Bienenmühle (Tourist-Verlag).
Abkürzung 5,5 Kilometer weniger, wenn die Tour gleich über die Sperrmauer der Rauschenbach-Talsperre führt.
Anmerkungen Leichte Wanderung mit verhältnismäßig geringen Steigungen und Gefällen, durch die Landschaft und einigen Sehenswürdigkeiten am Wege abwechslungsreich. Mehr als 50% der Strecke ist öffentlicher Verkehrsraum, aber mit meist schwacher Frequentierung. Einkehrmöglichkeiten in Neuwernsdorf und Neuhausen. Imbiß saisonbedingt an der IL 14 bei Cämmerswalde.

Zu Tour 40 **Rauschenbach-Talsperre mit Straßenbrücke bei Neuwernsdorf**

Wissenswertes *Neuhausen:* Reger Industrieort, vor allem Herstellung von Sitzmöbeln. Überragt wird Neuhausen von dem auf einem Felsvorsprung stehenden Renaissanceschloß Purschenstein. Am Südwesthang der Schloßpark mit altem Baumbestand. – Die *Rauschenbach-Talsperre* staut die obere Flöha, den Wernsbach und natürlich den Rauschenbach. Sie dient der Trinkwasserbereitstellung für die Räume Chemnitz und Freiberg sowie dem Hochwasserschutz und der Wasserstandsregulierung der Flöha. Im Talsperrengebiet beginnt der für die Wasserversorgung des Freiberger Bergbaus früher notwendige *Kunstgraben* (Technisches Denkmal) als Rösche. Das gesamte System, in das auch mehrere Kunstteiche integriert sind, ist 78 Kilometer lang; davon verlaufen 24 Kilometer unterirdisch, also in Röschen. – *Cämmerswalde:* Bemerkenswerte spätgotische Dorfkirche (1419–22) und ein außer Dienst gestelltes Flugzeug IL 14, das besichtigt werden kann.

Tourenbeschreibung Bis zur Rauschenbach-Talsperre die rote Strichmarkierung des »Wanderweges Erzgebirge – Vogtland« nutzend, folgen wir links der *Bahnhofstraße* (500 m) und nach Querung des *Frauenbaches* rechts dem *Neuwernsdorfer Weg.* Dieser steigt allmählich an und führt nach *Rauschenbach,* das wir am Altenpflegeheim erreichen. Anschließend hinunter zur Landstraße Neuhausen – Deutschgeorgenthal. Unsere Tour folgt jedoch wenig später dem steilen, aber kurzen Touristensteig zum Parkplatz, 150 Meter südlich der Krone der Sperrmauer (Abstecher empfehlenswert!). Nach 100 Metern zweigt von der Landstraße halbrechts ein Weg (gelbe Strichmarkierung) in den *Einsiedler Wald* ab und läßt uns, zuletzt unter Gefälle, nach 2 Kilometern *Neuwernsdorf* an der tschechischen Grenze erreichen. Erneut zur Landstraße Neuhausen – Deutschgeorgenthal und mit ihr den östlichen Teil der *Rauschenbach-Talsperre* auf einer 252 Meter langen, bogenförmigen Brücke überqueren (in diesem Bereich kurzfristig wieder rote Strichmarkierung). Am rechten Ufer sofort links ab; die schmale Fahrstraße nach Cämmerswalde steigt an. Oben bietet sich ein reizvoller Blick auf den Stausee und den von einer Baude gekrönten Schwartenberg (789 m).

Bis zur Straßenkreuzung am ersten Gebäude von *Cämmerswalde;* hier links einbiegen. Wir tangieren die Peripherie des Dorfes und kommen nach 1 Kilometer zum Standort der IL 14. Die Fahrstraße weiter abwärts. Wo sie links umschwenkt, folgt unsere Route dem rechts in ein Bachtal führenden Feldweg (grüne Strichmarkierung und Wanderwegweiser). Unten gabelt sich dieser; links über den Dorfbach und an der ehemaligen *Öl-*

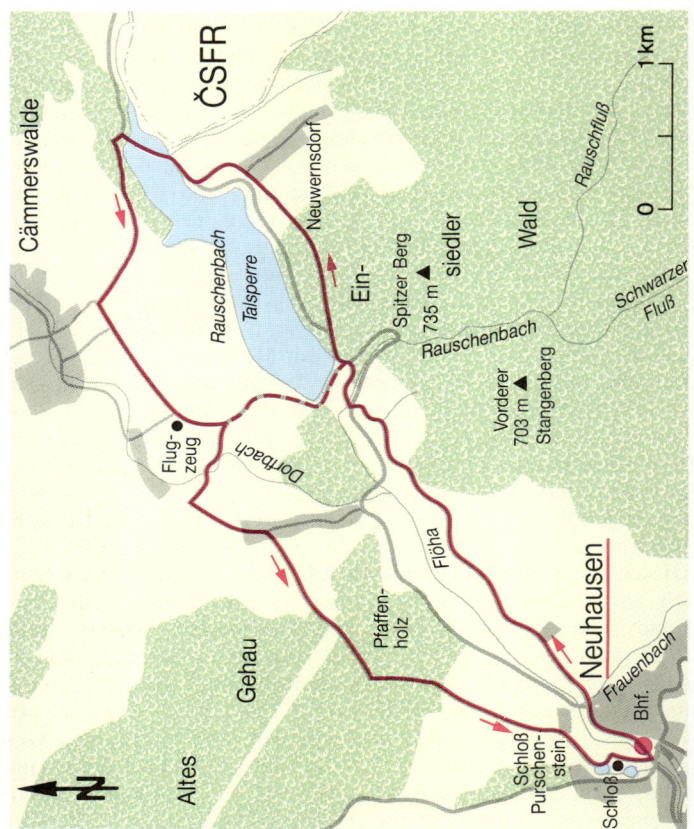

mühle (jetzt mit der Kennzeichnung rotes Andreaskreuz – bis zum Ende der Wanderung!) rechts hinüber zur *Hauptstraße* von Cämmerswalde. Dieser folgen wir links bis zu einer Krümme (450 m), dann geht es halbrechts den Plattenweg weiter (nunmehr auch grüne Strichmarkierung). Allmählich ansteigend und in einen Feldweg übergehend, treten wir dann nach 0,7 Kilometern in das *Pfaffenholz* ein. Der Wanderweg fällt hier in ein Bachtal ab, wendet sich aber an einer Schutzhütte rechts aufwärts. Zwischen Feldern und entlang dem rechten Flöhagehänge gelangen wir nach 1,4 Kilometern zum ehemaligen Schloßgut *Purschenstein*. Südlich davon liegt das eigentliche Bauwerk, vor dem die Route halblinks den *Schloßberg* hinunterführt und in die *Hauptstraße* von *Neuhausen* mündet. Links über die Gleise und die Flöha zur *Bahnhofstraße*.

41 Sayda – Kreuztanne – Clausnitz – Rechenberg-Bienenmühle

Verkehrsmöglichkeiten Buslinien R-364 Dresden – Olbernhau; T-454 Freiberg – Deutschneudorf; T-458 Olbernhau – Haselbach; T-508 Freiberg – Frauenstein (hält auch am Bahnhof Bienenmühle); T-534 Freiberg – Sayda.
Parkmöglichkeiten Auf dem Markt und in dessen unmittelbarer Umgebung.
Wegmarkierung Blauer Strich, teilweise sehr lückenhaft.
Tourenlänge 11 Kilometer.
Wanderzeit 3 Stunden.
Höhenunterschiede Etwa 150 Meter Anstiege und 275 Meter Abstiege (davon 85 m nach Clausnitz und 95 m nach Bienenmühle hinab).
Wanderkarten 1:50000 Umgebung von Rechenberg-Bienenmühle (Tourist-Verlag) oder 1:50000 Kompass-Wanderkarte Nr. 1060 Mittleres Erzgebirge.
Verlängerung 2,5 Kilometer mehr, wenn die Tour in Rechenberg, am Bahnhof (Linien 415 Holzhau – Freiberg), endet.
Anmerkungen Leichte Wanderung, die nur zu etwa 1/3 im oder am Wald verläuft; oft aussichtsreich. Unterschiedliche Güte der Wanderwege; teilweise Benutzung von Anliegerstraßen. Einkehrmöglichkeiten in Rechenberg-Bienenmühle, unter Abweichung von der Route auch in Clausnitz.
Wissenswertes *Sayda:* Große Stadtkirche »St. Marien« mit sehenswerten Grabdenkmälern der Familie von Schönberg-Purschenstein. Hospital »St. Johannis« (wird gegenwärtig restauriert) und die benachbarte kleine spätgotische Friedhofskirche. – Die *Kreuztanne* am Schnittpunkt der Alten Poststraße mit dem Bierweg Cämmerswalde – Friedebach war einst ein bekannter Straßengasthof bei einer Tanne als Wegzeichen; zuletzt ein Ferienheim, künftig soll es ein Hotel werden.
Tourenbeschreibung Vom Markt in *Sayda* folgen wir der *Dresdner Straße* aufwärts und kommen nach 400 Metern am Bahnhof zur Linken und dem Hospital »St. Johannis« vorüber. An der vor Ort erfolgenden Straßenteilung hält sich unsere Wanderung links (B 171), bei der nach 150 Meter erneuten dreifachen Straßenteilung geradeaus. Der kaum benutzte, beiderseits baumbestandene Anliegerfahrweg führt an der *Friedebacher Höhe* (735 m) vorüber zur *Kreuztanne*.

Die *Alte Poststraße* schwenkt links um und steigt den *Meisenberg* hinauf. Durch Wald, dann zwischendurch zur Linken erneut offenes Gelände. 80 Meter nachdem die Tour nochmals

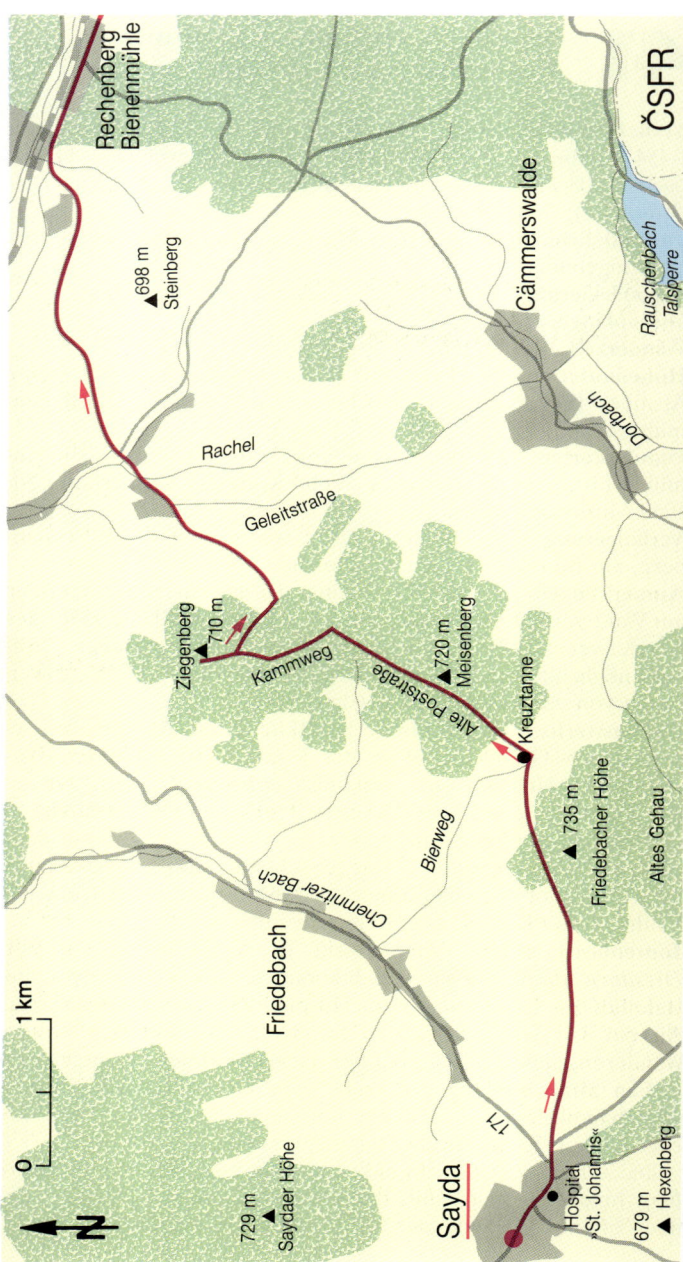

beiderseits ins Grün der Fichten eingetreten ist, sollten wir links mit dem *Kammweg* (Wegweiser »Dorfchemnitz«) der Höhe des Ziegenberges (710 m) einen Besuch abstatten.

Wir gehen 200 Meter auf dem Kammweg zurück und mit einem links abgehenden Weg wieder zur Alten Poststraße. Sie wird am Waldrand erreicht. Nunmehr steil abwärts nach *Clausnitz.* Am Dorfeingang wird die Geleitstraße gekreuzt und anschließend die *Rachel,* eine vom Dorfbach gebildete steilwandige Schlucht, überquert. Nach 250 Metern überschreiten wir die Dorfstraße des Ortes. Nach kräftigem Anstieg gewinnt die Alte Poststraße die aussichtsreiche Höhe, senkt sich dann aber hinab zur Siedlung *Neuclausnitz* am Bahnhof von Bienenmühle.

Für den eventuellen Weiterweg nach Rechenberg bleiben wir flußaufwärts am linken Ufer der *Freiberger Mulde* und folgen immer der *Alten Straße.* Diese ist zunächst identisch mit der Staatsstraße Bienenmühle – Neuhausen, nach 500 Metern aber eine reine Anliegerstraße. Sie passiert eine Reihe Eigenheime sowie Fachwerkhöfe. Nach einem Abstecher hinüber zum Dorfkern von *Rechenberg,* am Fuße des Burgfelsens, weiter zum Bahnhof des Ortsteiles.

42 Tharandt – Seerenteich – Grillenburg – Kurort Hartha – Tharandt

Verkehrsmöglichkeiten Bahnlinie 410 Dresden – Plauen; Buslinien R-343 Klingenberg – Freital; R-344 Freital – Tharandt; R-345 Freital – Fördergersdorf; R-346 Freital – Grillenburg; R-363 Frauenstein – Freital.
Parkmöglichkeiten Hauptsächlich »Am Markt« (am Fuße des Burgberges).
Wegmarkierung Häufig wechselnd, zum Teil lückenhaft (siehe Tourenbeschreibung); aber überall gute Ausschilderung mit Wanderwegweisern.
Tourenlänge 21,5 Kilometer.   **Wanderzeit** 5½ Stunden.
Höhenunterschiede Insgesamt etwa 450 Meter. Steiler Anstieg von Tharandt zur Burgruine und weiter hinauf zur Höhe des Kienberges (147 m); steiler Abstieg vom Harthaer Buchenweg nach Tharandt (etwa 100 m).
Wanderkarte »Tharandter Wald – Rabenauer Grund« 1:30000 (Tourist-Verlag).
Anmerkungen Mit Ausnahme des Steilanstiegs auf den Kienberg leichte Wanderung, die zu 70% durch Wald führt; auf-

grund des hohen Anteils an Laubgehölzen besonders als Frühlings- oder Herbsttour zu empfehlen. Im Tharandter Wald selbst sehr gute Wanderwege mit der entsprechenden Ausschilderung. Einkehrmöglichkeiten in Grillenburg, im Kurort Hartha und in Tharandt.

Wissenswertes *Tharandt:* Erlangte Berühmtheit durch seine Forstakademie. Diese wurde 1811 als Privatanstalt gegründet. Sie lebt in der Gegenwart als Abteilung Forstwirtschaft der Technischen Universität Dresden fort. Sehenswert: Forstbotanischer Garten am Kienberg. Auf dem Burgberg das als Ruine bestehende Schloß und die Bergkirche »Zum heiligen Kreuz: Sie wurde 1626–29 erbaut und weist ein spätromanisches, um 1230 geschaffenes Rundbogenportal auf. – *Tharandter Wald,* Landschaftsschutzgebiet, gilt als der schönste Forst Sachsens. Das heutige Wegenetz, das meist aus rechtwinklig sich schneidenden Flügeln und Schneisen besteht, geht auf Heinrich Cotta zu Beginn des 19. Jahrhunderts zurück. – Auf dem *Kienberg* (355 m) befindet sich in der Mitte eines aus 80 Eichen bestehenden Hains *Cottas Grab.* Unweit davon das Grab des Oberforstrates Johann Friedrich Judeich (1828–94), Direktor der Forstakademie. – Der bis zu 8 Meter tiefe, vom Seerenbach durchflossene *Seerenteich* ist der letzte der alten Flößereiteiche im Gebiet der Wilden Weißeritz. – Der Harthaer Ortsteil *Grillenburg* verdankt seine Entstehung dem einstigen Jagdschloß des Kurfürsten August I. von Sachsen. Seit 1966 ist hier die Forstliche und Jagdkundliche Lehrschau der Tharandter Forsthochschule etabliert. Das eigentliche Grillenburg ist seit 1957 Erholungsort mit Freibad (hinterer Teich) und Rudermöglichkeit (vorderer Teich). – *Hartha* ist der bedeutendste Kurort (seit 1933; gegenwärtig aber ohne Kurbetrieb) des Tharandter Waldes.

Tourenbeschreibung Aus dem Bahnhof von *Tharandt* tretend, folgen wir links der *Dresdner Straße.* Sie verläuft zunächst im *Tal der Wilden Weißeritz,* biegt dann aber in das *Schloitzbachtal* ein. Hier kommen wir linkerhand an der zur Schillerstraße (mit dem Rathaus) hin gelegenen schönen Grünanlage vorbei. Es folgt der Straßenabschnitt *Am Markt,* an dessen linker Seite sich ein großer Parkplatz befindet. An seinem oberen Ende steigen wir links mit dem *Tharandter Naturlehrpfad* auf den *Burgberg* (256 m), den Bergkirche und Schloßruine krönen. Etwas unterhalb der letzteren rechts weiter zu der im gotisch-maurischen Phantasiestil (19. Jh.) erbauten *Villa Suminski* (jetzt von der Forsthochschule genutzt). Hier links ab, dann nach 80 Metern entsprechend der Ausschilderung und unter Eintritt in den *Tharandter Wald* die *13 Drehen* steil aufwärts (der Forstbotanische

Garten bleibt dabei rechts liegen). Oben kurzer Abstecher zur Höhe des *Kienberges* (355 m; Sitzgruppe) empfehlenswert. Zurück zum Hauptweg, gelangen wir nach 200 Metern zu *Cottas Grab*. Gegenüber führt eine kurze Wegstrecke am *Grab des Oberforstrates Judeich* vorüber zum *Heinrichseck* (herrliche Aussicht).

Mit der anfangs doch lückenhaften gelben Strichmarkierung folgen wir dem Wanderweg *Mauerhammer* und schwenken bald aus der südlichen in die südwestliche Richtung um. Am oberen Ausgang des *Breiten Grundes* kreuzt unsere Route die Schneise 4, dann erklimmt sie die Höhe 409. 350 Meter nach Abzweig des Birkenweges biegen wir vom Mauerhammer halblinks mit dem *Warnsdorfer Flügel* ab. Dieser vollführt unter systematischem Gefälle einen Linksbogen und trifft auf den *Dorfhainer Weg*. Hinab zur sechsfachen Wegteilung an der *Warnsdorfer Quelle*. Sie selbst liegt 100 Meter entfernt, etwas unterhalb des Rastplatzes, am Warnsdorfer Weg. – Die Tour folgt weiter dem Dorfhainer Weg. Allmählicher Anstieg und nach 1,4 Kilometern erneut zu einer sechsfachen Wegspinne. Links abwärts und über die Bahnlinie (Schranke!) hinweg zum schön liegenden *Seerenteich*. Auf dem Damm des kleinen Staubeckens zum Südufer; dieses entlang (kurzzeitig grüne Strichmarkierung). Nach 500 Metern biegen wir rechts in einen von Dorfhain herabkommenden Weg ein, kreuzen den *Seerenbach* und unterqueren wieder die Bahnlinie. Um das Zwischenziel Grillenburg zu erreichen, wird jetzt nicht dem ausgeschilderten Weg bergan gefolgt, sondern sofort links bis zum Abzweig des B-Flügels gewandert. Wir nutzen ihn südwestwärts (Wanderwegweiser Naundorf) bis zur Schneise 15 nach Passieren des *Kroatenwassers*. Hier wird rechts abgezweigt; nach 1 Kilometer zum Waldrand und schließlich unter östlicher Umgehung der Teiche zur Ortslage *Grillenburg,* die wir am Jagdschloß gewinnen.

Schräg gegenüber der Staatstraße Dresden – Freiberg folgen wir nun dem *Grunder Weg*. Er führt zunächst hinab zur *Triebisch,* bringt uns aber jenseits davon durch Wald aufwärts zur Höhe 394. Dabei wird der *Forstgarten Grillenburg* tangiert (Betreten strengstens verboten!). Oben rechts den E-Flügel wieder hinunter ins *Triebischtal,* und zwar zum *Zigeunerplatz* am Knick der oben erwähnten Staatsstraße. Hier links in den befestigten Forstweg abbiegend, der ins *Tal des Warnsdorfes Baches* fällt. 100 Meter danach halbrechts in den *Harthaer Flügel* abzweigen. Unter sanftem Anstieg gelangen wir nach 2 Kilometern hinauf zum *Kurort Hartha*. Kurz vor dem Waldrand, am *Eulenborn* (Anlage des Wasserwerks Hartha), steht linkerhand eine mäch-

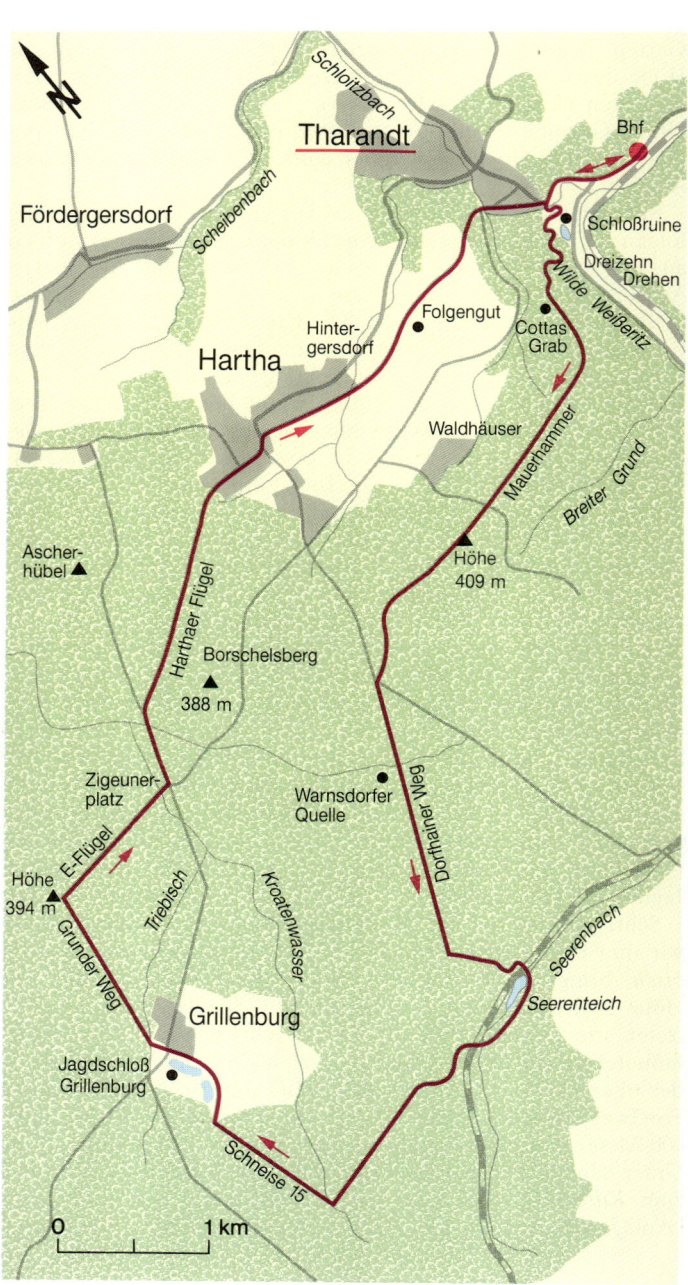

tige, 1648 gepflanzte Kiefer (Naturdenkmal). Östlich mit der *Karl-Marx-Straße* weiter; am Kurhaus (links) und der Hotel-Pension »Forsthaus« (rechts) vorbei und nach 450 Metern zur *Talmühlenstraße* der Gemeinde. Links einbiegend, nach 100 Metern aber rechts mit einem Fußsteig weiter. Die Route ist jetzt bis Tharandt mit einem rotem Punkt und einem grünen vollen Dreieck markiert und führt zunächst an der südlichen Peripherie des Harthaer Ortsteiles *Hintergersdorf* entlang. Im *Tal des Ebersbaches* trifft sie auf den *Buchenweg*. Mit dieser Anliegerstraße geht es links aufwärts und in einiger Entfernung am *Folgengut* vorüber. 250 Meter unterhalb der letzten Bebauung gabelt sich der nunmehrige Feldweg. Rechts ab und am linken, von einer Bungalowsiedlung eingenommenen Gehänge des Zeisiggrundbaches steil hinunter zur *Freiberger Straße* von *Tharandt*. 30 Meter unterhalb rechts in die *Heinrich-Cotta-Straße* einbiegen. Bald folgen wir geradeaus dem *Schulberg* abwärts in das *Schloitzbachtal*, das an der *Roßmäßlerstraße* erreicht wird. Auf dem Anmarschweg zurück zum Bahnhof (0,85 km).

43 Bahnhof Klingenberg – Collmnitz – Talsperre Klingenberg – Klingenberg – Dorfhain – Edle Krone

Verkehrsmöglichkeiten Bahnlinie 410 Dresden – Chemnitz – Plauen mit den Bahnhöfen Klingenberg-Collmnitz und Edle Krone; Buslinien R-343 Freital – Klingenberg; R-363 Freital – Frauenstein; R-379 Dippoldiswalde – Freiberg; R-380 Dippoldiswalde – Dorfhain.
Parkmöglichkeiten Am Bahnhof.
Wegmarkierung Kaum noch vorhanden; Wanderwegweiser.
Tourenlänge 15 Kilometer. **Wanderzeit** 4 Stunden.
Höhenunterschiede Etwa 130 Meter Anstiege und etwa 310 Meter Abstiege; Steilheit jeweils nur auf kurzer Distanz.
Wanderkarten 1:30000 Tharandter Wald und Rabenauer Grund (Tourist-Verlag) und/oder 1:50000 Kompass-Wanderkarte Nr. 1061 Osterzgebirge.
Anmerkungen Durch den Wechsel zwischen Feld, Wald, Geländeformen und Sehenswürdigkeiten sowie durch die Integrierung eines Bergbaulehrpfades sehr reizvolle Wanderung. Unterschiedliche Wegequalität von der Verkehrsstraße bis zum Pfad. Einkehrmöglichkeit in der »Waldschänke« an der Talsperre Klingenberg. Landschaftsschutzgebiet »Tal der Wilden Weiße-

ritz« bis zur Stübemühle, flußabwärts davon Naturschutzgebiet »Talhänge der Wilden Weißeritz«.

Wissenswertes *Klingenberg:* Ehemaliges Rittergut; barocke Kirche von 1722 mit reichgeschmücktem, hölzernem Kanzelaltar. – Die *Wilde Weißeritz* ist 51 Kilometer lang und entspringt auf dem Erzgebirgskamm in Böhmen, nordwestlich von Mikulov (Niklasberg). Sie vereinigt sich in Freital-Hainsberg mit der Roten Weißeritz zur Weißeritz. – Am *Bergbaulehrpfad* zwischen der Stübemühle und Dorfhain geben Informationstafeln Auskunft über den hauptsächlich auf Silberze betriebenen Bergbau im 16. und 18./19. Jahrhundert. Weiterhin erfährt der Wanderer in diesem Abschnitt etwas zur Geschichte der Hosenmühle, Winkelmühle, Stübemühle und Barthmühle. – *Edle Krone:* Namen nach der Silbergrube »Die edle Hauptcrone«; das Huthaus später eine Gastwirtschaft.

Tourenbeschreibung Vom *Bahnhof* geht es hinauf zum Klingenberger Ortsteil *Sachsenhof,* dann südwärts auf der Landstraße Richtung Frauenstein. Etwa 300 Meter nach dem Ortsausgang von *Klingenberg* wenden wir uns halblinks einer schmalen Fahrstraße zu. Diese führt am *Pfarrbusch* vorüber zur Siedlung *Neuklingenberg.*

Unterhalb von Neuklingenberg, nach Querung einer Hochspannungsfreileitung, gabelt sich der allmählich abwärts führende Fahrweg; rechts wird dem auf einer Seite mit Bergahorn bestandenen Höhenweg gefolgt. Nach Eintritt in den Wald überschreiten wir dabei den *Langen Grund* auf der 60 Meter langen *Streichholzbrücke*. Nach 10 Minuten zur Sperrmauer der *Talsperre Klingenberg*. (Abstecher zur hoch am rechten Weißeritztalhang liegenden Gaststätte »Waldschänke« empfehlenswert.)

An der Jugendherberge (zur Zeit geschlossen) vorüber hinab zur Talsohle. Auf der Fahrstraße (für den Anliegerverkehr zur Talsperre) talwärts zur *Hintermühle* und schließlich zur Landstraße Klingenberg – Ruppendorf. Links über die *Wilde Weißeritz,* dann die *Hauptstraße* von *Klingenberg* hinauf. Nach etwas mehr als 200 Metern rechts *An der Schäferei* abzweigend. Links an einem Wildgatter vorüber steil den *Gückelsberg* aufwärts. Von ihm bietet sich ein reizvoller Blick auf das Dorf. Danach geht es durch ein Waldstück ebenso steil hinab zur *Hosenmühle*. Damit treten wir wieder an die Wilde Weißeritz heran, die uns bis zum Ziel direkt begleiten wird. Jetzt bis Dorfhain analog mit dem *Bergbaulehrpfad,* verläuft die Tour am Südfuße des Bremenberges (410 m) entlang und kommt dabei an den Mundlöchern der einstigen Silberbergwerke »Tiefer Neujahreswechsel Stolln«, »Getroster Mut Erbstolln« und »Aurora Erbstolln«

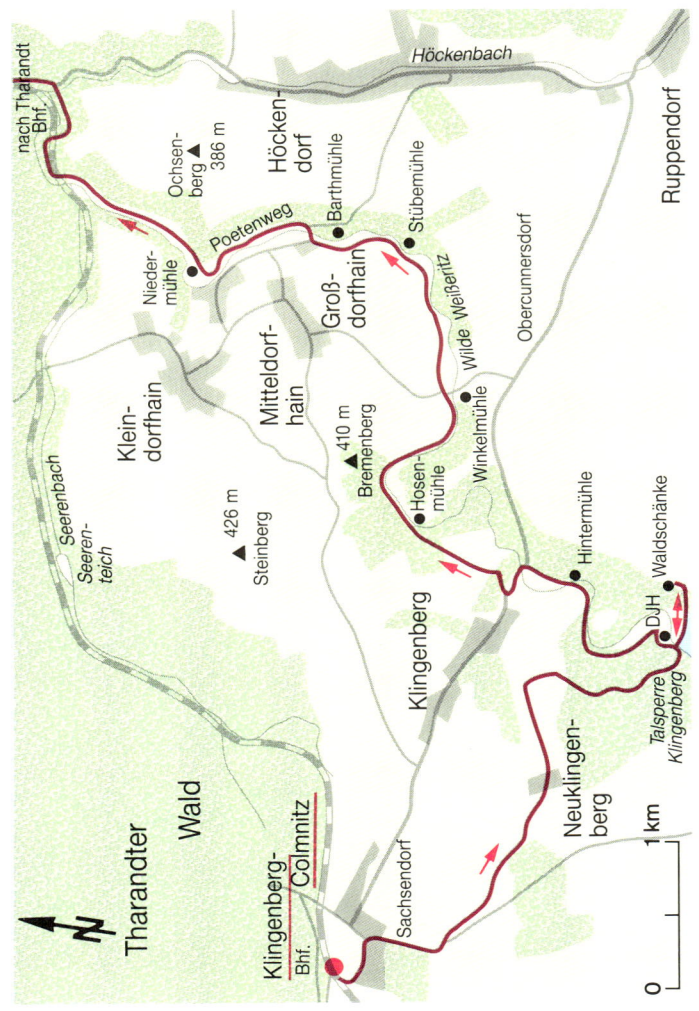

(kann von April bis Oktober begangen werden) vorüber. Dann müssen wir beim Abzweig des ausgetrockneten Kunstgrabens für den »Gottes neue Hilfe Erbstolln« einen Gehängevorsprung überwinden und im Anschluß daran die Verbindungsstraße Dorfhain – Obercunnersdorf seitlich der Winkelmühle kreuzen.

Am Ende der nun folgenden wiesengesäumten Talweitung beginnt ein romantischer Abschnitt. In dessen Mittelpunkt liegt am anderen Ufer die Stübemühle (im Ausbau begriffen). Der Wanderweg nimmt danach eine nördliche Richtung ein. Zu Beginn einer erneuten Talweitung am vergitterten Mundloch des »Reichen Silbersegen Erbstollns« vorüber. Nach 100 Metern steht am jenseitigen Ufer die Barthmühle; kurze Zeit später endet der Bergbaulehrpfad am Ortseingang von *Dorfhain*. Mit der nach Höckendorf führenden Verbindungsstraße über die Wilde Weißeritz; anschließend sofort mit dem *Poetengang* auf der rechten Flußseite weiter. Nach 1 Kilometer treffen wir im untersten Teil von *Dorfhain* auf die *Talstraße*. An der *Niedermühle* (Bäckerei) vorbei. Bald darauf wird ein Fußsteig genutzt, der erst nach der Seerenbachmündung nochmals die Landstraße Dorfhain – Edle Krone erreicht (jetzt auf einmal grüne Strichmarkierung). Mit ihr unterschreiten wir dann zweimal die Eisenbahnlinie und gelangen in wenigen Minuten nach *Edle Krone*. Die Siedlung erstreckt sich im schönsten Teil des *Weißeritztales*. Unter Querung der *Tharandter Straße* zum Bahnhof hinauf (250 m).

44 Holzhau – Gimmlitztal – Talsperre Lichtenberg – Mulda

Verkehrsmöglichkeiten Bahnlinie 415 Freiberg – Holzhau mit den Bahnhöfen Mulda und Holzhau; Buslinie T-531 Freiberg – Altenberg.
Parkmöglichkeiten Im begrenzten Umfang am Bahnhof Holzhau.
Wegmarkierung Siehe Tourenbeschreibung; mit Ausnahme des letzten Abschnittes zwischen der Talsperre Lichtenberg und Mulda Wanderwegweiser.
Tourenlänge 23,5 Kilometer.
Wanderzeit 6 bis 6½ Stunden.
Höhenunterschiede Etwa 280 Meter Anstiege (davon etwa 170 m am rechten Gehänge der Freiberger Mulde = Töpferwald) und etwa 470 Meter Abstiege (meistens allmählich).

Wanderkarte 1:50000 Umgebung von Rechenberg-Bienenmühle (Tourist-Verlag).
Anmerkungen Aufgrund ihrer Länge kräftezehrende Tageswanderung. Prächtiges und einsames Wald- und Wiesental der Gimmlitz, auch der Rest gestaltet sich sehr waldreich. Wechselnde Wegeverhältnisse, vom Wald- und Wiesenpfad bis zur bituminierten Forststraße. Einkehrmöglichkeiten in der Weicheltmühle und in Mulda. Landschaftsschutzgebiet »Ostererzgebirge«; Teile des Gimmlitztales am Kalkwerk Hermsdorf stehen unter Naturschutz.
Wissenswertes *Holzhau:* Als Waldarbeitersiedlung 1534 entstanden, da in dieser Gegend für den Freiberger Bergbau viel Holz eingeschlagen werden mußte. – Der *Kalksteig* und die *Kalkstraße* sind Wege der Arbeiter aus Holzhau bzw. Rechenberg zu dem seit 1540 in Betrieb befindlichen Kalkwerk Hermsdorf (120 m tiefer Abbauschacht). – Die 1807 erbaute *Weicheltmühle* wird seit 1975 als Technisches Museum genutzt. – *Talsperre Lichtenberg* (1978 eingeweiht) versorgt den Freiberger Raum mit Trinkwasser. – *Mulda* ist ein bedeutender Standort der Holzindustrie.
Tourenbeschreibung Zunächst ans andere Ufer der *Freiberger Mulde,* wo genau gegenüber dem Bahnhof von *Holzhau* der mit rotem Strich gekennzeichnete *Kalksteig* abzweigt. Dieser erst den *Töpferwald,* dann den *Pfarrwald* durchquerende Weg be-

Zu Tour 44 **Die Weicheltmühle im Gimmlitztal**

wältigt dabei anfangs eine beträchtliche Steigung und kreuzt oben Schwerdtweg und Kalkstraße. Im Angesicht des Kalkwerkes Hermsdorf wird das *Tal der Gimmlitz* erreicht, das vor Ort im Frühjahr von Schlüsselblumen übersät ist (Naturschutzgebiet). Wir folgen nun links dem gelb markierten *Schlüsselweg,* der uns die nächste Stunde durch das idyllische Wald- und Wiesental geleitet.

Nach 3,8 Kilometern, am Nordhang des Kuhhübels (704 m), verlassen wir den Schlüsselweg und wechseln hinüber ans andere Ufer zur *Weicheltmühle.* Jetzt in westlicher Richtung folgt 800 Meter unterhalb die *Müllermühle,* dann das Ferienanwesen

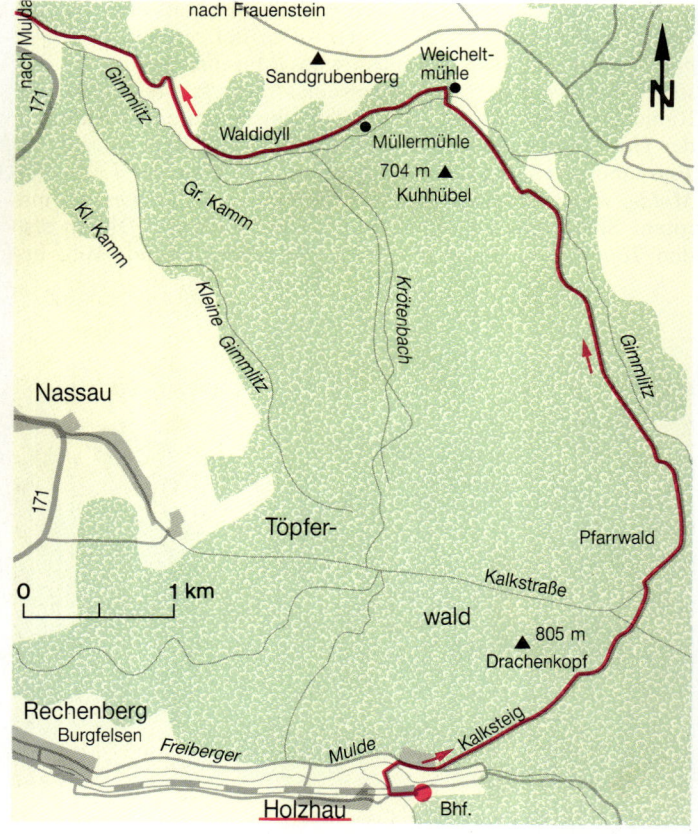

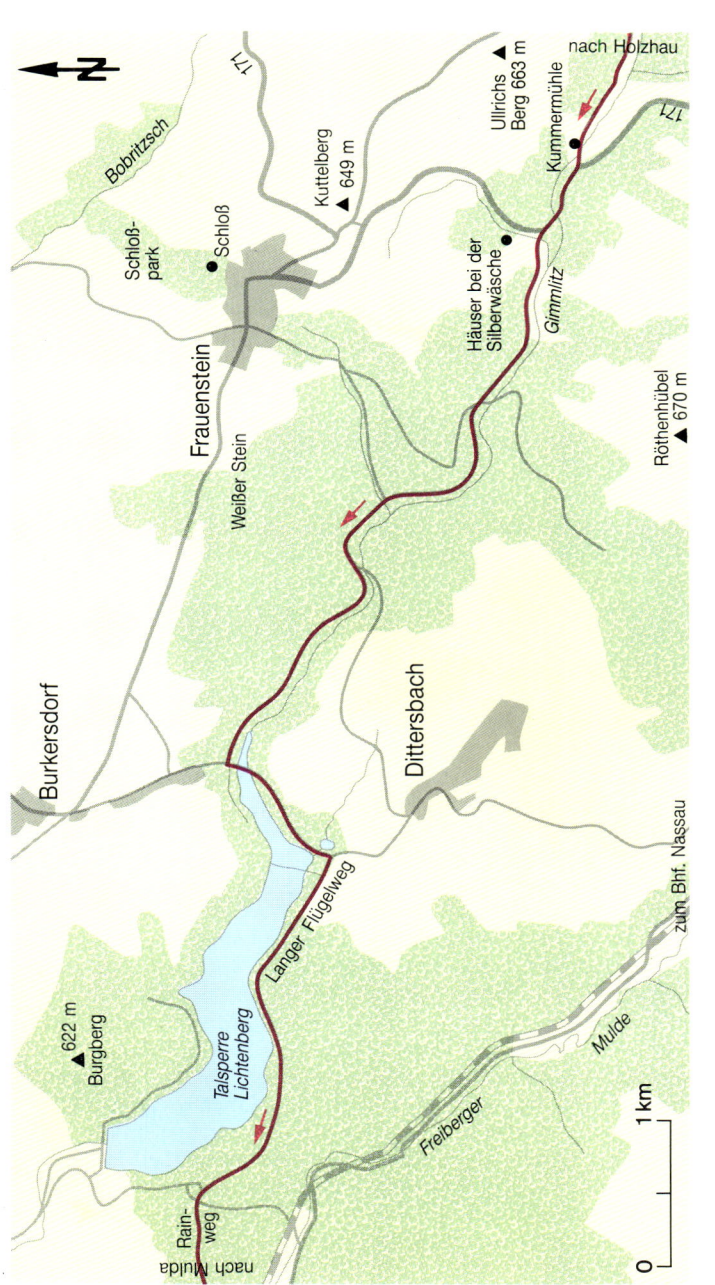

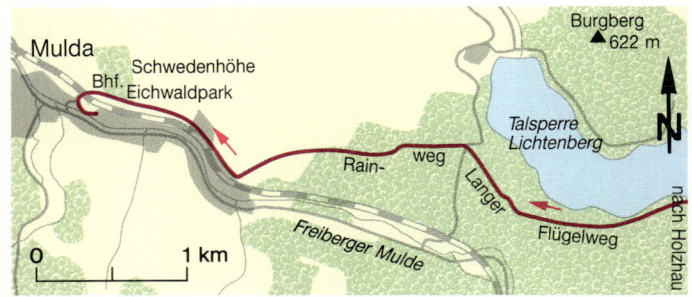

Waldidyll (es wird mit einem Pfad halbhoch am Hang passiert) und nach weiteren 300 Metern die Häusergruppe mit der *Illingmühle*. Hier gehen wir die Fahrstraße hinauf bis zum Waldrand, an dem erneut ein Forstweg abwärts zur *Gimmlitz* verläuft. Durch das Gelände der abgebrochenen Finsterbuschmühle an der Mündung der Kleinen Gimmlitz (auch Mäusebach bezeichnet) sowie unter Querung der Alten Poststraße gewinnt unsere Tour nach 1,3 Kilometern die *Kummermühle* und damit die Landstraße Frauenstein – Nassau (B 171). Dieser ist 450 Meter zu folgen (dabei wieder auf das rechte Ufer zurück); dann, unterhalb der Häuser bei der Silberwäsche, geht links eine Forststraße ab. Nach 0,9 Kilometern verläßt der gelb markierte Wanderweg das Tal, um nach Frauenstein hinaufzusteigen. Kurzzeitig begleitet uns jetzt der rote »Wanderweg Erzgebirge-Vogtland«; dort, wo er nach Nassau abzweigt, ein letzter Wanderwegweiser (»Talsperre Lichtenberg 3,7 km«), dann erlischt vorerst jede Kennzeichnung. Immer weiter dem rechten Ufer folgend, auch wenn manchmal in dem von Fichten eingenommenen Grund die Gimmlitz kaum noch zu sehen ist. Schließlich erreichen wir das Vorbecken der Talsperre Lichtenberg und schon bald darauf die Burkersdorf-Dittersbacher Landstraße. Dieser folgen wir links unter Querung des Talsperrenausläufers (Wanderwegweiser »Mulda«), zweigen nach 950 Metern rechts in eine Forststraße ein, den *Langen Flügelweg*. Später steigt der noch alte Markierungen (rot-weiß-rot und blauer Punkt) aufweisende Lange Flügelweg stark an, beginnt dann aber wieder zu fallen. Dort, wo er in einer Kehre rechts hinab zur Sperrmauer (und weiter nach Lichtenberg) fällt und wenig später die Markierung mit einer Forststraße links hinab ins Muldental weist, setzen wir unsere Route geradeaus mit dem *Rainweg* fort. Steil hinab nach *Mulda*. Vor dem Bahnübergang verlassen wir die Straße *Heite-*

rer Blick und folgen rechts dem *Anton-Günther-Steig* oberhalb der Bahnlinie. Durch den *Eichwaldpark* am Südhang der *Schwedenhöhe* zum Bahnhof von Mulda.

45 Frauenstein – Talsperre Lehnmühle – Hartmannsdorfer Schweiz – Kleinbobritzsch – Frauenstein

Verkehrsmöglichkeiten Buslinien R-363 Freital – Frauenstein; R-364 Dresden – Olbernhau; R-365 Dresden – Hermsdorf; T-502 Freiberg – Frauenstein; T-508 Freiberg – Frauenstein; T-575 Freiberg – Frauenstein.
Parkmöglichkeiten Auf dem Markt.
Wegmarkierung Siehe Tourenbeschreibung; mitunter Wanderwegweiser.
Tourenlänge 16,5 Kilometer. **Wanderzeit** 4½ Stunden.
Höhenunterschiede Insgesamt etwa 380 Meter. Beträchtlicher Anstieg aus dem Weißeritztal zur Hochfläche am Hysselsberg (etwa 120 m) und vom Bobritzschtal nach Frauenstein (etwa 115 m); starke Abstiege von Frauenstein zur Ringelmühle (etwa 105 m) und im Bereich der Talsperre Lehnmühle.
Wanderkarte 1:50000 Kompass-Wanderkarte Nr. 1061 Osterzgebirge.
Anmerkungen Die Tour gestaltet sich mühsam bei Nässe (mitunter vergraste oder durch Forst- und Landwirtschaft in Mitleidenschaft gezogene Wege), vor allem aber bei Wind (größere Abschnitte verlaufen über kahle Hochflächen). Die Markierung und Ausschilderung der Wanderwege entspricht nur in der Nähe von Frauenstein den Anforderungen. Keine Gaststätten an der Strecke, deshalb Verpflegung aus dem Rucksack einplanen oder zum Schluß der Wanderung in Frauenstein einkehren. Landschaftsschutzgebiet »Osterzgebirge«.
Wissenswertes *Burg* und *Stadt Frauenstein:* Die Burgruine ist die imposanteste des sächsischen Erzgebirges – Besuch zu empfehlen, allein der umfassenden Aussicht wegen! Renaissanceschloß mit Gottfried-Silbermann-Museum. – *Hartmannsdorf:* Schöne alte Dorfkirche (seit 1346; 1512 umgestaltet) mit bemerkenswertem Interieur. – Im Frauensteiner Ortsteil *Kleinbobritzsch* steht das Geburtshaus von Gottfried Silbermann (1683–1753), kurfürstlich-sächsischer und königlich-polnischer Hof- und Landorgelbauer, und Andreas Silbermann (1678–1734), Orgelbaumeister zu Straßburg.

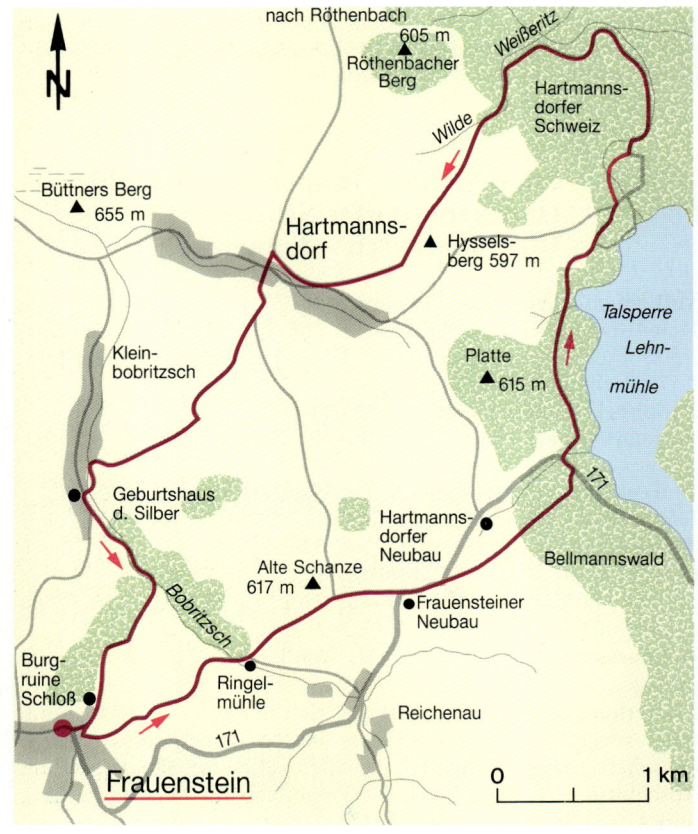

Tourenbeschreibung An der Ostseite des großen Marktes von *Frauenstein* gehen wir mit der gelben Markierung die *Wassergasse* hinab. Diese setzt sich in einem vergrasten Feldweg fort, der den *Kuttelbachgrund* quert. Abstieg ins obere *Bobritzschtal*. An der *Ringelmühle* (Wohnungen) überschreitet unsere Tour den Bach und die Landstraße und steigt am jenseitigen Gehänge zu der *Alte Schanze* (617 m) genannten Höhe an. Am Frauensteiner *Neubau* treffen wir auf die Landstraße Reichenau – Hartmannsdorf. Entgegen der jetzt unübersichtlichen Kennzeichnung wird sie nach 350 Metern geradeaus verlassen, denn südlich vom Hartmannsdorfer Neubau strebt ein Feldweg dem *Bellmannswald* zu. Hinab zur B 171 und auf ihr 200 Meter nach links zu einem Straßenabzweig. Es handelt sich um die von Ahornbäumen flankierte alte Verbindung nach Hennersdorf, die aber nun in der Talsperre Lehnmühle endet. Wir können dieser Straße deshalb nur 250 Meter folgen und wenden uns analog der roten Strichmarkierung des Weißeritztalweges links einer Schneise zu. Zunächst durch Hochwald, im Bereich eines Bachtälchens durch einen Kahlschlag (Ausblick auf den Stausee). Der Weg tritt nahe der eingezäunten Sperrmauer aus dem *Bellmannswald* heraus. Rechts hinab ins *Tal der Wilden Weißeritz* und mit der Landstraße Hartmannsdorf – Reichstädt nach 450 Metern zur idyllisch gelegenen *Lehnmühle*.

Wir haben das Gebiet der *Hartmannsdorfer Schweiz* erreicht. 50 Meter nach der *Lehnmühle* wechselt unsere Route auf das linke Ufer über. Etwas unterhalb der Mündung des Hennersdorfer Baches verläßt unser Waldweg das Engtal und steigt im Linksbogen auf, schwenkt später südwestwärts in ein Seitentälchen und gewinnt die Hochfläche seitlich des Hysselsberges (597 m). 300 Meter nach der wiederaufgeforsteten Erhebung biegen wir rechts in einen querenden Feldweg ein und streben *Hartmannsdorf* zu. Hinab zur Straßenkreuzung unterhalb der Dorfkirche und Fortsetzung der Tour mit einem weiteren, grün markierten Wanderweg von Frauenstein zur Talsperre Lehnmühle, jedoch in entgegengesetzter Richtung. Unter Kreuzen eines Bachtales über eine erneute Hochfläche hinweg ins 2,2

Zu Tour 45 **Im Kuttelbachgrund; Blick zur Burgruine Frauenstein**

Kilometer entfernte *Kleinbobritzsch*. Von der Einmündung des Silbermannweges wandern wir die *Dorfstraße* an der Bobritzsch aufwärts. Nach 200 Metern, am Abzweig einer Verbindungsstraße hinauf nach Frauenstein, steht rechts das Geburtshaus der Brüder Silbermann, ein Fachwerkbau (Gedenktafel). Nach weiteren 0,7 Kilometern verlassen wir rechts die Landstraße. Der Wanderweg steigt entlang des *Schloßparks* sowie am Fuße des Burgberges (665 m) steil empor und kommt dabei auch an der Friedhofskapelle vorüber. Mit der *Hospitalgasse* zur *Wassergasse* und danach rechts zum *Markt* von *Frauenstein*.

46 Freital-Hainsberg – Rabenauer Mühle – Malter-Talsperre – Dippoldiswalde

Verkehrsmöglichkeiten Der Ausgangspunkt der Tour, der Bahnhof Freital-Coßmannsdorf im Freitaler Stadtteil Hainsberg, liegt an der Schmalspur-Bahnlinie 309 nach dem Kurort Kipsdorf und ist zugleich Endstelle der Buslinie 3A Dresden-Löbtau – Hainsberg des Stadtverkehrs Freital. Man kann die Wanderung aber auch am 1,5 Kilometer entfernten Bahnhof Freital-Hainsberg der Linie 410 Dresden – Chemnitz – Plauen beginnen. Rückfahrt von Dippoldiswalde ebenfalls mit der Bahnlinie 309.
Parkmöglichkeiten Begrenzt im Umfeld des Bahnhofes Freital-Coßmannsdorf.
Wegmarkierung Die am Bahnhof Freital-Coßmannsdorf ausgewiesene grüne Strichmarkierung bis zur Malter-Talsperre kommt nur selten vor; vereinzelt roter Punkt in weißem Quadrat. Ausgezeichnete Markierung mit gelbem Strich von der Wolfssäule in der Dippoldiswalder Heide bis zum Zentrum von Dippoldiswalde; auf der gesamten Strecke Wanderwegweiser.
Tourenlänge 17 Kilometer. **Wanderzeit** 4½ Stunden.
Höhenunterschiede Etwa 250 Meter Anstiege und 100 Meter Abstiege.
Wanderkarte 1:30000 Tharandter Wald – Rabenauer Grund (Tourist-Verlag) und 1:50000 Kompass-Wanderkarte Nr. 1061 Osterzgebirge.
Anmerkungen Leichte, sehr abwechslungsreiche Wanderung, die unterwegs an den Bahnstationen Rabenau, Spechtritz, Seifersdorf und Malter abgebrochen werden kann. Zu empfehlen im Frühjahr und Herbst durch den hohen Laubgehölzanteil; im Bereich der kühlen Talgründe auch an heißen Tagen. Gute

Wanderwege; jedoch muß man sich bei Tauwetter oder nach längerem Regen in den Talgründen auf nasse und teilweise schlammige Wege einstellen. Landschaftsschutzgebiete »Tal der Roten Weißeritz« und »Dippoldiswalder Heide« sowie Naturschutzgebiet »Rabenauer Grund«. In der Dippoldiswalder Heide bekommt der Wanderer mit der Ausschilderung auch heimatkundliche Informationen vermittelt. Einkehrmöglichkeiten in der »Rabenauer Mühle«, in Seifersdorf, in der »Gaststätte Malter« und in Dippoldiswalde.

Wissenswertes Die Industriestadt *Freital* wurde erst 1921 aus sieben Gemeinden gebildet. – Die 1882 eröffnete *Osterzgebirgsbahn* Freital-Hainsberg – Kurort Kipsdorf ist die dienstälteste Schmalspurbahn (750 mm breit) Ostdeutschlands. – *Rabenauer Grund* mit *Nadelöhr*, ein kleiner Tunnel im Gestein, den vor der Verbreiterung des Wanderweges jeder Wanderer durchschreiten mußte; der im Rabenauer Grund oft weilende Maler Ludwig Richter (1803–84) verwendete es als Landschaftshintergrund für sein 1840 geschaffenes Gemälde »Genoveva«. – *Rabenauer Mühle:* Schon 1488 erwähnt, entstand 1868 nach einem Brand als Gastwirtschaft und Holzschleiferei im Schweizer Stil neu. – Die *Malter-Talsperre* wurde 1908–13 zum Hochwasserschutz gebaut. Dabei fielen ihr Teile des Dorfes Malter zum Opfer, und auch die anfangs immer durch das Tal verlaufende Bahnlinie mußte auf die rechte Hangseite verlegt werden. – *Dippoldiswalder Heide, Wolfssäule* siehe Tour 51. – Das *Tatarengrab* (Sandsteinobelisk mit Inschrift) erinnert an den Premierleutnant Mustapha Sulkiewicz, der 1762 im Gefecht bei Reichstädt fiel und hier als Moslem, außerhalb eines christlichen Friedhofes, bestattet werden mußte. – *Dippoldiswalde,* das »Tor zum Osterzgebirge«, erlebte vom 13.–16. Jahrhundert eine Blütezeit des Silberbergbaus. Sehenswürdigkeiten: Renaissanceschloß, spätgotische Pfarrkirche »St. Marien und Laurentius«; Lutherdenkmal; Rathaus mit breitem Renaissancegiebel; turmlose Nikolaikirche (dreischiffige romanisch-frühgotische Pfeilerbasilika aus der Mitte des 13. Jhs.); das in der ehemaligen Ulbrichschen Lohgerberei (Freiberger Straße 18) untergebrachtes Lohgerber-, Stadt- und Kreismuseum.

Tourenbeschreibung Wir folgen der Straße *An der Kleinbahn* von *Freital-Hainsberg* und erreichen, vorbei an Werksanlagen und der Freitaler Schwimmhalle, nach einer Viertelstunde die *Rote Weißeritz.* Nach Überschreitung des Gewässers tritt unsere Route in den überaus romantischen, beiderseits bewaldeten *Rabenauer Grund* ein. Wir kommen an der *Somsdorfer Klamm* vorüber (Aufstieg zur Teufelskuppe möglich) und passieren das

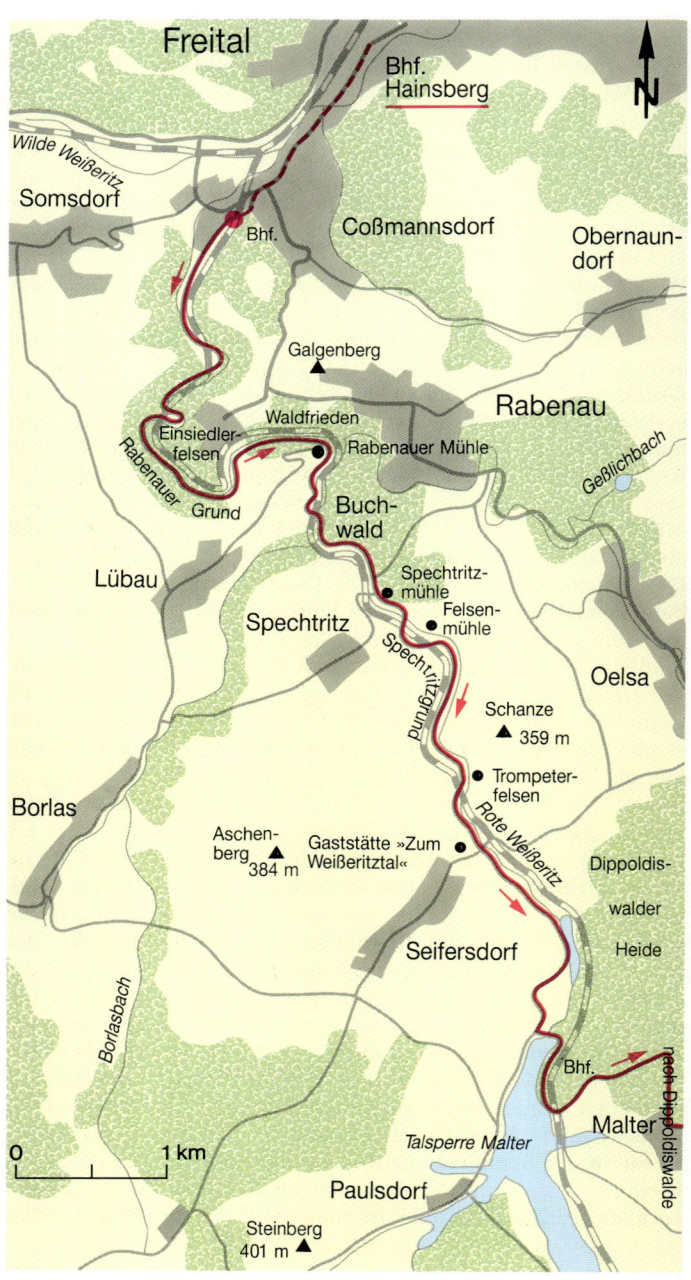

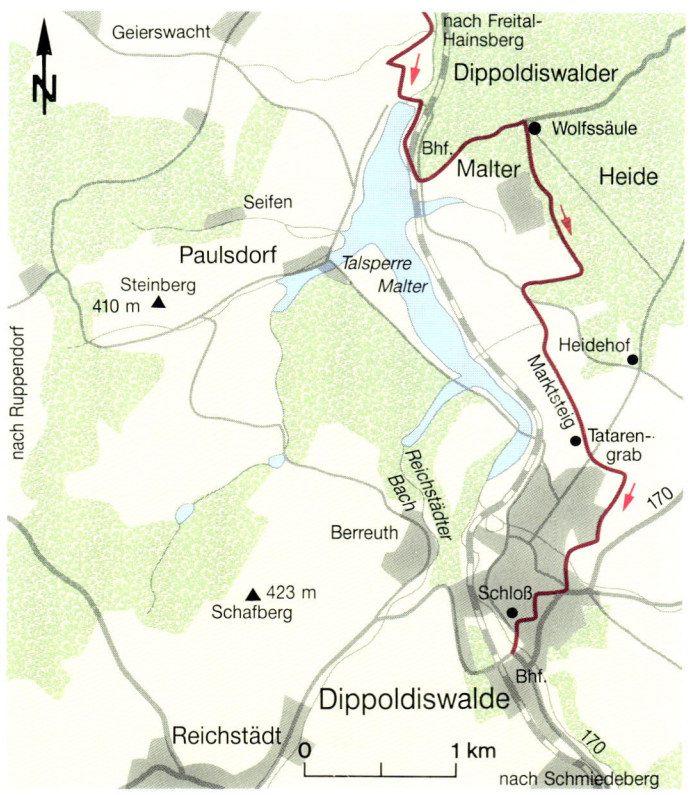

Nadelöhr. Dann unter der ersten der 13 Eisenbahnbrücken des Grundes hindurch zum Wasserkraftwerk. Am *Pferdetump*, einer tiefen Stelle am Prallufer, vorbei, kommen wir zur *Arthur-Lohse-Brücke*, von der man zu drei Felsklippen der Hainleite aufsteigen kann: dem Predigtstuhl, dem Brautbett und der Vogelstellige. Danach umgeht der Talweg den Einsiedlerfelsen, in dessen Nähe auch der Aufstieg über die Himmelsleiter zur Bastei erwogen werden könnte. Im Weißeritzbogen vor der Planwiese liegt dann der *Nixentump*.

Wir erreichen die *Rabenauer Mühle* und überschreiten hier die Straße. Auf steilen Stufen wird am *Mühlgrabenwehr* ein Felsvorsprung überquert und alsbald auf das rechte Ufer der Roten Weißeritz gewechselt. Unmittelbar nach der Einmündung des Lübauer Gründels mit dem Borlasbach führt die Tour an der

Goldstampfe, einem mächtigen Felsbrocken im Flußbett, vorüber. Wir gelangen am Ende des *Rabenauer Grundes* hinauf zur Straße Rabenau – Borlas. Diese nur wenige Meter talwärts, dann links Eintritt in den 2 Kilometer langen *Spechtritzgrund.* Das Tal wird jetzt flacher und lieblicher. Hinter der *Spechtritzmühle* geht es erneut über den Fluß, dessen linkes Ufer nunmehr bis zur Malter-Talsperre beibehalten wird. Im Anschluß an die jenseits der Roten Weißeritz liegende Felsenmühle (Korkfabrik) bewältigen wir nochmals eine Engtalstrecke (Trompeterfelsen) und erreichen danach die Gaststätte »Zum Weißeritztal« an der Straße Seifersdorf – Oelsa. Gegenüber schließt sich der ebenfalls 2 Kilometer lange *Seifersdorfer Grund* an. Dann muß die Tour 400 Meter vor dem Kraftwerksgelände der Talsperre die Talsohle verlassen und rechts zur Krone der Sperrmauer emporsteigen. Wir überqueren sie zusammen mit der Verbindungsstraße Paulsdorf – Malter und biegen sofort danach in einen Fußsteig zum 300 Meter entfernten *Bahnhof Malter* ein. Von hier bis zur Wolfssäule in der Dippoldiswalder Heide (etwa 1 km) geht unsere Route mit der Wanderung 51 konform (siehe dort!).

Unmittelbar vor der *Wolfssäule* verlassen wir nach rechts den Malterweg. Ein schöner, durchweg übersichtlich mit gelbem Strich markierter Waldweg verläuft immer in Nähe des Waldrandes der *Dippoldiswalder Heide* und tangiert den *Steinborn.* Schließlich gelangen wir mit dem *Waldweg* oberhalb schmucker Eigenheime zur Straße Malter – Heidehof am östlichen Ortsausgang der Doppelgemeinde *Malter-Paulsdorf.* Diese 50 Meter aufwärts, dann halbrechts den *Marktsteig* (einst auch Kirchsteig genannt, heute aber als Plattenweg bezeichnet) hinab. Der Wiesenweg quert eine Senke und führt dann steil hinunter zur *Rabenauer Straße* von *Dippoldiswalde.* Bevor er sie jedoch erreicht, sollte rechts – inmitten des Feldes und 70 Meter vom Plattenweg entfernt – ein von Büschen gesäumter Rasenhügel, aus dem eine Sandsteinsäule herausragt, unsere Aufmerksamkeit verdienen: das *Tatarengrab.*

Wir nutzen die *Rabenauer Straße* nur 50 Meter und folgen dann der *Nikolai-Ostrowski-Straße* durch ein Neubaugebiet aufwärts. An ihrem Ende zweigt rechts ein Fußweg ab. Er führt an der hauptsächlich von Kleingärten geprägten Peripherie von *Dippoldiswalde* entlang (anfangs parallel zur B 170) und läßt uns später die *Kleine Wassergasse* im Zentrum erreichen. Sie mündet zwei Straßenzüge weiter in die *Herrengasse,* mit der wir nach rechts direkt auf die Seitenfront des Rathauses treffen. Rechterhand liegt der Markt, links der von der Pfarrkirche »St.

Marien und Laurentius« und dem angrenzenden Renaissanceschloß flankierte *Kirchplatz*. Diesen überschreiten und die *Bahnhofstraße* hinunter, gelangen wir nach 10 Minuten zum Bahnhof von Dippoldiswalde am linken Weißeritzufer.

47 Kurort Kipsdorf – Oberbärenburg – Waldbärenburg – Kurort Bärenfels – Kurort Kipsdorf

Verkehrsmöglichkeiten Bahnlinie 309 Freital-Hainsberg – Kurort Kipsdorf (Schmalspur); Buslinien R-360 Dresden – Zinnwald; R-366 Dresden – Rehefeld; R-367 Dippoldiswalde – Zinnwald; R-392 Dioppoldiswalde – Ammelsdorf.
Parkmöglichkeiten Im begrenzten Umfang 250 Meter unterhalb des Bahnhofes, an der Altenberger Straße (B 170).
Wegmarkierung Siehe Tourenbeschreibung; Wanderwegweiser.
Tourenlänge 13,5 Kilometer. **Wanderzeit** 3½ bis 4 Stunden.
Höhenunterschiede Insgesamt etwa 450 Meter; starker Anstieg vom Kurort Kipsdorf zum Weißeritzhangweg (etwa 95 m) und von der B 170, oberhalb Buschmühle, nach Oberbärenburg (etwa 280 m); kurze steile Abstiege nach Waldbärenburg (etwa 140 m) und vom Kurort Bärenfels zum Kurort Kipsdorf (etwa 125 m).
Wanderkarten 1:30000 Altenberg und Geising (Tourist-Verlag) oder 1:50000 Kompass-Wanderkarte Nr. 1061 Osterzgebirge.
Anmerkungen Durch den ständigen Wechsel zwischen Steigung und Gefälle anstrengende Tour; zu 85% durch Wald verlaufend. Gute Wanderwege (mit Ausnahme des Abstiegs nach Waldbärenburg) und meist auch ordnungsgemäße Markierung/Ausschilderung. Einkehrmöglichkeiten in Oberbärenburg, im Kurort Bärenfels und im Kurort Kipsdorf, etwas abseits der Route in Waldbärenburg. Landschaftsschutzgebiet »Osterzgebirge« und Naturschutzgebiet »Hofehübel« bei Bärenfels.
Wissenswertes *Kurort Kipsdorf:* Setzt sich aus dem heutigen Oberkipsdorf (1530 erwähnt) und der erst infolge des Bahnbaus nach 1883 entstandenen eigentlichen Siedlung im Weißeritztal zusammen. – *Kurort Bärenburg:* Die verordnete aufgelockerte Bebauung und die hohen Bodenpreise bedingten, daß sich Oberbärenburg zu einem ziemlich mondänen Kurort entwikkelte. Aufgrund der ruhigen Waldlage auch heute noch ein bevorzugter Urlaubsort. Kleine evangelische Waldkapelle von

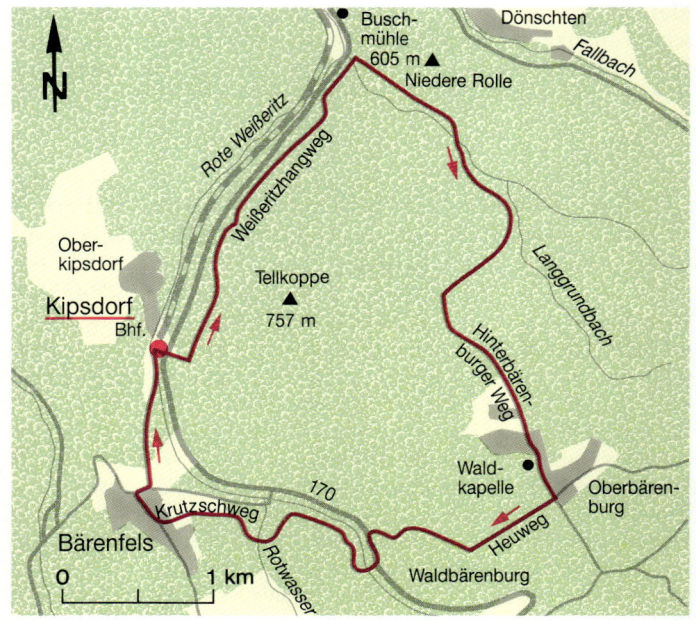

1913. – *Kurort Bärenfels:* Entstand 1550 als Gutshof. Im Kurpark Hirschwiese Türmchen mit Glockenspiel aus Meißner Porzellan.

Tourenbeschreibung Aus dem Bahnhof tretend, geht es nach wenigen Schritten links die *Tellkoppenstraße* von *Kipsdorf* steil bergan (Kennzeichnung grüner Punkt in weißem Quadrat). Oben am Waldrand dreifache Wegteilung; wir halten uns links, überqueren einen Bach und nutzen danach den oberen Weg. Weiter durch Nadelwald aufwärts zum kreuzenden *Weißeritzhangweg*. Diesem folgen wir mit der gelben Strichmarkierung nach links (in Richtung Buschmühle Schmiedeberg) und wandern dabei am Westrand der *Tellkoppe* (757 m) entlang. Der *Weißeritzhangweg* senkt sich allmählich hinab zur *Roten Weißeritz*. Hier talwärts der stark befahrenen B 170 (Achtung, links gehen!), parallel zur Bahnlinie folgen. Nach 300 Metern queren wir mit ihr den *Langgrundbach* dicht vor seiner Mündung, wenden uns jedoch unmittelbar danach rechts dem breiten Forstweg durch den *Langen Grund* zu. Zunächst nur leichter Anstieg. Nach 1,8 Kilometern verlassen wir den Langen Grund und setzen die Wanderung halbrechts auf dem *Hinterbärenburger Weg* fort. Weiter oben biegt er entgegen der grünen Strichmarkierung links um und gewinnt unter starkem Anstieg am Skilift den Kurort Bärenburg, Ortsteil *Oberbärenburg.*

Wir folgen der Hauptstraße Oberbärenburgs, der *Ahornallee,* und kommen dabei nach 100 Metern an der anmutigen evangelischen Waldkapelle vorüber. Im Anschluß an das Berghotel »Friedrichshöhe« im Mittelpunkt des Ortsteiles (Buswendeschleife am »Kurplatz«) führt unsere Tour rechts den *Heuweg* (grüner Strich) hinauf. Nachdem etwa 300 Meter weiter der Kirchsteig, ein mit grünem Punkt versehener Wanderweg, links abgegangen ist, beginnt er stark zu fallen und erreicht den Ortsteil *Waldbärenburg* (auch Talbärenburg genannt). Hier links 250 Meter die B 170 aufwärts und über die Rote Weißeritz. Nach kurzem Anstieg teilt sich der Weg. Der gelben Strichmarkierung folgend, geht es zunächst oberhalb des Flusses dahin. Nach

Zu Tour 49 **Die Wallfahrtskirche von Bohosudov (Mariaschein)**

Querung eines Kahlschlages (Achtung, Weg nicht verfehlen!) entfernt sich unsere Route vorübergehend vom Weißeritztal, kreuzt einen schräg am Hang verlaufenden Weg und mündet später im Tälchen des Rotwassers in den breiten *Salzleckenweg*. Wir überschreiten sofort den Bach. Der nunmehrige *Krutzschweg* wendet sich wieder dem Weißeritzgehänge zu und bringt uns leicht ansteigend zum *Kurort Bärenfels*. Mit dem *Sichelweg* zur *Böhmischen Straße*. Diese rechts abwärts kommen wir zum Mittelpunkt der Gemeinde (Uhr auf der Verkehrsinsel). Hier rechts 60 Meter der *Bärenstraße* folgen und dann links den mit grünem Punkt gekennzeichneten *Steinweg* am linken Weißeritzgehänge (Naturschutzgebiet »Hofehübel«) steil hinunter zum *Kurort Kipsdorf*. Über die Rote Weißeritz und die *Altenberger Straße* (B 170) hinweg, sind wir sogleich am Bahnhof angelangt.

48 Altenberg – Zinnwald-Georgenfeld – Kahleberg – Altenberg

Verkehrsmöglichkeiten Bahnlinie 311 Heidenau – Altenberg; Buslinien R-201 Heidenau – Altenberg; R-202 Glashütte – Zinnwald; R-215 Bad Gottleuba – Zinnwald; R-360 Dresden – Zinnwald; R-367 Dippoldiswalde – Zinnwald; R-368 Lauenstein – Altenberg; R-373 Hermsdorf – Altenberg; R-388 Dippoldiswalde – Altenberg.
Parkmöglichkeiten An der Dresdner Straße (B 170), unterhalb des Bahnhofes.
Wegmarkierung Siehe Tourenbeschreibung; mitunter Wanderwegweiser.
Tourenlänge 13,5 Kilometer (einschließlich Rundgang im Georgenfelder Hochmoor). **Wanderzeit** 3½ Stunden.
Höhenunterschiede Insgesamt etwa 320 Meter, davon 150 Meter zwischen Kahleberg und Altenberg.
Wanderkarten 1:30000 Altenberg und Geisling (Tourist-Verlag) oder 1:50000 Kompass-Wanderkarte Nr. 1061 Osterzgebirge.
Anmerkungen Leichte Wanderung mit meist allmählichen An- und Abstiegen. Die ehemals ausgedehnten Fichtenbestände sind im letzten Jahrzehnt den schon lange anhaltenden Schadstoffemissionen, hauptsächlich aus dem nordböhmischen Industrierevier, zum Opfer gefallen (darunter auch im Naturschutzgebiet »Georgenfelder Hochmoor«); die Wiederaufforstung der riesigen Kahlschläge hat begonnen. Trotz der zum größten Teil jetzt

trostlosen Landschaft dokumentiert unsere Tour durch das obere Osterzgebirge ein nicht zu versäumendes Lehrbeispiel, wohin menschlicher Unverstand gegenüber Natur und Umwelt führen kann. Einkehrmöglichkeiten in der Waldschänke »Raupennest«, in Zinnwald-Georgenfeld, in der Bergbaude auf dem Kahleberg und in Altenberg.

Wissenswertes *Altenberg* verdankt seine Entstehung dem Zinnbergbau. Durch den großen Bergsturz von 1624 infolge Raubbau entstand die Binge, ein Riesenkrater von 600 m Umfang. Der nach dem 2. Weltkrieg noch einmal stark auflebende Zinnbergbau erfuhr am 31. März 1991 die endgültige Einstellung. Wintersportzentrum des schneesicheren Osterzgebirges. Sehenswert ist die Schauanlage des Zinnbergbaus in der Mühlenstraße. – *Zinnwald:* Nach Zinnerz schürfende Bergleute aus Graupen (Krupka) gründeten im 15. Jahrhundert auf böhmischer Seite Vorder-, Mittel- und Hinterzinnwald (heute als Cinovec vereinigt); der Name wurde auch auf die sächsische Ansiedlung von 1589 übernommen. Seit 1950 mit Georgenfeld vereinigt; Grenzübergang für den Transitverkehr zur ČSFR. – *Altgeorgenfeld* und *Neugeorgenfeld:* Erzgebirgstypische Steinhäuser mit verschindelten Giebeln und schiefergedeckten Satteldächern. Das *Georgenfelder Hochmoor* ist durch Umwelteinflüsse schwer gezeichnet (von Mai bis Oktober zugängig). Sein Alter wird mit 18 000 Jahren angegeben. Durch das bereits 1926 vom Landesverein Sächsischer Heimatschutz unter Naturschutz gestellte Hochmoor führt ein 1,2 Kilometer langer Rundgang (Knüppeldamm); charakteristische Flora. – Der *Kahleberg,* mit 905 m höchster Gipfel des Osterzgebirges auf deutscher Seite, ist an seiner Nordwestseite von einem während des Eiszeitalters entstandenen Blockmeer aus Quarzporphyr übersät.

Die beiden *Galgenteiche* wurden 1550–53 als Wasserreservoir für den Altenberger Zinnbergbau angelegt. Heute kann man auf dem *Großen Galgenteich* gondeln, im *Kleinen Galgenteich* baden; Campingplatz.

Tourenbeschreibung In *Altenberg* gehen wir vom Bahnhof die *Dresdner Straße* (B 170) abwärts und biegen nach der Tankstelle (350 m) rechts in den bald ansteigenden *Sonnenhofweg* ein. Auf halber Höhe trifft unsere Route auf den blau markierten Wanderweg zum Kahleberg und nach Rehefeld. Mit ihm erreicht man schon kurze Zeit später die noch von Fichten umschlossene *Waldschänke »Altes Raupennest«* in 826 Meter Seehöhe (an der Nord- und Westseite Wintersportgelände). Wir gehen noch 70 Meter weiter und biegen am Skilift links vom »blauen« Wanderweg ab. Am *Sonnenhof* (zuletzt Ferienheim) vorüber zur B 170,

207

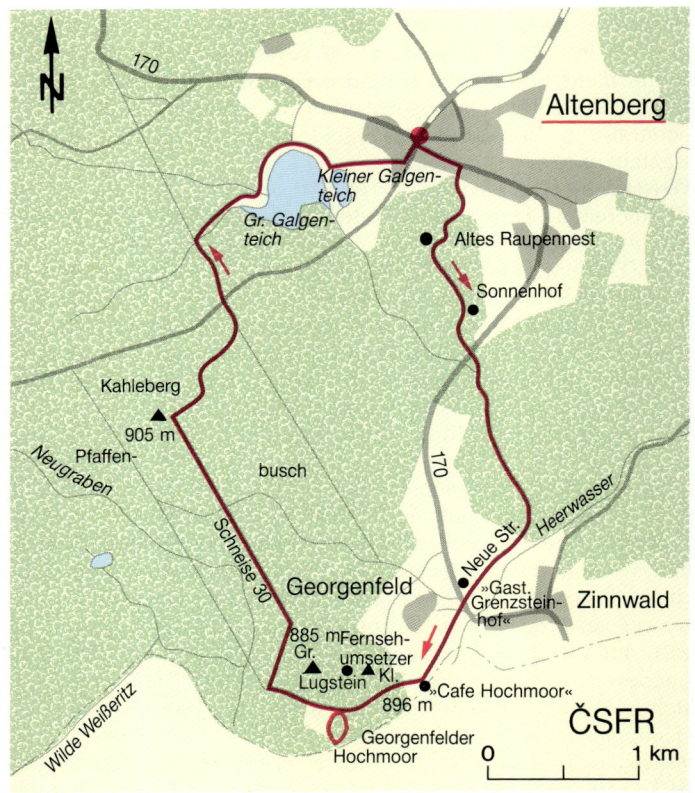

diese überqueren und ins *Tälchen des Schwarzwassers.* Unmittelbar danach folgen wir einem Weg geradeaus aufwärts, umgehen eine Schonung und über einen Kahlschlag zum rot gekennzeichneten *Goldhahnweg* (in der Karte auch mit *Neue Straße* vermerkt) auf dem linken Gehänge des Heerwassers. *Zinnwald-Georgenfeld* ist erreicht. Vorbei an den Resten von zwei Schächten der »Hoffnung Gottes Fundgrube« kommen wir nach 1 Kilometer talaufwärts zum Restaurant »Grenzsteinhof« an der *Teplitzer Straße* (B 170). Gegenüber setzt sich der *Hochmoorweg* durch *Altgeorgenfeld,* direkt entlang der tschechischen Grenze, fort. Am »Café Hochmoor« vorbei, bringt er uns nach 1,2 Kilometern zum Eingang des *Georgenfelder Hochmoores* hinauf.

Vom Georgenfelder Hochmoor folgen wir westwärts dem *Lugsteinweg* (Blick über den entwaldeten Kamm in Böhmen), biegen dann an seinem beginnenden Gefälle – die rote Strichmarkierung verlassend – nach 500 Metern rechts in den steinigen *Weckebrotweg* ein. Durch eine »Mondlandschaft« verlaufend, trifft dieser auf die Schneise 30, mit der man in südwestlicher Richtung geradewegs zum *Kahleberg* kommt. Kurz vor dem Gipfel mündet von rechts der uns bekannte blau markierte Wanderweg (ihn haben wir am »Alten Raupennest« verlassen) in die Route ein. Vom Kahleberg bietet sich eine beschränkte, aber doch lohnende Aussicht (Tafel).

Entgegen der blauen Markierung gehen wir rechts vom Steilrand einen Pfad hinab und gelangen zur Schneise 31, die schon bald darauf die Landschaft Altenberg – Rehefeld kreuzt. Weiter geradeaus abwärts, unmittelbar nach Überschreitung des *Neugrabens* (600 m) an seinem rechten Ufer entlang zum *Großen Galgenteich*. Hier dem Weg auf der Dammkrone von der West- zur Ostseite des Staubeckens folgen. Schließlich durch das Gelände des Freibades »Kleiner Galgenteich« und den *Schellerhauer Weg* von *Altenberg* hinab zur *Rehefelder Straße*. In diese links einbiegend, sind wir nach 80 Metern an der *Dresdner Straße* (B 170) in Höhe des Bahnhofes/Bushaltestelle angelangt.

 ## Zinnwald – Komáří hůrka (Mückenberg) – Bohosudov (Mariaschein) – Krupka (Graupen) – Zinnwald

Verkehrsmöglichkeiten Buslinien R-215 Bad Gottleuba – Zinnwald; R-360 Dresden – Zinnwald; R-367 Dippoldiswalde – Zinnwald; R-388 Dippoldiswalde – Altenberg.
Parkmöglichkeiten An der Teplitzer Straße (B 170) und in der Geisingstraße.
Wegmarkierung Siehe Tourenbeschreibung; an wichtigen Punkten Wanderwegweiser.
Tourenlänge 29,5 Kilometer.
Wanderzeit 8½ Stunden.
Höhenunterschiede Insgesamt mehr als 700 Meter, davon bis maximal 550 Meter zwischen dem Erzgebirgskamm und der Teplicer Ebene im Raum Krupka-Bohosudov (jeweils ein steiler Abstieg und Anstieg).
Wanderkarte 1:100 000 Touristenkarte Erzgebirge (Tourist-Verlag/Kartografie n. p., Praha).
Abkürzung 7 Kilometer bei Benutzung des Sessellifts (Lanovka) vom Komáří hůrka nach Bohosudov.

Anmerkungen Insbesondere durch den großen Höhenunterschied am Steilabfall des Erzgebirges anstrengende Ganztagestour, die jedoch landschaftlich und kulturhistorisch sehr abwechslungsreich ist. Sich ständig ändernde, teilweise komplizierte Wegeverhältnisse (zwischen Verkehrsstraßen und leidlichen Pfaden alles vertreten) erfordern entsprechendes Schuhwerk; meist hervorragende Kennzeichnung, jedoch ist beim Aufstieg von Krupka zum Erzgebirgskamm bei Přední Cinovec genau auf die Markierung zu achten, da in diesem Abschnitt das Gelände durch notwendige Forstarbeiten (Waldschäden) stark in Mitleidenschaft gezogen wurde. Einkehrmöglichkeiten auf der Komáři hůrka, in Bohosudov, in Cinovec und nach Passieren des Grenzüberganges in Zinnwald-Georgenfeld. Für den Grenzübertritt ist der Reisepaß erforderlich.

Wissenswertes Die heute verhältnismäßig kleine Kuppe des *Komáři hůrka* (Mückenberg; 809 m), auf der das Gasthaus mit dem leider nicht mehr begehbaren 17 Meter hohen Komáři vižka (Mückentürmchen) steht, ist der Rest eines höheren und breiteren Berges. Er brach nach beiden Seiten ab und schickte einst seine Felsrippen donnernd in die Tiefe. Sie bilden nun einen westlichen und einen östlichen Wall vor Krupka. – *Bohosudov (Mariaschein)*, ein durch Jesuiten im 17. Jahrhundert gestiftetes Kloster, war früher bekannter Wallfahrtsort. Die barocke Klosterkirche mit dem wundertätigen Marienbild am Hochaltar ist ein Werk des Baumeisters Broggi aus Leitmeritz (heute Litoměřice). – *Krupka* (Graupen): Der Stadtkern weist einige historische Bauten auf: die spätgotische Městský kostel (Stadtkirche) mit der heiligen Stiege, die Kostel Sv. Anny (Friedhofskapelle der Heiligen Anna) und die Ruine einer aus dem 14. Jahrhundert stammenden Bergmannskirche.

Tourenbeschreibung Mit der B 170 *(Teplitzer Straße)* passieren wir den Grenzübergang zum tschechischen *Cinovec* (früher Hinterzinnwald). Gleich danach beginnt die rote Strichmarkierung. Wir nehmen die erste nach links abzweigende Straße in Richtung Fojtovice (Voitsdorf). Parallel zur Grenze verläuft sie an einigen Häusern der Streusiedlung und an der barocken Mariä Himmelfahrtskirche vorüber, wird anschließend aber beiderseits von versumpften Wiesenflächen (Wollgrasbestände) flankiert. Sie haben zur Linken sogar einen langgestreckten Teich gebildet.

Nach 2,3 Kilometern, an der höchsten Stelle der Straße, zweigen wir halbrechts in den Wald ab. Seine Fichtenbestände sind durch Umwelteinflüsse arg in Mitleidenschaft gezogen, sind aber jetzt schon vielerorts in der Hauptsache durch Ebereschen und rauchresistentere Nadelgehölze ersetzt worden. Ein allmählicher

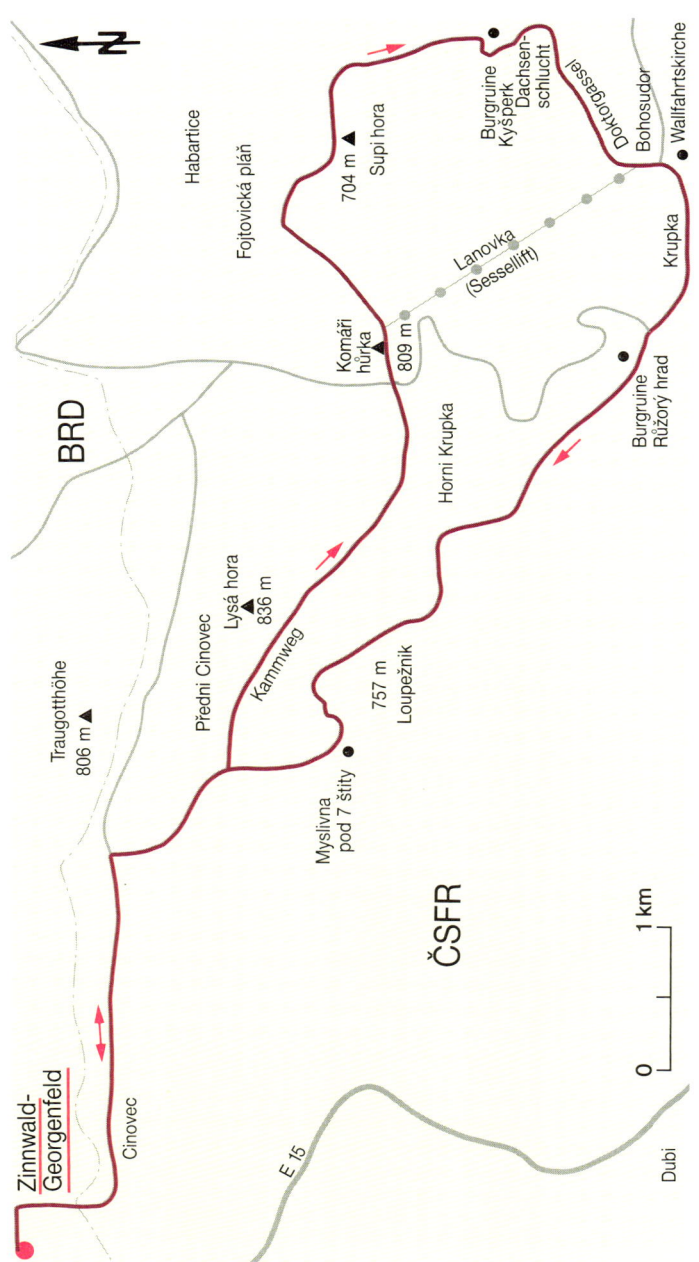

Anstieg geht in sanftes Gefälle über. Dann, auf dem Terrain des noch an Häusertrümmern erkennbaren ehemaligen Předni Cinovec (Vorderzinnwald), kommt es zur Weggabelung (zu tschechisch rozcesti). Links den anfangs vergrasten Kammweg weiter. Durch ein wiederaufgeforstetes bzw. mit seinem Unterholz nachgewachsenes Waldstück gewinnen wir nach 3 Kilometern die *Rozcesti pod Komáři hůrkou* (Weggabelung beim Mückenberg), an der von rechts eine gelb markierte Wanderstrecke einmündet. Gemeinsam links der Straße folgen. Nach 600 Metern wird die Verbindungsstraße Krupka (Graupen) – Fojtovice (Voitsdorf) überschritten, und vorbei an der *St. Wolfgangskapelle* gelangen wir nach 400 Metern hinauf zum *Komáři vižka* (Mückentürmchen) auf dem 809 Meter hohen Komáři hůrka (Mückenberg).

Ab dem Komári vižka gilt nun für unsere Route die blaue Strichmarkierung. Etwas unterhalb der *Bergstation der Lanovka* (Sessellift) nach Bohosudov (Mariaschein), zweigen wir halblinks von einem Fahrweg ab. Der nordostwärts führende, aussichtsreiche Wanderpfad verläuft über ausgedehnte Wiesenflächen, quert dabei eine Senke und trifft im Bereich der *Fojtovická plaň* (Voitsdorfer Hochebene) und mit Sicht auf die Siedlung Habartice (Ebersdorf) auf eine bituminierte Landwirtschaftsstraße. Rechts in diese einbiegend und in südöstliche, später dann südliche Richtung. Der Abstieg über den *Supi hora* (Geiersberg; 704 m) beginnt. Am Waldrand endet die Straße. Sie geht in einen vergrasten, dann wieder steinigen und ausgespülten Weg über, der am rechten Gehänge einer Schlucht steil abwärts führt. Weiter unten, in einer Rechtskrümme, steht auf einem Felsen zur Linken die vom Laubwald zugewachsene *Ruine der Burg Kyšperk* (Geiersburg). Ein 85 Meter langer Zugang führt zum Burgplateau, an dem linkerhand die ziemlich gut erhaltenen Reste des Wartturmes aufragen. An der Nordseite der Ruine ist ein Gewölbe und ein Keller zugängig.

Zurück auf den Wanderweg und diesen jetzt hinunter in die *Dachsenschlucht*. Auf den durch sie herabkommenden Weg weiter talwärts bis zum Waldrand von Unčin (Obermarschen), einem Stadtteil von Krupka (Graupen). Wir wenden uns rechts ab, überschreiten den Bach und folgen einem schattigen Promenadenweg entlang der nördlichen, von Gärten eingenommenen Peripherie des Krupkaer Stadtteiles *Bohosudov* (Mariaschein), der früher Doktorgassel hieß. Nach 1,5 Kilometern bringt er uns zur Straße *Lipova,* unweit der Talstation der Lanovka (siehe oben). Sie gehen wir abwärts, überqueren den Schienenstrang am *Bahnhof Bohosudov* (kurz danach wendet sich die blaue

Strichmarkierung links ab, so daß vorübergehend der gelbe Strich wirksam wird) und mündet schließlich in die *Komenskeho*. Diese 100 Meter nach rechts, dann schräg hinüber zum *Naměsti ČSA,* dem zentralen Platz des Stadtteiles. An seiner Ostseite präsentiert sich das einstige Jesuitenkloster sowie die prächtige Wallfahrtskirche mit ihrem Kreuzgang, deren Besichtigung unbedingt erfolgen sollte.

Ab hier nun wieder mit der blauen Streckenkennzeichnung, verläßt die Tour den Kern von *Bohosudov* über eine nordwestwärts abgehende schmale Straße. Sie führt oberhalb des Freibades vorüber und unterquert nach einem Anstieg die Bahnlinie. Dann geht es mit leichtem Gefälle durch die *Na hrázi* zur *Gottwaldova* von *Krupka* (Graupen). Dieser Hauptstraße, identisch mit der Fernstraße Nr. 13, folgt man nur ein kurzes Stück bis zu ihrem starken Linksknick und spaziert die *Husitská ulice* hinauf. Nach 100 Metern links in einen romantischen Fußweg abbiegen. Durch ein Bachtal zum seitlich liegenden Eingang der auf einem Felsvorsprung (355 m ü. NN) thronenden *Burgruine Růžový hrad* (Rosenberg). An dieser Stelle befindet sich ein Wanderwegweiser, der als nächstes Ziel das 5,5 Kilometer entfernte Předni Cinovec angibt. Zunächst durchqueren wir die letzte, beidseitige Häuserzeile von *Krupka,* dann in den Wald. Anfangs noch am Bach entlang. Nach und nach gestalten sich die Wegeverhältnisse schwieriger und verlangen bei der Erfassung der Wegemarkierung vollste Konzentration. Feuchte Abschnitte wechseln mit steinigen, ja geröllreichen; oft versperren umgestürzte Bäume den Weg.

Trotz zahlreicher Windungen wird in nordwestliche Richtung gegangen. Steil aufwärts, treffen wir auf eine eben dahinführende Forststraße. Hier, an der *Rozcesti pod Loupežnikem* (Weggabelung am Raubschloß; Berg von 757 m Höhe), diese links ab. Die nächsten 0,8 Kilometer begleitet uns dabei ein von rechts kommender, gelb markierter Wanderweg, der jedoch am *Myslivna pod 7 štity* (Forsthaus am Siebengiebel) wieder links nach Dubi (Eichwald) abschwenkt. Wir folgen der Straße noch 400 Meter und biegen kurz vor dem jetzt auftauchenden Forsthaus halbrechts ab. Nach 600 Metern wird erneut die *Rozcesti pod Předni Cinovec* (Weggabelung bei Vorderzinnwald) und das Ende der blauen Strichmarkierung erreicht. Nun wieder mit dem roten Strich hinauf zur Straße Cinovec – Fojtovice. Diese links fort und zurück zum Ausgangspunkt.

50 Geising (Stadt) – Geisingberg – Hirschsprung – Oberbärenburg – Kurort Kipsdorf

Verkehrsmöglichkeiten Geising liegt an der Bahnlinie 311 Heidenau – Altenberg sowie an den Buslinien R-201 Heidenau – Altenberg; R-202 Zinnwald – Glashütte; R-215 Bad-Gottleuba – Zinnwald; R-368 Altenberg – Lauenstein; R-388 Dippoldiswalde – Altenberg; Kurort Kipsdorf siehe Tour 47 – es ist zu empfehlen, von hier mit der Buslinie R-360 Dresden – Zinnwald bis Altenberg, Bahnhof, zu fahren, auf die Bahnlinie 311 Altenberg – Heidenau oder die Buslinie R-368 bzw. R-388 umzusteigen und so nach Geising zurückzukehren.
Parkmöglichkeiten Am Bahnhof.
Wegmarkierungen Vom Rotwasser bei Geising bis Waldidylle grüner Strich, weiter bis Oberbärenburg gelber Punkt, danach bis Kurort Kipsdorf grüner Punkt (siehe auch Tourenbeschreibung); Wanderwegweiser.
Tourenlänge 15 Kilometer.
Wanderzeit 4 bis 4½ Stunden.
Höhenunterschiede Etwa 510 Meter Anstiege (davon 245 m vom Rotwasser zum Geisingberg sowie 140 m von der Ladenmühle durch das Waldstück Rotherd) und etwa 570 Meter Abstiege (davon etwa 225 m von der Tellkoppe nach Kurort Kipsdorf sowie 185 Meter vom Geisingberg ins Tal der Kleinen Biela.
Wanderkarten 1:30000 Altenberg und Geising (Tourist-Verlag) oder 1:50000 Kompass-Wanderkarte Nr. 1061 Osterzgebirge.
Anmerkungen Durch mehrmaligen Wechsel zwischen Steigung und Gefälle anstrengende Wanderung; landschaftlich reizvoll und zu ²/₃ durch Wald verlaufend. Beim Abstieg ins Tal der Kleinen Biela feuchter Untergrund, im oberen Bereich des Geisingberges und beim Abstieg von der Tellkoppe steinige Wegeverhältnisse; fast durchweg ordentliche Markierung und Ausschilderung. Hervorragende Aussicht vom Luisenturm auf dem Geisingberg.

Einkehrmöglichkeiten in Geising, auf dem Geisingberg, in Hirschsprung, Waldidylle, Oberbärenburg und Kurort Kipsdorf. Landschaftsschutzgebiet »Osterzgebirge« und Naturschutzgebiet »Geisingberg/Geisingbergwiesen«.
Wissenswertes *Geising* weist ein anmutiges Stadtbild (Fachwerkhäuser, Portale) auf; besonders erwähnenswert ist das Saitenmachersche Kaufhaus, ein barocker Fachwerkbau aus dem

Jahre 1688, und die Pfarrkirche mit einem spätgotischen Flügelaltar (um 1510). – Das Städtchen wird von dem *Geisingberg* (824 m) überragt, dessen Gipfel der Luisenturm krönt. – *Oberbärenburg* und *Kurort Kipsdorf* siehe Tour 47.

Tourenbeschreibung Erste Station unserer Route ist der Geisingberg; jedoch nutzen wir vom *Bahnhof* in *Geising* nicht den direkten Wanderweg, sondern wandern mit der blauen Strichmarkierung sowie dem Wanderwegweiser »Lauenstein« in entgegengesetzte Richtung. Hinab zur *Hauptstraße* und auf dieser rechts über den *Hüttenbach.* Danach sofort links durch die *Enge Gasse* und an diesem Gewässer abwärts bis zu dessen Vereinigung mit dem Tiefenbach zum Rotwasser. 250 Meter unterhalb wird der Wanderweg nach Lauenstein verlassen; unsere Tour wendet sich jenseits der Dresdner Straße dem grün gekennzeichneten Aufstieg zum *Geisingberg* (824 m) zu. Auf halber Höhe mündet der eingangs erwähnte blau markierte Wanderweg in die Strecke ein. Schließlich in Windungen hinauf zum Gipfel mit der Bergbaude und dem *Luisenturm* (lohnende Rundsicht).

Um nach Hirschprung zu kommen, wählen wir den Abstieg gegenüber der Bergbaude. Nach 300 Metern verlassen wir die blaue Markierung. Rechts bis zum Rand des Bergwaldes (60 m) und an diesem entlang. Schließlich geht es nach wiederum 300 Metern die im Frühjahr mit Schlüsselblumen und Buschwindröschen überzogenen *Geisingbergwiesen* westwärts hinab. Wir treffen auf einen Querweg. Diesen 100 Meter nach links und unter Überschreitung der Bahnlinie in der bisherigen Richtung weiter; mit dem vergrasten *Klengelweg* (durch eine Weide, die links umgangen werden muß, hat sich sein Verlauf etwas verändert) hinunter in das idyllische *Tal der Kleinen Biela.* Am *Haus Wiesengrund* vorüber, führt der Klengelweg nach 80 Metern links aufwärts, tangiert einen Ausläufer des *Weicholdswaldes* und gewinnt oben die Landstraße Altenberg – Hirschsprung.

Unsere Route folgt der *Dresdner Straße* durch den von Fichtenwaldungen umgebenen Altenberger Ortsteil *Hirschsprung* und erreicht nach 1,5 Kilometern unter kurzzeitig starkem Gefälle das Ferienhotel »Ladenmühle« im *Tal der Hinteren Biela* (Hinweis: südwestlich von hier liegt im Riesengrund die Rodel- und Bobbahn sowie die Sprungschanze). Jenseits des Baches wenden wir uns dem *Rotherdsteg* zu. Durch das Waldstück *Am Rotherd* zunächst unter einer freigeschlagenen Trasse für die Hochspannungsleitung steil aufwärts. Oben dann, biegt der *Rotherdsteg* in der Forstabteilung 21 rechts ab und senkt sich in 450 Metern zum Ortsteil *Waldidylle* von *Falkenhain* (zur Rechten gleich die »Erzgebirgsbaude«). Nach Überquerung des für den

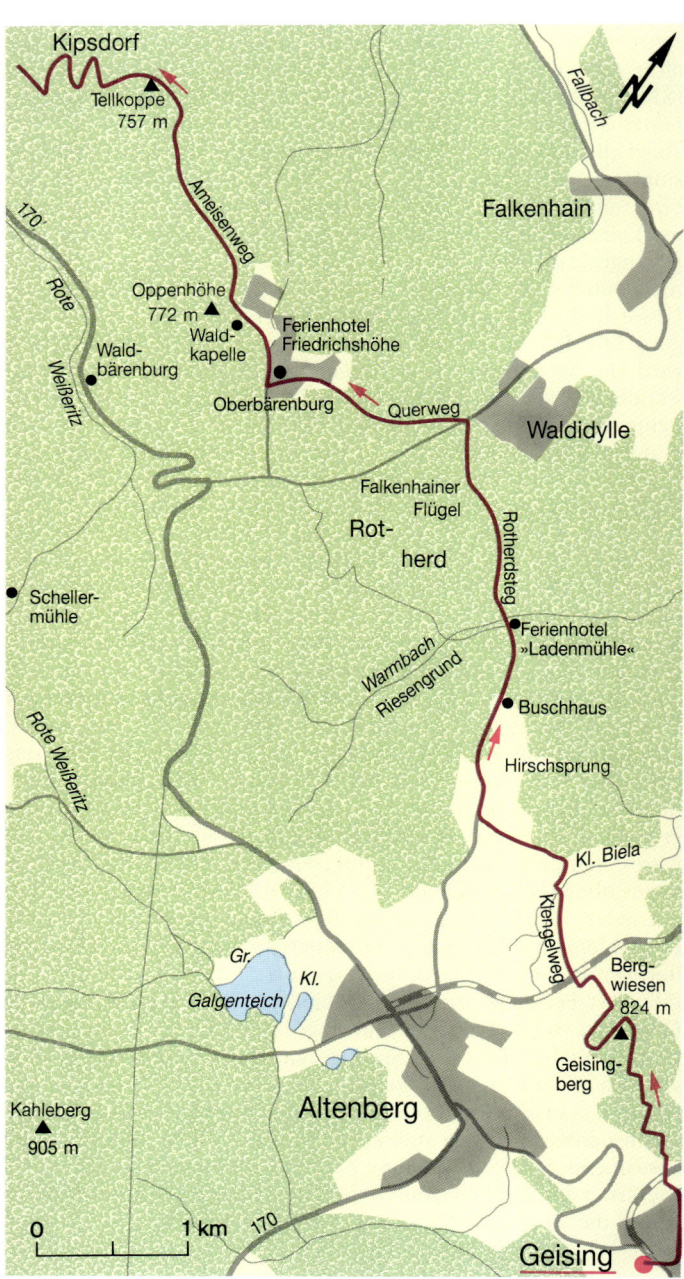

öffentlichen Verkehr zugelassenen Falkenhainer Flügels setzt sich unsere Tour auf dem mit gelbem Punkt gekennzeichneten Querweg nach Oberbärenburg halblinks fort (während rechts davon der grün markierte Wanderweg nach Dönschten und Schmiedeberg weiterführt). Wir passieren den oberen Taleinschnitt des *Langen Grundes* und steigen hinauf zum Berghotel »Friedrichshöhe des Kurortes Bärenburg, Ortsteil *Oberbärenburg* (siehe Tour 47). Links an diesem vorbei und dann nach 70 Metern von der »Ahornallee« halblinks in den *Wolfsteg* abzweigen (Wanderwegweiser »Tellkoppe« und »Kipsdorf«). Durch Jungholz geht es an der Peripherie Oberbärenburgs entlang. Im Fichtenhochwald wird die Oppenhöhe (772 m) umgangen; dann treffen wir nach leichtem Abstieg auf den *Ameisenweg.* Später, mit Überschreitung des *Langen Weges,* sind es noch 250 Meter bis zur *Tellkoppe* (757 m). Sie fällt nur nach Westen steil ab und an dieser Seite geht es auch abwärts, zunächst zum *Weißeritzhangweg.* Ihm mehr als 300 Meter rechts folgen, dann im spitzen Winkel links hinab zum *Kurort Kipsdorf* (in entgegengesetzter Richtung zum Anfang der Tour 47). Mit der *Tellkoppenstraße* gewinnen wir die *Altenberger Straße* (B 170) und damit die Bushaltestelle (oder den Bahnhof).

51 Bahnhof Malter – Dippoldiswalder Heide – Hermsdorf – Wilisch – Maxen – Weesenstein

Verkehrsmöglichkeiten Malter liegt an der Bahnlinie 309 Freital-Hainsberg (hier Anschluß von Dresden aus mit der Bahnlinie 410) – Kurort Kipsdorf sowie an den Buslinien R-376 Freital – Dippoldiswalde und R-377 Dippoldiswalde – Malter-Paulsdorf – Dippoldiswalde (Ringverkehr); Weesenstein liegt an der Bahnlinie 311 Altenberg – Heidenau (hier Anschluß nach Dresden mit der Bahnlinie 310) und an der Buslinie R-201 Altenberg – Heidenau.
Parkmöglichkeiten 300 Meter südlich des Bahnhofes Malter.
Wegmarkierung Bis zur Teufelsmühle im Lockwitztal grüner Strich, von da ab bis Weesenstein gelber Strich – in beiden Abschnitten kurze Ausnahme (siehe Tourenbeschreibung); Wanderwegweiser, vor allem im Bereich der Dippoldiswalder Heide.
Tourenlänge 24 Kilometer. **Wanderzeit** 6 bis 6½ Stunden.
Höhenunterschiede Etwa 480 Meter Anstiege (davon 170 m von Lockwitztal zum Finckenfang) und etwa 650 Meter Abstiege (davon 240 m vom Wilisch ins Lockwitztal).

Wanderkarte 1:50000 Kompass-Wanderkarte Nr. 1061 Osterzgebirge.
Anmerkungen Abwechslungsreiche Wanderung, durch den hohen Laubwaldanteil ideal für Frühjahr und Herbst; zwischen dem Wilisch und Weesenstein infolge starker Höhenunterschiede beschwerlich. Mit Ausnahme in der Kroatenschlucht (siehe Tourenbeschreibung) gute Wegeverhältnisse. In der Dippoldiswalder Heide bekommt der Wanderer umfassende heimatkundliche Informationen vermittelt. Überwiegend Landschaftsschutzgebiet. Einkehrmöglichkeiten in der »Heidemühle« in Karsdorf, in der »Teufelsmühle« im Lockwitztal, im »Gasthof Maxen« und in der »Schloßgaststätte« Weesenstein.
Wissenswertes *Malter* und seine *Talsperre* siehe Tour 46. – *Maxen:* Während des Siebenjährigen Krieges fand hier am 20./21. November 1759 eine Schlacht statt, in der der preußische Generalleutnant von Finck mit 13000 Mann durch die Österreicher gefangengenommen wurde (»Finckenfang«), in der Kroatenschlucht biwakierte dabei ein Kroatenbataillon. Die im 16. Jahrhundert entstandene Kirche enthält einen wertvollen Sandsteinaltar von 1558 und eine Sandsteinkanzel von 1631. Südöstlich des Gotteshauses das ehemalige Rittergut mit Schloß (heute katholisches Altersheim) und Park. – *Schloß Weesenstein:* Die mit wertvollen Wandbildtapeten, Stuckarbeiten und Möbeln ausgestatteten Innenräume werden als Museum genutzt. An der Südseite des Schlosses befindet sich der 1781 im französischen Stil angelegte Schloßpark.
Tourenbeschreibung Vom *Bahnhof Malter* am Ostufer der *Malter-Talsperre* folgen wir 200 Meter der Schmalspurbahn und steigen dann links die *Dresdner Straße* (= Malterweg) hinauf zur *Dippoldiswalder Heide.* 500 Meter nach Eintritt in den Forst steht rechterhand des bituminierten Waldweges die *Wolfssäule* (bis hierher identisch mit einem Teilstück der Tour 46). Nach weiteren 200 Metern kommen wir am *Steinernen Messer* vorüber und kreuzen die Rabenau-Dippoldiswalder Straße (Forstweg). Wiederum nach 230 Metern informiert links des Malterweges eine Tafel über das Findlingskreuz in der Forstabteilung 54. Schließlich bringt uns die Route am rechten Gehänge des Diebsgrundbaches zum *Einsiedlerstein* an der Kreuzung des Marktsteiges. Eine Viertelstunde später trifft der *Malterweg* am *Cottaplatz* auf die Landstraße Rabenau – Dippoldiswalde/Abzweig zur B 170. Wir folgen ihr hier am Ortseingang von *Karsdorf* nach links, überschreiten den *Oelsabach* und biegen im Anschluß an die *Heidemühle* rechts in den *Teichweg* ab. Dieser geht in den *Rosenweg* über, der das Nordufer des wieder von Wald umgebe-

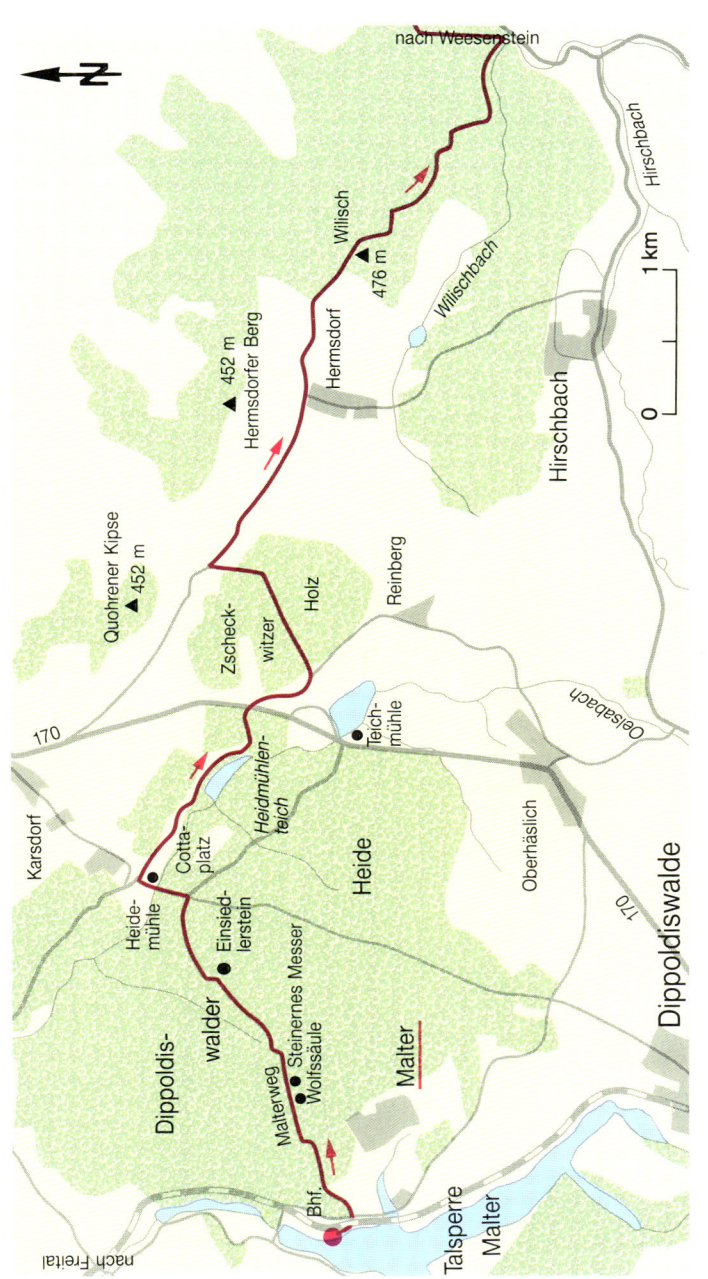

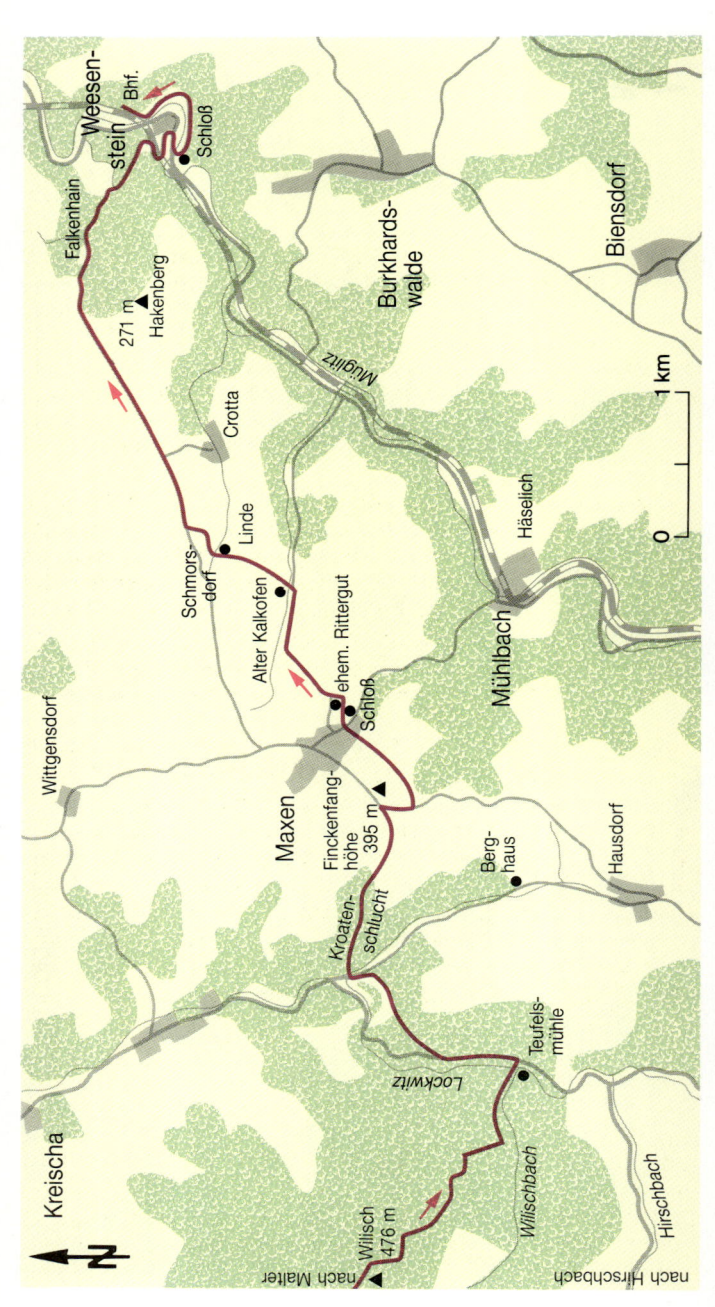

nen *Heidemühlenteiches* tangiert. Am Ende des Gewässers wendet sich die Tour links aufwärts und gewinnt die B 170 Dresden – Zinnwald.

Schräg gegenüber der verkehrsreichen Verbindung mit der *Reinberger Straße* weiter. Nach 500 Metern, an einer Eiche, führt der Wanderweg links ab, durchquert das *Zscheckwitzer Holz* und mündet im Anschluß an eine Bungalowsiedlung südöstlich der Quohrener Kipse (452 m) in die Landstraße Karsdorf – Hermsdorf. Rechts fort und auf den in der Landschaft dominierenden Wilisch zuhaltend, wird der Hirschbacher Ortsteil *Hermsdorf am Wilisch* nach 1,4 Kilometern erreicht. Am Knick der *Dorfstraße* nutzen wir geradeaus einen Fahrweg, der uns hinauf zur *Wilischbaude* gelangen läßt. Dahinter Aufstieg zum Basaltgipfel (476 m), entweder über zwei steile oder einen bequemen Weg möglich (5 Min.); Aussicht nur nach Norden und Westen.

Unsere Route bringt uns östlich des Gipfels durch Jungholz steil abwärts zu einer Weggabelung; hier gleich rechts mit dem grünen Punkt am Rand der Lichtung hinunter. Dieser Wanderweg berührt später wieder den von uns bisher begangenen, mit grünem Strich versehenen Wanderweg, holt aber dann bis ins Lockwitztal über den *Wilischbachweg* aus. Beide Wanderwege haben das gleiche Ziel – die *Teufelsmühle* an der Mündung des Wilischbaches in die Lockwitz (auch Grimmsches Wasser genannt).

Nunmehr mit der gelben Strichmarkierung, wandern wir 500 Meter die beiderseits bewaldete Talstraße Reinhardtsgrimma – Kreischa hinab, überqueren den Höhenrücken zwischen der Lockwitz und einem rechten Nebenbach und erreichen die von Hausdorf herabkommende Straße. Kurz bevor diese die Lockwitztalstraße gewinnt (nach 150 m), biegen wir vor der Lockwitzbrücke rechts in einen Waldpfad ein. Nach einem Sprung über den Nebenbach nimmt uns die *Kroatenschlucht* auf. Weiter oben in ein Wiesental überwechselnd, verläuft die Tour (der Pfad ist kaum noch wahrnehmbar) entlang einer Terrasse 3–4 Meter über dem die Schlucht bildenden Bächlein und läßt uns schließlich hinauf zu einem kirschbaumgesäumten Feldweg gelangen. Diesen 150 Meter nach links, ist die Landstraße Maxen – Hausdorf an der *Finckenfanghöhe* (395 m) erreicht. Sie wird geprägt vom ehemaligen Wirtshaus mit Aussichtsturm und Wetterfahne. Zur Aussicht an der Ostseite müssen wir entgegen der Markierung die Landstraße nach rechts laufen und in der Senke (250 m) links in einen Feldweg einbiegen. Damit wird die Höhe südlich umgangen.

Nun erscheint im voraus *Maxen*. Wir halten auf die massige Dorfkirche zu und gehen an ihr rechts abwärts zum ehemaligen Schloß. Danach durchquert unsere Wanderung das frühere Rittergut und führt links zur *Hauptstraße,* die sich jetzt anschickt, das starke Gefälle durch die *Winterleite* ins Müglitztal zu bewältigen. Wieder mit der gelben Strichmarkierung, folgen wir ihr bis zum alten *Kalkofen,* 400 Meter unterhalb des östlichen Dorfausgangs. Hier links aufwärts und hinüber nach *Schmorsdorf* mit seiner unter Naturschutz stehenden Linde. Nordostwärts weiter zur Landstraße, die unter leichtem Gefälle nach 1,5 Kilometern *Falkenhain* erreicht. Halbrechts durch die Ortslage, dann von der Straße geradeaus mit einem Feldweg fort und an der Obstplantage entlang. Der Wanderweg fällt am linken Gehänge des *Müglitztales* steil abwärts. Dabei bietet sich vom sogenannten *Abendfrieden* aus ein malerisches Bild von Schloß Weesenstein. Unsere Tour trifft auf die *Schulstraße* der Gemeinde. Ihr rechts folgend, kommen wir nach 200 Metern zur *Altenberger Straße,* direkt am Fuße des Bauwerkes. Dabei wurde zuletzt die Müglitz überschritten. 40 Meter nach links, dann rechts ab; entweder hinauf zum Schloßeingang oder am *Mühlgraben* (oberschlächtiges Wasserrad!) entlang zum *Schloßpark*.

Zurück zur Altenberger Straße und diese nach rechts bis zum Parkplatz. Nun mit der blauen Strichmarkierung über die Müglitz (Fußgängerbrücke) und am rechten Ufer in 300 Metern zum *Bahnhof Weesenstein*.

52 Oberschlottwitz – Liebenau – Lauenstein

Verkehrsmöglichkeiten Bahnlinie 311 Heidenau – Altenberg mit den Bahnhöfen Oberschlottwitz und Lauenstein.
Parkmöglichkeiten Östlich der Müglitztalstraße, in Höhe des Bahnhofes.
Wegmarkierung Siehe Tourenbeschreibung; mitunter Wanderwegweiser.
Tourenlänge 14 Kilometer.   **Wanderzeit** 4 Stunden.
Höhenunterschiede Etwa 380 Meter Anstiege und etwa 170 Meter Abstiege.
Wanderkarte 1:50000 Kompass-Wanderkarte Nr. 1061 Osterzgebirge.
Anmerkungen Trotz der Bewältigung eines beachtlichen Höhenunterschiedes eigentlich leichte Wanderung, die große natür-

liche Reize und Abgeschiedenheit (Trebnitzgrund – besonders im Frühling zu empfehlen!) mit kulturhistorischen Sehenswürdigkeiten (Lauenstein) verbindet. Zum größten Teil gute Wanderwege. Verpflegung aus dem Rucksack einplanen, da Einkehrmöglichkeit erst in Lauenstein besteht. Landschaftsschutzgebiet »Osterzgebirge« und Naturschutzgebiet »Trebnitzgrund«.

Wissenswertes Der fast siedlungsleere *Trebnitzgrund* zwischen Liebenau und Oberschlottwitz zählt zu den schönsten Tälern des Osterzgebirges. Mannigfaltige, gebirgsheimische Pflanzenwelt, artenreiche Vogelwelt sowie auf Felsen und an Steilhängen Muffelwild. – *Lauenstein* liegt umgeben von schönen Waldungen über dem Müglitztal. Renaissanceschloß, heute mit neugestaltetem Museum. Am Markt beachtenswert das Torhaus zum Schloß, zwei Häuser mit Sitznischenportalen von 1667 und der Falknerbrunnen (1912). Östlich davon die spätgotische dreischiffige Pfarrkirche mit herrlichen Kreuzgewölben; kostbare, in Sandstein gearbeitete sowie mit Marmor und Alabaster geschmückte Bünaukapelle.

Tourenbeschreibung Am *Bahnhof Oberschlottwitz* zweigen wir von der *Müglitztalstraße* links in die nach Liebstadt führende Staatsstraße ab. Dabei wird die Müglitz überschritten und der hier seitlich mündenden Trebnitz aufwärts gefolgt. Nach 400 Metern, oberhalb der ehemaligen Elisabethmühle (heute Wohnungen), entfernt sich unsere Route von der Staatsstraße und biegt mit dem Lauf des Baches in die Verbindungsstraße zum Dittersdorfer Ortsteil Neudörfel ein. Wir sind im *Trebnitzgrund* (gelbe Strichmarkierung maßgebend). Nach 400 Metern biegt die Straße rechts ab, wir folgen dem Wanderweg.

Nach 3 Kilometern trifft der Wanderweg auf ein Anwesen: das sogenannte *Blockhaus*. 250 Meter danach gabelt sich der Weg; wir halten uns halblinks und erreichen nach 1 Kilometer das »Caritasheim Trebnitzgrund«, die frühere *Niedere Trebnitzmühle* (davor Ruhebänke und kleiner Spielplatz). Unter Uferwechsel bringt uns der nunmehrige Fahrweg nach 550 Metern zur *Oberen Trebnitzmühle,* in der gegenwärtig das »Landesschulheim Trebnitzgrund« untergebracht ist. Nach weiteren 1,1 Kilometern ist die Landstraße Bärenstein – Börnchen – Döbra – Liebstadt erreicht. Links über die Brücke und dann entlang der rechten Bachseite des zunehmend flacher und breiter werdenden oberen *Trebnitzgrundes*. Nach 1,2 Kilometern wenden wir uns von der Trebnitz ab und folgen dem *Liebenauer Bach* am Westrand der bewaldeten *Platte* (563 m) aufwärts. Später das Ufer wechselnd und schließlich hinauf zur Landstraße Börnchen – Liebenau, einem Alten Böhmischen Steig. Hier entfernt sich

der gelb gekennzeichnete Wanderweg in Richtung Bärenstein von unserer Route. Wir wandern nach links und sind schon kurze Zeit später in *Liebenau*. 300 Meter hinter dem Ortseingangsschild, gegenüber der Bushaltestelle am »Bauernmuseum« (nur auf Voranmeldung zu besichtigen), ist von der *Hauptstraße* rechts abzubiegen und einem allmählich ansteigenden, den Schulhübel (606 m) an seiner Westseite tangierenden Feldweg zu folgen.

Die Tour beginnt stark zu fallen. An der Einmündung des von links kommenden, blau markierten Wanderweges Liebenau – Lauenstein erscheint im voraus Lauenstein, unser nächstes Ziel. Nach beträchtlichem Gefälle queren wir den Fluß und nehmen drüben den Aufstieg durch die *Schloßstraße* zum schräg abfallenden *Markt* des Städtchens. An seiner Südseite geht die *Bahnhofstraße* ab. Sie führt zum Abschluß durch das Tälchen des *Lauensteiner Baches* hinunter zum Bahnhof im *Müglitztal*.

53 Liebstadt – Herbergen – Göppersdorf – Liebstadt

Verkehrsmöglichkeiten Buslinien R-205 Pirna – Breitenau; R-206 Glashütte – Breitenau.
Parkmöglichkeiten Auf dem Markt oder an der Schloßauffahrt (0,4 km von diesem entfernt).
Wegmarkierung Siehe Tourenbeschreibung.
Tourenlänge 7,5 Kilometer. **Wanderzeit** 2 Stunden.
Höhenunterschiede Insgesamt etwa 180 Meter.
Wanderkarte 1:50000 Kompass-Wanderkarte Nr. 1061.
Anmerkungen Bequeme und meist aussichtsreiche Kurzstreckenwanderung, mit der zugleich ein Besuch des Schlosses Kuckuckstein (Heimatmuseum) verbunden werden sollte. Einkehrmöglichkeiten im »Gasthof Herbergen« und in Liebstadt.
Wissenswertes *Liebstadt:* Mit 876 Einwohnern kleinste Stadt Sachsens, die vom *Schloß Kuckuckstein* überragt wird. Dieses beherbergt ein Heimatmuseum; einmalig ist dabei die ehemalige Freimaurerloge in der Bibliothek. Weiterhin bemerkenswert die um 1500 errichtete spätgotische Pfarrkirche.
Tourenbeschreibung Vom *Markt* nordwärts durch die *Pirnaer Straße* (oder durch die »Braugasse«); nach 40 Metern über die *Seidewitz* (rote und gelbe Strichmarkierung) und im Zickzack hinauf zum *Schloß Kuckuckstein.* Nach dessen Besichtigung kehren wir zum hinteren Schloßeingang zurück, um jetzt den

Zu Tour 53 **Schloß Kuckuckstein**

halbrechts weiter aufwärts führenden ehemaligen Reitweg zu folgen. Dieser tangiert den Rand des gegenüber dem übrigen Umfeld kaum noch zu unterscheidenden Schloßparks und trifft oben auf die Verbindungsstraße Göppersdorf – Borna-Gersdorf. Links ab und nach 250 Metern, am Rechtsknick der Straße, geradeaus den Feldweg fort. Hier, am Wasserhäuschen unterhalb der Napoleonschanze (428 m) herrliche Aussicht.

Der Feldweg senkt sich zum Liebstädter Ortsteil *Herbergen,* den wir rechts durchschreiten. Nach 300 Metern zweigen wir schräg links zur *Hohen Straße* (es ist die oben erwähnte Verbindungsstraße Göppersdorf – Borna-Gersdorf) ab. Ihr folgen wir über eine Anhöhe hinweg und erreichen nach 0,8 Kilometern die *Alte Teplitzer Straße*. Unsere Route biegt spitzwinklig rechts in diese ein. An einem Eichenwäldchen vorüber, fällt sie allmählich zum *Ehrlichtteich* (Flächennaturdenkmal), an dessen Südufer eine Ganzmeilensäule aus dem Jahre 1729 steht. In *Göppersdorf* angekommen, verlassen wir die Alte Teplitzer Straße. Rechts das Dorf hinauf (wieder roter und gelber Strich) und mit der *Alten Göppersdorfer Landstraße* bis zu ihrem beginnenden kurvenreichen Gefälle am Abzweig der Verbindungsstraße nach Borna-Gersdorf (siehe oben). Nun geradeaus den Fußweg steil abwärts. Er mündet in die Auffahrt zum Schloß Kuckuckstein. Entweder dort hinauf und den Abstieg analog dem Anmarsch, bequemer jedoch links über den Bach, dann die *Schloßstraße* hinab zur *Bergstraße* (malerischer Anblick des Schlosses) und mit dieser wenig später zum *Markt* von Liebstadt.

54 Berggießhübel – Panoramahöhe – Bad Gottleuba – Augustusberg – Eibischsteine – Berggießhübel

Verkehrsmöglichkeiten Buslinien R-209 Pirna – Bad Gottleuba; R-216/220 Pirna – Bahratal; R-219 Pirna – Bahratal.
Parkmöglichkeiten Am Ladenberg, gegenüber dem Rathaus (Gelände des ehemaligen Bahnhofes).
Wegmarkierung Oft wechselnd – sofern sie für uns maßgebend wird siehe Tourenbeschreibung; mitunter Wanderwegweiser.
Tourenlänge 13 Kilometer.
Wanderzeit 3½ Stunden.
Höhenunterschiede Insgesamt etwa 350 Meter; steile Anstiege vom Poetengang zur Panoramahöhe (140 m) und von Bad Gottleuba zum Augustusberg (170 m), starkes Gefälle von der Panoramahöhe nach Bad Gottleuba (100 m).
Wanderkarte 1:50 000 Kompass-Wanderkarte Nr. 1061 Osterzgebirge.
Anmerkungen Bis zum Augustusberg durch den Wechsel zwischen Steigung und Gefälle beschwerliche, danach aber leichte Tour; insgesamt waldreich. Gute Wanderwege. Einkehrmöglichkeiten auf der Panoramahöhe, in Bad Gottleuba (etwas abseits der Tour), auf dem Augustusberg und schließlich im Kurort

Zu Tour 54 **Im Poetengang**

Berggießhübel. Landschaftsschutzgebiet »Osterzgebirge«; Flächennaturdenkmal »Poetengang« (rechts Gottleubagehänge).
Wissenswertes *Berggießhübel* verdankt seinen Namen den Gießhütten (Hochöfen), in denen ehemals die in der Umgebung geförderten Eisenerze verhüttet wurden. Die hiesigen Gruben gelten als die ältesten im Meißner Lande; sie sollen bereits um die Mitte des 12. Jahrhunderts bestanden haben. Nachdem 1717 eine eisen- und schwefelhaltige Quelle entdeckt worden war, begründete man 1722 das Johann-Georgen-Bad. Heute ist Berggießhübel das größte Kneippkurbad Ostdeutschlands.

Der *Poetengang* gedenkt dem Fabeldichter Christian Fürchtegott Gellert (1715–69) und dem Satiriker Gottlieb Wilhelm Rabener (1714–71), die beide 1767 in Berggießhübel kurten und hier gewandelt sind (Marmortafel mit Inschrift und Gedicht).

Die *Panoramahöhe* (437 m) trägt seit 1901 den *Bismarckturm* und die Bergbaude; altes Bergbaugebiet.

Bad *Gottleuba:* Mit der Entdeckung einer eisenhaltigen Quelle sowie eisenhaltiger Moorlager begann eine Entwicklungsetappe, der Gottleuba ihren heutigen Ruf verdankt. Behandelt werden hier Erkrankungen von Herz und Kreislauf, von Magen, Darm und dem Bewegungsapparat. Auf dem Marktplatz eine kursächsische Postdistanzsäule, seitlich davon die spätgotische St. Petrikirche mit wertvollen Gemälden aus der vorreformatorischen Zeit (Cranachschule) im Kreuzgewölbe des Altarraumes.

Augustusberg (507 m): Berghotel, früher auch Aussichsturm.
Tourenbeschreibung Von der Bushaltestelle »Kurhaus« in *Berggießhübel* wechseln wir zunächst am *Paul-Linde-Platz* auf das rechte Ufer der Gottleuba über und folgen diesem mit der *Sebastian-Kneipp-Straße* aufwärts. Vorbei am Klubhaus des Bades, später am Denkstein für die beim Hochwasser 1927 umgekommenen Einwohner setzt sich die Tour jenseits des Kirchberges mit der Straße *Am Poetenweg* fort. Nach 70 Metern beginnt halbrechts der *Poetengang,* ein reizvoller Promenadenweg. Wir kommen am Denkstein für Gellert und Rabener vorüber, wenden uns aber 160 Meter danach einem Pfad zu, der durch die Zechenanlagen steil hinauf zur bewaldeten *Panoramahöhe* (437 m) führt. Vom *Bismarckturm* bietet sich ein großartiges Panorama.

Wenige Schritte auf dem Anmarschweg zurück, dann geradeaus weiter. Unsere Tour fällt allmählich, tritt aus dem Wald heraus und gewinnt die Landstraße Berggießhübel – Bahratal. Mit der roten Strichmarkierung folgen wir ihr rechts, biegen nach 100 Metern wiederum rechts ab. Steil hinunter nach *Bad Gott-*

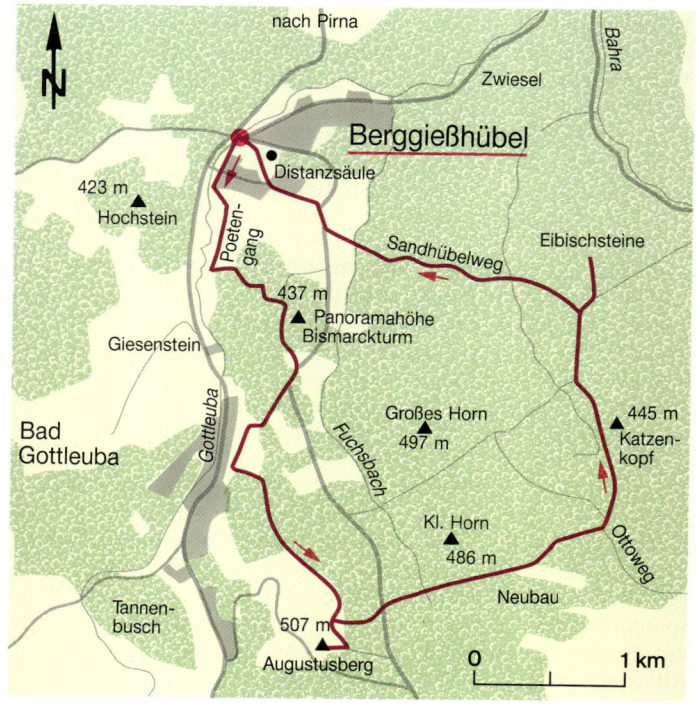

leuba (Blick rechts zum Kliniksanatorium am Helleberg). Vor dem Teich des *Goetheparkes* links den *Finkenweg* aufwärts. Dieser mündet in die *Badstraße,* die wir nur 35 Meter nach rechts gehen, um dann links dem *Laubbuschweg* entlang eines Wiesentälchens zu folgen. Steil bergan zur Villensiedlung *Augustusberg*. An der Waldecke links eine Anliegerstraße weiter (gleich zu Beginn rechts der Kontrollpunkt des blau markierten »Fernwanderweges Eisenach – Budapest«) und nach 150 Metern die Zufahrtsstraße hinauf zum bewaldeten Gipfel des *Augustusberges* (507 m) mit dem Berghotel.

Wieder zur Waldecke hinab, an der mehrere Wanderwege aufeinandertreffen. Wir gehen 50 Meter auf dem *Laubbuschweg* zurück und zweigen dann in den dritten rechts abgehenden Weg ein. Die bis 1,5 Kilometer vor dem Ziel reine Waldstrecke überquert zunächst nach 300 Metern die Landstraße Berggießhübel – Bahratal. 0,8 Kilometer danach kommt es zur Weggabelung;

während der mit gelbem Punkt gekennzeichnete, bisher von uns genutzte Wanderweg nach rechts abschwenkt, setzen wir unsere Tour geradeaus fort und wandern bald links an der Siedlung *Neubau* der Gemeinde Bahratal vorüber. Später, im Bereich einer Lichtung, wird der schräg verlaufende Ottoweg (Markierung roter Strich) gekreuzt und vor Ort endgültig in nördliche Richtung umgebogen. Nach 1 Kilometer mündet die Route in den L-Weg ein; halbrechts weiter und in 500 Metern zu dem Wegekreuz südlich der Eibischsteine. Geradeaus den *Sandhübelweg* gehend, lassen wir diese Felswildnis (durch sie führt der mit grünem Punkt ausgewiesene Wanderweg nach Bahra – kurzer Abstecher zu empfehlen!) rechts liegen und kommen nach 250 Metern zu einer Lichtung. Hier schwenkt der Sandhübelweg links ab und bringt uns schließlich nordwestwärts nach 15 Minuten zum nächsten Wegekreuz.

Oberhalb der Eigenheimsiedlung entlang und wenig später aus dem Wald heraus. Mit dem von links einmündenden *Ottoweg* queren wir die flache Mulde des *Fuchsbaches* und gewinnen dann erneut die Landstraße Berggießhübel – Bahratal am Ortseingang des *Kurortes Berggießhübel.* Schräg gegenüber den *Kirchberg* hinunter bis unmittelbar vor das Gotteshaus. Hier rechts den *Pfarrweg* weiter abwärts und vorbei am *Fritzegarten* (Parkanlagen) zum *Paul-Linde-Platz* im Zentrum des Städtchens. Nach Überschreiten der Gottleuba sind wir wieder an der Bushaltestelle angelangt.

Zu Tour 55 **Bienhof im Mordgrund**

55 Bad Gottleuba – Bienhof – Oelsen – Talsperre Gottleuba – Bad Gottleuba

Verkehrsmöglichkeiten Buslinien R-209 Pirna – Bad Gottleuba; R-214 Bahratal – Bad Gottleuba; R-215 Zinnwald – Bad Gottleuba; R-216/220 Pirna – Bahratal; R-217 Pirna – Bahratal; R-219 Pirna – Bahratal.
Parkmöglichkeiten In der Hackebeilstraße, nordwestlich des Marktplatzes.
Wegmarkierung Siehe Tourenbeschreibung; zuweilen Wanderwegweiser.
Tourenlänge 20,5 Kilometer.
Wanderzeit 5½ bis 6 Stunden.
Höhenunterschiede Insgesamt etwa 500 Meter; besonders zu erwähnen der fortlaufende Anstieg von Bad Gottleuba zum Hutstein (180 m) und der steile Anstieg entlang des Grenzbaches bis zum Schönwalder Weg (etwas mehr als 100 m).
Wanderkarte 1:50000 Kompass-Wanderkarte Nr. 1061 Osterzgebirge.
Anmerkungen Infolge ihrer Länge und den zahlreichen Steigungen Wanderung mit erhöhtem Schwierigkeitsgrad; dafür aber durch den Wechsel zwischen herrlichen Tälern und aussichtsreichen Höhen, zwischen Wald und Feld landschaftlich sehr reizvoll. Besonders zu empfehlen im Juni, wenn die Bergwiesen in Blüte stehen. Die Gegend ist touristisch schwach frequentiert. Vor allem im Abschnitt zwischen dem Mordgrund oberhalb von Bienhof und der Oelsener Höhe ist bei Nässe entsprechendes Schuhwerk erforderlich. Einkehrmöglichkeit unterwegs nur im »Hotel Bienhof«, ansonsten erst bei der Rückkehr in Bad Gottleuba. Landschaftsschutzgebiet »Osterzgebirge« und Naturschutzgebiet »Oelsen«.
Wissenswertes *Bad Gottleuba* siehe Tour 54. – *Oelsen:* Wurde vermutlich schon im 12. Jahrhundert gegründet. Die Dorfkirche ist spätgotisch und dürfte um 1500 herum erbaut sein. Ist Oelsen die am höchsten gelegene Gemeinde des Landkreises Pirna, so gilt die südlich davon liegende Oelsener Höhe (644 m) als die höchste Erhebung. Die Bergwiesen der unmittelbaren Umgebung sind bekannt für ihre Artenvielfalt an geschützten Pflanzen.

In den Kammlagen des östlichsten Teiles des Erzgebirges führten Wetterlagen und typische Luftzirkulationen immer wieder zu starken Regenfällen, die bedingt durch die Abholzung der Hochflächen in den vergangenen Jahrhunderten und die enormen Gefälle der Wasserläufe oft verheerende Katastrophen

auslösten. 1958 begann man deshalb ein Hochwasserschutzsystem zu errichten, dessen Kernstück die Talsperre Gottleuba ist.
Tourenbeschreibung Wir verlassen den Marktplatz von *Bad Gottleuba* (Bushaltestelle) südwestwärts mit der *Talstraße* (Richtung Hartmannsbach), biegen aber schon kurze Zeit später, an der Einmündung der Hackebeilstraße, halblinks ab. Der gelb markierte Rundgang um den bewaldeten Tannenbusch (456,5 m) macht eine Linkskehre und führt an der Nordostseite des 800 Meter langen Felsmassivs den Waldrand allmählich aufwärts. Während der Wanderweg an einem aufgelassenen Steinbruch rechts abschwenkt, um sich den Gipfelklippen zu nähern (der Aufstieg selbst ist aber nicht lohnend), setzen wir unsere Tour geradeaus fort und treffen nach 70 Metern auf den »Internationalen Bergwanderweg Eisenach – Budapest« (blaue Kennzeichnung). Ihm ist 0,4 Kilometer bis zu einer Plattenstraße zu folgen. Während er hier in Richtung Talsperre – Liebenau rechts abbiegt und erst auf dem Rückweg wieder maßgebend wird, gehen wir links hinüber zur Landstraße nach Hellendorf. Sie führt im *Tal des Fuhdebaches* aufwärts zur Gneishochfläche südlich von Bad Gottleuba. Links steigt das Gelände zum Sandsteinmassiv des Wachsteins (524 m) an. Nach der Straßenbiege (rechts der Abzweig nach Oelsen) ist die *Katrine,* ein Waldstück, erreicht. Rechts den Weg ab. Über feuchte Wiesen und unter leichtem Anstieg östlich an der Kuppe des *Hutsteins* (521 m) vorüber. Danach zeitweise mit dem *Hellendorfer Waldparkweg* (gelber Punkt) beginnt die Route zu fallen, quert die Fahrstraße Oelsen – Hellendorf und bringt uns schließlich am linken Talgehänge des Mordgrundbaches (links der schöne Aussichtspunkt »Blick ins Tal«) hinab zum *Rückhaltebecken Mordgrundbach* (Fischzuchtgewässer). Wenige Schritte nach dessen oberem Ende ragt eine prächtige Zottelfichte empor; darunter steht die *Karl-Schmidt-Bank.* Weiter durch den herrlichen *Mordgrund* aufwärts. Links oben bildet der Waldsaum gleichzeitig die Grenze zur ČSFR. Nach 0,8 Kilometern haben wir *Bienhof* erreicht. Das Hauptgebäude des ehemaligen Hammergutes (heute »Hotel Bienhof«) liegt am Abzweig des *Peterswalder Grundes.*

Während nun der mit gelbem Strich markierte *Hohe Steig* rechts hinauf nach Oelsen verläuft, setzen wir unsere Wanderung talaufwärts des *Mordgrundbaches* fort. Vollkommene Abgeschiedenheit. An der Mündung des Grenzbaches ist unserem Wanderweg die bisherige Richtung versperrt, so daß er östlich umschwenken muß. Entlang der Grenzpfähle steil bergan. Oben, beim Heraustreten aus dem Wald, sofort rechts mit dem anfangs kaum wahrnehmbaren *Schönwalder Weg* (Schönwald,

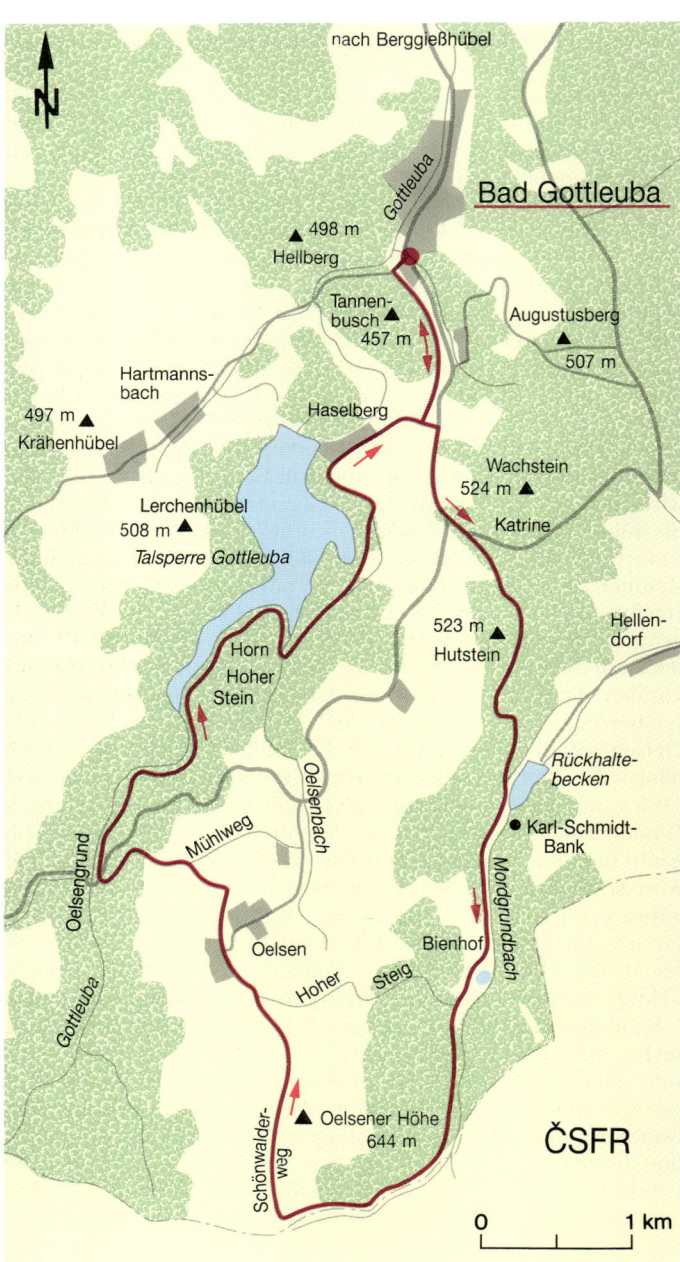

das heutige Krásný Les in der ČSFR) nordwärts. Nach 850 Metern sind wir an der *Oelsener Höhe* (644 m), inmitten einer typischen Steinrückenlandschaft, angelangt. Von dem etwa 4 Meter hohen, künstlich angelegten Aussichtshügel bietet sich ein faszinierender Rundblick.

Der *Schönwalder Weg* verläuft an einem Sühnekreuz sowie einer alten Verkehrssäule vorbei und senkt sich zu der Gemeinde *Oelsen*. An den ersten Häusern mündet von rechts der mit gelbem Strich gekennzeichnete *Hohe Steig* aus Bienhof in die Strecke ein. Mit diesem geradeaus am Buswendeplatz vorüber, dann an der westlichen Peripherie des Dorfes entlang. Während die markierte Route sich am folgenden Wegekreuz links dem Lappenbuschweg zuwendet, erneut geradeaus. Dann ein Linksknick unseres Weges; er trifft weiter unten auf den *Mühlweg*. Diesem links folgen; schließlich steil das bewaldete rechte Gottleubagehänge hinunter in den *Oelsengrund* und damit zur Landstraße Bad Gottleuba – Oelsen – Breitenau, die hier den Fluß überquert. Zugleich ist wieder der eingangs erwähnte »Internationale Bergwanderweg Eisenach – Budapest« erreicht; sein blauer Strich begleitet uns die nächsten 6,5 Kilometer. Wir nutzen die Straße nur 100 Meter und folgen dann halblinks einem am rechten Ufer der Gottleuba talwärts führenden Fahrweg zur Talsperre, der aber für den öffentlichen Verkehr gesperrt ist. Herrliches Waldtal. Nach 1,5 Kilometern steigt die Route an. Oberhalb der *Vorsperre* vorüber, von deren 12 Meter hohen Mauer das Wasser herunterstürzt und in das eigentliche Staubecken fließt. Am *Horn* bietet sich erstmals ein Blick über dieses hinweg zur Sperrmauer. Hier entfernt sich zunächst auch der Wanderweg von der Talsperre Gottleuba, biegt nach hinten weg und überquert den *Oelsenbach* in weitem Bogen. Dann den breiten, mit Betonplatten ausgelegten Weg hinauf, oben links halten und nach Gefälle erneut beträchtlicher Anstieg am kahlgeschlagenen bzw. wiederaufgeforsteten Hang. An der höchsten Stelle des Wegeabschnittes endet der Wald und damit das Naturschutzgebiet; links die Plattenstraße weiter (rechts ist der Wachstein zu sehen) und im Rechtsbogen, unter allmählichem Gefälle oberhalb von der *Sperrmauer* vorüber. Nach Tangieren eines Betriebsgeländes schließt sich der Kreis unserer Rundwanderung westlich der durch das *Fuhdebachtal* aufwärts verlaufenden Straße Bad Gottleuba – Hellendorf (siehe oben!). Für die restlichen 1,5 Kilometer zurück zum Ausgangspunkt nehmen wir erneut den Abstieg entlang des *Tannenbuschs*.

Anschriftenverzeichnis

Verband Deutscher Gebirgs- und Wandervereine e. V.
Reichsstraße 4, W-6600 Saarbrücken

Deutsche Wanderjugend
Wilhelmstraße 39, W-7263 Bad Liebenzell

Deutscher Alpenverein
Praterinsel 5, W-8000 München 22

Europäische Wandervereinigung e. V.
Reichsstraße 4, W-6600 Saarbrücken

Touristenverein »Die Naturfreunde«, Bundesgruppe Deutschland e. V.
Großglocknerstraße 28, W-7000 Stuttgart 60

Deutsches Jugendherbergswerk
Bismarckstraße 8, W-4930 Detmold

Deutsches Jugendherbergswerk, Landesverband Sachsen e. V.
Kleinolbersdorfer Straße 4, O-9063 Chemnitz

Jugendherbergen

O-8242 Altenberg
Rebefelder Straße 16

O-9382 Augustusburg
Schloß Augustusburg

O-9062 Chemnitz
Augustusburger Straße 369

O-9063 Chemnitz
Jugendpension, Kleinolbersdorfer Straße 61

O-9373 Ehrenfriedersdorf
Greifensteinstraße 46

O-9251 Falkenhain
Talsperrenstraße 16

O-9202 Frauenstein
Walkmühlenstraße 13

O-8244 Geising
Löwenhainer Straße 33
und Teplitzer Straße 34

O-9307 Geyer
Anton-Günther-Weg 3

O-8900 Görlitz
Goethestraße 17

O-9201 Holzhau
Ringelstraße 6

O-9308 Jöhstadt
Annaberger Straße 228

O-9438 Johanngeorgenstadt
Rudolf-Breitscheid-Straße 5

O-9653 Klingenthal
Grenzweg 22

O-9801 Reichenbach
»Walderholung«, Jägerhaus

O-9444 Rittersgrün
Zur Jugendherberge 2

O-9215 Sayda
Jugendgästehaus, Mortelgrund

O-9414 Sosa
Rote Grube 1

O-8223 Tharandt
Pienner Straße 55

O-9377 Thum
Annaberger Straße 37

O-9368 Warmbad
Nr. 68

O-8231 Zinnwald
Bergmannsweg 8

O-8231 Zinnwald-Georgenfeld
Hochmoorweg 12

Ostseeküste, Rügen und Usedom

Rund- und Streckenwanderungen im Klützer Winkel, zwischen Salzhaff und Warnow-Mündung, in der Rostocker Heide und auf Rügen. Beschrieben von *Hildegard Frey* und *Professor Dr. Wolfgang Frey.*

Thüringer Wald 1

Rund- und Streckenwanderungen im westlichen und mittleren Thüringer Wald und im Vorland sowie Rennsteig in 6 Etappen. Beschrieben von *Dr. Irene Löffler.*

Thüringer Wald 2

Rund- und Streckenwanderungen im östlichen und westlichen Schiefergebirge und im Vorland sowie Rennsteig in 6 Etappen. Beschrieben von *Dr. Irene Löffler.*

Mark Brandenburg

40 Wanderungen auf den Spuren Theodor Fontanes. Verträumte Dörfer, stille Ufer, Burgen, Schlösser, Klöster. Beschrieben von *Albrecht von Hardenberg.*

Berlin (West)

Die schönsten Stadtwanderungen, Rund- und Streckentouren. Beschrieben von *Reinhard Kuntzke.*

KOMPASS Radwanderführer

Thüringer Wald

und Thüringer Schiefergebirge. Rund- und Streckentouren. Abgeradelt und beschrieben von *Hildegard Frey* und *Professor Dr. Wolfgang Frey.*

Ostseeküste/Rügen

Rund- und Streckentouren an der Küste, auf Rügen und Usedom u. v. m. Beschrieben von *Hildegard Frey* und *Professor Dr. Wolfgang Frey.*

Mark Brandenburg II (Ost)

Rund- und Streckentouren in der Schorfheide, im Oderbruch, auf dem Barnim, in der Märkischen Schweiz. Beschrieben von *Günter Ermlich.*

Mecklenburg und Vorpommern

Rund- und Streckentouren um Schwerin, im Mecklenburgischen Hügelland, Großseenlandschaft, Neustrelitzer Kleinseenplatte, Neubrandenburg. Beschrieben von *Erich Hobusch.*

wandern + radwandern

Die zuverlässigen, tausendfach bewährten Wegweiser mit der Marke ›Kompass‹ und dem roten Punkt

Die schönsten Wanderungen

Ahrgebirge/Osteifel
Allgäu I:
  Ober-Ostallgäu
Allgäu II:
  Region Westallgäu
Altmühltal/
  Frankenalb Süd
Bayerischer Wald
Berchtesgadener Land
Bergisches Land
Berlin/West
Bodensee
Dresden
Deutsch-Belgischer
  Naturpark
Eifel (gesamt)
Ems – Weser
Erzgebirge
Fichtelgebirge
Großer Fränkische-
  Schweiz-Führer
Fränkische Schweiz/
  Frankenalb Nord
Frankenwald

Frankfurt-Offenbach
Hamburg
Harz
Hohenlohe mit
  Georg-Fahrbach-Weg
Hohes Venn
Holsteinische Schweiz
Hunsrück
Lüneburger Heide
Mark Brandenburg
Mittelrhein
Mosel, Wanderregion
Münsterland
Niederrhein
Oberbayern I:
  Bayr. Voralpen/West
Oberbayern II:
  Bayr. Voralpen/Ost
Oberlausitz
Oberschwaben
Odenwald
Ostfriesland
Ostseeküste/Rügen
Pfalz

Großer Pfalz-Führer
Rhön mit Vogelsberg
Saarland
Sächsische Schweiz
Sauerland
Schönbuch mit
  Stuttgart
Schwäbische Alb
Schwäbischer Wald
Schwarzwald Nord
Schwarzwald Mitte:
  Kinzig – Feldberg
Schwarzwald Süd:
  Feldberg – Rhein
Spessart
Taunus
Teutoburger Wald
Thüringer Wald 1
Thüringer Wald 2
VVS-Wanderführer
  Stuttgart
Weser-Leine-
  Bergland
Westerwald

Streckenwanderwege

Deutschland-
  Wanderung
  von JH zu JH
Ahrhöhenwege/
  Ahrtalwege
Albrandweg

Lech
Mainwanderweg
Main-Donau-Wege
Main-Neckar-Rhein-
  Wanderweg
Moselhöhenwege

Rheinhöhenwege
Sauerland-Höhenring
Schwarzwaldhöhenwege
Fernwanderwege im
  Voralpenland
Westpfalz-Wanderwege

Europäische Fernwanderwege

Lexikon Europäische
  Fernwanderwege
E 1: Flensburg – Genua
E 2: Holland – Mittel-
  meer

E 3: Böhmerwald –
  Atlantik
E 4: Pyrenäen –
  Neusiedler See
E 5: Bodensee – Venedig
E 6: Ostsee – Adria

Große Wanderwege –
  Übersichtskarte
Europäische Fernwan-
  derwege u.a.m.
1:550 000 BRD

Wandern in Europa

- Dolomiten
- Harz-Niederlande-Wanderweg
- Kanarische Inseln
- Luxemburg
- Riesengebirge
- Tschechoslowakei
- Vogesen Nord
- Vogesen Süd
- Trentino Ost
- Trentino West

Wanderbares Österreich

- Burgenland
- Kärnten
- Oberösterreich
- Salzburger Land
- Tirol
- Osttirol
- Vorarlberg
- Wien, Wanderregion

Die schönsten Radtouren

- Allgäu/Bodensee
- Altmühltal/Frankenalb Süd
- Bayerischer Wald
- Bergisches Land mit Siegerland
- Berlin/West
- Donau
- Eifel
- Fränkische Schweiz/Frankenalb Nord
- Harz/Weser/Leine
- Hamburg/Umland
- Hohenlohe/Taubergrund
- Hunsrück/Saarland
- Inn
- Kurhessen-Waldeck
- Lüneburger Heide mit Wendland
- Mark Brandenburg West
- Mark Brandenburg Ost
- Mecklenburg-Vorpommern
- Münsterland
- Niederrhein 1
- Niederrhein 2
- Oberrhein – Elsaß I: Heidelberg – Straßburg
- Oberrhein – Elsaß II: Straßburg – Basel
- Oberschwaben/Bodensee
- Odenwald
- Ostfriesland und Unterweser
- Ostsee und Holsteinische Schweiz
- Ostseeküste/Rügen
- Rheinhessen – Pfalz
- Mit der S-Bahn an Rhein und Ruhr
- Rhön/Vogelsberg
- Romantische Straße
- Ruhrgebiet
- Sauerland
- Schwäbische Alb
- Schwäbischer Wald/Neckarland
- Schwarzwald
- Spessart/Kinzigtal/Fränkisches Weinland
- Taunus/Wetterau
- Teutoburger Wald
- Thüringer Wald
- Voralpenland I: Iller – Donau – Lech
- Voralpenland II: Lech – Donau – Salzach
- Westerwald
- Rad-Deutschland-Tour: Von JH zu JH (West)
- Radfernwandertouren Deutschland (West)
- Dänemark
- Frankreich
- Loire
- Niederlande
- Rhône
- Tour de Ländle I
- Tour de Baden-Württemberg
- Tour de Saar

DJH-Wegweiser

- Wandern mit Kompaß und Karte
- Spuren der Römer im Rheinland
- Spuren der Römer: Rhein – Main
- Spuren der Römer: Main – Rems
- Spuren der Römer: Rems – Donau
- Wandern mit Kindern und Jugendlichen
- Wandern gut geplant und vorbereitet
- Radwandern gut vorbereiten
- Kinder und Jugendliche im Gebirge
- Rund um JH: Allgäuer und Bayr. Alpen
- Rund um JH: Donauregion/Voralpenland
- Rund um JH: Hunsrück/Nahe
- Rund um JH: Rheinhessen/Pfalz/Pfälzer Wald

DEUTSCHER WANDERVERLAG
Dr. Mair & Schnabel & Co. · Stuttgart